Roswitha Gruber
Wir Bauernkinder

Roswitha Gruber

Wir Bauernkinder

rosenheimer

2. Auflage
© 2019 Rosenheimer Verlagshaus GmbH & Co. KG,
Rosenheim
www.rosenheimer.com

Titelbild: © Bundesarchiv, Bild 183-2011-0505-501
Lektorat und Bearbeitung: Christine Weber, Dresden
Satz: SATZstudio Josef Pieper, Bedburg-Hau
Druck und Bindung: GGP Media GmbH, Pößneck
Printed in Germany

ISBN 978-3-475-54524-5

Inhalt

Die Vorgeschichte 7

Johann Beutler, mein tüchtiger Großvater 11

Anna Karolina Beutler, meine gütige
Großmutter 22

Zachl Beutler, mein vielseitiger Vater 53

Alles doppelt: Meine Mutter Antonia 71

Kindheit im Bauernhaus 78

Lausbuben 91
   Johannisfeuer 91
   Das Quarkbrot 92
   Die Fischreuse 92
   Karfreitag 93
   Osterwasser 94
   Die gebratenen Tauben 95
   Die Wegelagerer 98

Krieg 102

Kinder als Bauernmägde 121

Schön ist die Jugendzeit 140

Machen wir's den Schwalben nach 148

Veränderungen 166

Schrecken ohne Ende 190
   Das Eisentor 190
   Der verschwundene Herbert 193
   Der Hundeknochen 194
   Der fliegende Ball 195
   Das rollende Fass 196
   Der spitze Stein 197
   Zweimal Amann 199
   Die unsichtbaren Buben 200
   Auf dem Sprungbrett 204
   Der Partykeller 206

Hindernisse für Herbert 207
   Das erste Auto 207
   Der Abschleppdienst 212
   Meisterprüfung mit Hürden 214
   Der Testurlaub 218

Liebe auf den zweiten Blick 225

Jung gefreit … 232

Diagnosen 252

Ein neues Glück 271
   Hochzeitsreise mit Turbulenzen 277
   Der siebzigste Geburtstag 282
   Zehn Jahre später 283

Die Vorgeschichte

Vor zwei Jahren im Juli erhielt ich einen Anruf aus Altenstadt in der Oberpfalz. Eine Erna Amann fragte an, ob sie im September mal bei mir vorbeikommen dürfe. Sie habe da etwas aufgeschrieben, woraus sich vielleicht ein Buch machen lasse.

Als sie in jenem Herbst bei mir in der Küche saß, wollte ich wissen, wie sie denn auf mich gekommen sei.

Sie holte etwas weiter aus: »Vor zehn Jahren etwa bat mich meine damals achtjährige Enkelin Alena immer wieder mal, ich solle ihr etwas von früher berichten, von meiner Kindheit, von meinen Großeltern, also ihren Urgroßeltern. Zunächst musste ich mich besinnen, denn meine eigene Kindheit hatte ich völlig verdrängt. Alles, was ich über die Kinderzeit meiner Eltern und über das Leben meiner Großeltern erfahren hatte, war mir in diesem Moment auch nicht gegenwärtig. Beim Erzählen fielen mir immer mehr Erlebnisse ein, die ich längst vergessen geglaubt hatte. Gleichzeitig wurde mir bewusst, wie interessant die Lebensgeschichte meiner Vorfahren eigentlich gewesen ist. Damit das alles nicht verloren ging, begann ich, alles aufzuschreiben, was mir noch einfiel. Einige Zeit später berichtete ich meiner Tochter Andrea, Alenas Mutter, davon. Seufzend fügte ich hinzu, wie schön es doch wäre, aus diesen

Aufzeichnungen ein Buch zu machen. Ich konnte mir gut vorstellen, dass diese Geschichten auch für andere interessant sein würden, weil sie Zeugnisse aus einer Zeit darstellten, über die kaum noch jemand etwas wusste. Spontan schlug Andrea mir vor, den Wunsch in die Tat umzusetzen.

Doch entschieden wehrte ich ab. Das, was ich aufgeschrieben hatte, würde wohl gerade für den Hausgebrauch reichen. Einige Begabungen mochte ich zwar haben, aber das Talent des Bücherschreibens fand sich gewiss nicht darunter, war ich sicher.

Meine Tochter dachte eine Weile nach. Dann berichtete sie mir, kürzlich hätte sie ein Buch mit dem Titel *Großmütter erzählen* gelesen, verfasst von einer gewissen Roswitha Gruber. ›Ihr Schreibstil hat mir ausnehmend gut gefallen‹, schwärmte Andrea. ›Sie wäre die richtige Person, um aus deinen Geschichten ein Buch zu machen.‹

›Und wie komme ich an diese Frau Gruber?‹, zeigte ich mich interessiert.

›Nichts leichter als das‹, bekam ich zur Antwort. ›Wozu hat man Internet?‹

So kommt es, dass ich heute bei Ihnen sitze.«

Beim flüchtigen Durchblättern sprachen mich Ernas Aufzeichnungen spontan an. Schon beim ersten ausführlichen Lesen kamen viele Fragen auf – wie immer, wenn ich an einem Buch arbeite. Diese beantwortete Erna mir weitgehend telefonisch. Zweimal besuchte ich sie sogar, um noch detaillierter nachzuhaken, um das Umfeld zu studieren, um Fotos anzuschauen.

Das alles genügte mir allerdings noch nicht. Auf meine Frage, wer mir die noch fehlenden Daten und Informationen vermitteln könne, verwies sie mich an ihren Neffen Norbert Beutler. Dieser half mir bei meinen Recherchen entscheidend weiter. Vor Jahren hatte er sich schon die Mühe gemacht, alles schriftlich festzuhalten, was seine damals noch lebenden Großtanten zu berichten wussten.

Deshalb möchte ich Norbert Beutler auf diesem Wege ganz herzlich für die Bereitstellung seiner Aufzeichnungen, für seine Mühe und Kooperationsbereitschaft danken.

Nun bleibt mir nur noch, Ihnen, liebe Leserinnen und Leser, viel Freude bei der Lektüre dieses Buches zu wünschen.

Roswitha Gruber

Nun lasse ich Erna zu Wort kommen:

Johann Beutler, mein tüchtiger Großvater

Im Dezember 1835, als die erste deutsche, mit Dampf betriebene Eisenbahn von Nürnberg nach Fürth fuhr, war das eine aufsehenerregende Neuerung, welche die ganze Welt verändern sollte. Drei Jahre später, im Februar 1838, wurde mein Urgroßvater Zacharias Beutler in Altenstadt in der Oberpfalz geboren. Damals herrschte große Armut im Lande Bayern, weil sich die Bevölkerung explosionsartig vermehrt hatte, weshalb viele junge Leute ihre einzige Chance darin sahen, nach Amerika auszuwandern. Sie hofften, sich dort eine neue Existenz aufbauen zu können.

Unter den Auswanderern befanden sich viele Verwandte meines Urgroßvaters. Ja, in jungen Jahren hatte er selbst mit dem Gedanken gespielt, auszuwandern, war aber dann doch dem heimatlichen Boden treu geblieben. Sich gewissermaßen für seine Heimattreue entschuldigend, pflegte er immer wieder zu betonen: »Wir haben zwar ein knappes Auskommen, aber das ist uns sicher. Was uns in Amerika erwartet, wissen wir nicht.«

Dieser Urgroßvater heiratete 1861 im Alter von dreiundzwanzig Jahren eine Frau, die fünfzehn Jahre älter war als er: Katharina, eine geborene

Lindner. Als Witwe des Gütlers Felix Herrmann brachte sie zwei Kinder mit in die Ehe, Joseph zählte sechs, Katharina zwei Lenze.

Für den jungen Mann war es gewiss nicht einfach, sein Eheleben gleich mit einer kompletten Familie zu beginnen. Doch als ihm Katharina am 6. Juli 1863 einen leiblichen Sohn schenkte, meinen Großvater Johann, machte dies Zacharias stolz und überglücklich.

Knapp dreißig Jahre waren vergangen, seitdem die erste Dampflok ihre Fahrt von Nürnberg nach Fürth auf einer Strecke von gerade mal sechs Kilometern zurückgelegt hatte. Inzwischen war das Schienennetz in ganz Deutschland auf eine Gesamtlänge von über zehntausend Kilometer ausgebaut worden, der Gleisabschnitt zwischen Weiden und Bayreuth befand sich gerade im Bau.

Ein gutes Jahr später, am 15. August 1864, wurde diese Strecke feierlich eröffnet. Niemand konnte zu diesem Zeitpunkt ahnen, dass die Eisenbahn, und speziell diese Verbindung, für den kleinen Johann beruflich einmal von großer Bedeutung werden sollte. Die Vorfahren meines Großvaters waren nämlich ausnahmslos Bauern gewesen – Bauern, deren winzige Hofbetriebe nur mit Mühe die meist stattliche Kinderschar ernährten.

Doch noch ehe die Eisenbahnstrecke zwischen Weiden und Bayreuth eingeweiht worden war, brach das Unglück über meinen Urgroßvater und damit auch über seinen kleinen Sohn herein. Der kleine Johann war gerade ein Jahr alt, da kam seine Mutter ein weiteres Mal nieder. Sie starb noch am selben Tag, dem 30. Juli 1864, im Kindbett, und das Neugeborene gleich mit ihr.

Der sechsundzwanzigjährige Zacharias stand nun allein da mit seinem einjährigen Sohn und den neun bzw. fünf Jahre alten Stiefkindern. Was wollte er machen? Auf dem Hof wurde dringend eine Bäuerin gebraucht, und die drei Kinder vermissten eine Mutter. Ihm blieb also nicht viel Zeit zum Suchen. Vorübergehend kam eine seiner ledigen Schwestern auf den Hof, um die Kinder zu versorgen und den Betrieb notdürftig am Laufen zu halten.

In seiner familiären Situation konnte er nicht wählerisch sein. Am 9. Mai 1865 führte er die Erste, die gewillt war, bei ihm einzuheiraten, zum Traualtar: die um drei Jahre ältere Anna Klara Rath. Im Dezember desselben Jahres kam sie bereits in die Wochen und gebar ihm einen nach ihm benannten Sohn. Der kleine Zacharias, ein schwächliches Kind, verstarb zwei Monate nach der Geburt. Knapp drei Jahre nach ihm erblickte Tochter Anna das Licht der Welt, und 1869 wurde Sohn Felix geboren.

Da mit dem Heranwachsen der Kinder der Wohnraum zu eng wurde, sah sich Vater Zacharias genötigt, im Jahre 1871 sein Haus zu erweitern. Da es an einem Hang stand, kam mein Urgroßvater auf die Idee, einen Teil der Rückwand herauszubrechen und dort ein Zimmer anzubauen. Ob er sich nun verrechnet hatte, oder ob es das Gelände nicht anders zuließ, weiß ich nicht – jedenfalls führte vom ersten Stock des Hauses zu diesem Zimmer eine schiefe Ebene. Da diese schwierig zu bewältigen war, verwandelte der Hausherr die Steigung schon bald in drei Stufen. Weil man also drei Stufen hinaufsteigen musste, wenn man in diesen neu angebauten Raum gelangen wollte – ähnlich, wie der Papst in Rom einige Stufen zu nehmen hatte, um »seinen« Stuhl zu erreichen –, wurde der zusätzliche Raum fortan nur noch der »Päpstliche Stuhl« genannt.

Anna Klara hatte zwei weitere Entbindungen. Im August 1874 brachte sie Katharina zur Welt, die bereits nach drei Tagen starb. Im Februar 1876 wurde Margaretha geboren, sie durfte nur drei Monate leben.

Schauen wir uns diese Familie, die man heute als »Patchwork-Familie« bezeichnen würde – immerhin lebten Kinder mit drei verschiedenen Abstammungen mit den Eltern Johann und Anna Klara hier zusammen – mal im Jahr 1873 an. Von dem bescheidenen Anwesen, das nur zehn Tagwerk umfasste, waren folgende Personen zu ernähren:

Vater Zacharias Beutler: 35 Jahre alt,
Mutter Anna Klara: 38 Jahre alt,
   Zacharias' zweite Frau,
Joseph Herrmann: 18 Jahre alt –
   ohne leibliche Eltern,
Katharina Herrmann: 14 Jahre alt –
   ohne leibliche Eltern,
Johann Beutler: 10 Jahre alt –
   ohne leibliche Mutter,
Anna Beutler: 5 Jahre alt – mit leiblichen Eltern,
Felix Beutler: 4 Jahre alt – mit leiblichen Eltern.

Bei dieser sozialen und wirtschaftlichen Situation waren Konflikte gewissermaßen vorprogrammiert. So sprach der Familienvater, also mein Urgroßvater, immer dann, wenn ihm die Probleme über den Kopf zu wachsen drohten, im Wirtshaus recht eifrig dem Bier zu. Das vergrößerte jedoch seine Probleme, statt sie zu lösen, denn das Geld, das er vertrank, fehlte der Familie.

Anna Klara, mit der Situation und den Kindern offensichtlich überfordert, behandelte ihre Stiefkinder im wahrsten Sinne des Wortes stiefmütterlich. So erzählte mein Großvater Johann, dass er als Kleinkind einst an Typhus erkrankte. Anstatt sich um den Ziehsohn zu kümmern oder gar den Arzt zu rufen, ließ Anna Klara ihn jedoch einfach auf der Bank in der »guten Stube« liegen. Es ist wohl seiner robusten Natur zu danken, dass er diese Krankheit überlebte.

Wenn die Stiefmutter ausgebuttert hatte – so ist es durch meinen Großvater Johann überliefert –, gab sie ihren Kindern Anna und Felix Butterbrote, die großzügig über den ganzen Leib geschnitten waren. Johann bekam höchstens eine halbe Scheibe, und wenn er um Butter dafür bat, wurde er mit den Worten abgewiesen: »Für dich hab ich nicht ausgebuttert.«

Wenn es ihm schon so erging, da doch sein leiblicher Vater mit im Hause lebte, wie mag es da erst den Herrmann-Kindern ergangen sein? Sie hatten ja weder Vater noch Mutter und waren der Gnade der Stiefmutter völlig ausgeliefert. Damals schon hatte sich der kleine Johann vorgenommen, dass es gerechter zugehen sollte, wenn er erst eine eigene Familie haben würde. Damit auch die notwendigen finanziellen Mittel zur Verfügung stünden, wollte er sein Geld nicht ins Wirtshaus tragen und stattdessen durch zusätzliche Arbeit so viel verdienen, dass seine Familie nicht zu darben brauchte.

Immer wenn es die Herrmann-Kinder bei der Stiefmutter gar nicht mehr aushielten, nahmen sie den kleinen Halbbruder Johann mit nach Hammer-Harlesberg zum gemeinsamen Großvater Nikolaus Lindner. Mit diesen Besuchen verband er später nur angenehme Erinnerungen.

Nach Beendigung seiner Schulzeit – im Jahre 1877 – fand mein Großvater Johann gleich eine Anstellung bei der Bahn. Da er sehr fleißig und geschickt war, machte er bei der Bahn Karriere, wie man das heute nennen würde. Von seinem Lohn sparte er jede Mark, die er erübrigen konnte. Er hatte ja das Negativ-Beispiel seines Vaters, der das Bier gar so liebte, vor Augen und sah, wie weit der Alte sich damit verschuldet hatte.

1881 muss die finanzielle Situation in seinem Vaterhaus derart angespannt gewesen sein, dass der achtzehnjährige Johann seinen Eltern auf deren Drängen 800 Mark in bar als Darlehen gab. Wenn man bedenkt, dass er damals nur etwa siebenhundert Mark im ganzen Jahr verdiente, so ist dies eine fast unglaubliche Summe. Immerhin war Johann schlau genug gewesen, sich dieses Geldgeschäft notariell beurkunden zu lassen. In dieser Urkunde gaben die Eltern das verschuldete Anwesen als Sicherheit.

Kaum dreizehn Jahre später hatte sich die finanzielle Lage im Hause Zacharias Beutler so zugespitzt, dass man Sohn Johann das Anwesen aufnötigte. Außer seinem bis dahin erneut hart ersparten Geld steckte er ein Darlehen ins Anwesen, bevor der Hof ihm überschrieben wurde. Dadurch hatte er für die nächsten Jahre eine Schuldenlast von knapp 3.400 Mark abzuzahlen. Doch ehe er mit der Tilgung beginnen konnte, wurde er 1882 zur Bayerischen Armee einberufen. In deren »Speerspitze«, also bei den Jägern, absolvierte Johann in Aschaffenburg zwei Jahre Wehrpflicht.

Aus welchem Holz mein Großvater geschnitzt war, verdeutlicht ein Zitat aus dem Schreiben eines Generalmajors a. D. aus dem Jahre 1920, in dem es hieß: *Da für die Jäger nur besonders gesunde, anspruchslose, zähe und widerstandsfähige Rekruten ausgesucht wurden, befanden sich viele Oberpfälzer in ihren Reihen.*

Das nächste große Ereignis in Großvaters Leben war die Heirat mit Katharina Beer, die ebenfalls aus Altenstadt stammte. Die Hochzeitsfeier fand im November 1890 im Hause seiner Eltern statt. In Ermangelung einer Wohnung zog das junge Paar in den »Päpstlichen Stuhl«. Bereits sieben Monate nach der Hochzeit starb die junge Frau, eines Nachts im Frühsommer 1891, vermutlich infolge einer Tot- oder Fehlgeburt.

Der junge Ehemann musste nicht nur die Arztkosten zahlen, auch die Begräbnisausgaben blieben an ihm hängen, was ihn sehr schmerzte. Von dem ausgehandelten Vatergut von 900 Mark, das die junge

Frau hätte bekommen sollen, sah er keinen Pfennig. Da man versäumt hatte, rechtzeitig einen Ehevertrag aufzusetzen, fiel dieses Geld an die Mutter und beide Geschwister der so jung Verstorbenen.

Neunzehn Monate nach dem Tod seiner ersten Frau ehelichte mein Großvater am 17. Januar 1893 Anna Karolina Schieder aus Schörnstein. Zunächst bewohnte das junge Paar auch den »Päpstlichen Stuhl« im Haus Nr. 47, das den schönen Namen »Ritterhof« trug. Dort kamen 1894 und 1896 die beiden ersten Kinder des Paares zur Welt: Josef, genannt Sepp, und Johann, genannt Hans.

1898 bezog die junge Familie eine bahneigene Zweiraumwohnung in Weiden – endlich, eine enorme Verbesserung, denn im Januar erst war Andreas, der dritte Sohn, im »Päpstlichem Stuhl« zur Welt gekommen. In Weiden wurden schon bald zwei Töchter geboren, Maria 1899 und im Jahr darauf Margaretha, die aber wenige Stunden nach ihrer Geburt starb.

In dieser Zeit kam Johanns Vater aus Altenstadt die Familie ab und zu besuchen. Sein Vorwand lautete stets, die Enkelkinder sehen zu wollen. In Wahrheit beschäftigte ihn jedoch nur ein Thema: Mit allen Mitteln versuchte er, seinen Sohn dazu zu bewegen, wieder ins Vaterhaus zurückzukehren, was ja eigentlich sein eigenes Haus war. Denn wie wir wissen, hatte man ihm dieses bereits 1894 überschrieben.

Johann lehnte das Angebot des Vaters jedoch jedes Mal dankbar aber bestimmt ab, trotz der verlockenden Worte, die der Ältere fand. Warum sollte er in die Enge und Bedrückung des Vaterhauses zurückkehren? Er war doch heilfroh, mittlerweile eine größere Wohnung zu haben, vor allem aber war er recht glücklich darüber, endlich einen ausreichenden Abstand zwischen sich und die Stiefmutter gebracht zu haben.

Eines Tages weilte mein Urgroßvater Zacharias wieder mal in Weiden, um seinen Sohn zu überreden, nach Altenstadt zu ziehen. Doch so schöne Worte er auch fand, Johann lehnte dieses Angebot rundweg ab. Er vermutete nämlich, dass seinem Vater erneut »das Wasser bis zum Halse« stand und der sich finanzielle Unterstützung erhoffte, sobald der Sohn wieder im Elternhaus wohnte. Da der alte Mann erkannte, dass alles Reden nichts half, ließ er sich – offensichtlich in einem Anfall von Verzweiflung – vor den Augen seiner Enkel vor Johann auf die Knie fallen und flehte ihn an, doch nach Hause zu kommen.

Bei einer solchen Geste der Selbsterniedrigung kann selbst der Hartgesottenste nicht ungerührt bleiben. Der gutherzige Johann zog den Vater vom Boden hoch und versprach ihm spontan, er werde nach Altenstadt zurückkehren. Allerdings knüpfte er eine Bedingung daran. So, wie das Haus jetzt sei, könne er nicht darin wohnen. Um für seine wachsende Familie genug Raum zu haben, müsse aufgestockt werden. Eine diesbezügliche Zusage konnte der Vater dem Sohn leicht machen, denn ihm war klar, dass der die Kosten für die Erweiterung tragen würde.

Diese Ausgabe konnte sich Johann tatsächlich leisten, denn inzwischen war er zum Weichenwärter aufgestiegen und bekam ein entsprechend ansehnliches Gehalt. Weil ihm seine Neigung zur Sparsamkeit erhalten geblieben war, hatte er bis zu diesem Zeitpunkt bereits eine ansehnliche Summe zusammen und konnte den Erweiterungsbau in Angriff nehmen.

Der Vater hegte, so vermutete Johann, einen weiteren Hintergedanken, als er ihn im wahrsten Sinne des Wortes »bekniet« hatte, zurückzukommen. Wahrscheinlich war ihm und seiner Frau die Arbeit in der Landwirtschaft zu viel geworden, und die beiden hofften nun, dass die jungen Leute, wenn sie erst einmal wieder im ehemaligen Vaterhaus wohnten, ihnen diese Last teilweise, wenn nicht gar ganz abnehmen würden.

Als Johanns siebenköpfige Familie im April 1901 nach Altenstadt übersiedelte – da man die Mietwohnung rechtzeitig gekündigt hatte, musste man sie räumen, obwohl die Umbauarbeiten noch nicht abgeschlossen waren – biwakierte man zwangsweise noch einige Nächte im Stadl.

Während das Elternpaar davon nicht so erbaut schien, fand die Bubenschar das offenbar ganz lustig. Sie waren geradezu enttäuscht, als man schon nach wenigen Tagen ins Wohnhaus umzog, wo das zivilisierte Leben sie wieder fest im Griff hatte.

Für Johanns junge Frau Anna Karolina bedeutete der Umzug eine große Umstellung. Zwar stammte sie aus der Landwirtschaft, doch da ihr Mann Bahnangestellter war und sie beide in Weiden in einer bahneigenen Mietwohnung gelebt hatten, hatte sie es zu schätzen gewusst, dass ihr die harte bäuerliche

Arbeit erspart geblieben war. Nun stürmte plötzlich – wie ihr Mann schon vermutet hatte – auf sie, die sich bisher nur auf den Haushalt und die Kinder hatte konzentrieren müssen, eine Menge an landwirtschaftlichen Tätigkeiten ein. Die Stiefmutter machte nur noch das Allernotwendigste; sah sie doch nicht ein, dass sie jetzt, da junge, rüstige Leute mit auf dem Anwesen lebten, sich weiterhin abrackern sollte.

Anna Karolina Beutler, meine gütige Großmutter

Am 18. Oktober 1868 erblickte meine Großmutter Anna Karolina Schieder in Störnstein auf dem »Mauerhof« das Licht der Welt. Sie war das dritte von vier Kindern der Eheleute Johann Baptist Schieder und seiner Frau Maria Sybilla, geborene Näger. Bei Anna Karolinas Geburt waren ihr Vater zweiunddreißig und die Mutter vierzig Jahre alt. Die sechsköpfige Familie lebte von dem bescheidenen Hof, der lediglich sechzehn Tagwerk Land umfasste.

Damit man der Erde überhaupt so viel an Ertrag abringen konnte, wie die Familie zum Überleben brauchte, mussten alle Kinder schon sehr früh fest mit anpacken. Noch schwieriger wurde es für die Mutter und ihre Kinder, als Johann Baptist 1881 im blühenden Alter von fünfundvierzig Jahren ganz plötzlich verstarb. Mitten bei der Stallarbeit waren bei ihm rasende Bauchschmerzen aufgetreten, sodass seine Frau sofort den Arzt holen ließ. Der diagnostizierte eine Blinddarmentzündung. Da die Schmerzen so unvermittelt und so heftig aufgetreten waren, befürchtete der Doktor, der Mann werde den Transport zum Krankenhaus nicht überleben. Deshalb griff er selbst zum Skalpell. Mit Sybillas Hilfe richtete er den Küchentisch zum Operationstisch her, und bei der Operation assistierte sie ihm.

Während sie die Narkose überwachte, schnitt der Arzt dem Patienten den Bauch auf, allerdings war es bereits zu spät. Der Blinddarm war schon durchgebrochen und der Bauchraum infiziert. Einzig tröstlich schien in diesem Moment für die Familie zu sein, dass der Arme von alledem wohl nichts mehr mitbekam, denn er wachte aus der Narkose nicht mehr auf.

Für Witwe Maria Sybilla begann eine schlimme Zeit. Abgesehen von der menschlichen Lücke, die ihr Mann hinterlassen hatte, plagten sie existenzielle Sorgen. Von der Verwandtschaft war auch keine finanzielle Unterstützung zu erwarten. So wirtschaftete sie mit den Kindern auf dem verschuldeten Hof ein paar Jahre weiter, bis Alois, ihr Ältester, alt genug war, das Anwesen zu übernehmen, allerdings mit einer gehörigen Portion Schulden, was ihr sehr leidtat.

Wie und wo sich mein Großvater und Anna Karolina begegnet sind, ist nicht überliefert. Fest steht nur, dass sie den jungen Witwer sympathisch fand und ihm recht bald vor dem Altar das Ja-Wort gab. Obwohl ihr Bruder Alois den Hof mit erheblichen Schulden von der Mutter übernommen hatte, zahlte er ihr das übliche Heiratsgut von tausend Mark aus – ein guter Start für die junge Familie, in der es Schlag auf Schlag Nachwuchs gab. Wie wir uns erinnern, waren im Abstand von jeweils zwei Jahren drei Söhne im Hause Beutler angekommen. Das Glück war perfekt, als am 25. März 1899 endlich ein Mädchen in der Wiege lag. Man gab ihr den Namen Maria.

In einer Tochter zog man sich als Mutter zur damaligen Zeit eine Haushaltshilfe groß, in den Buben dagegen sah man die zukünftigen Helfer für den Vater. Zu Anna Karolinas großer Freude brachte sie im Jahr darauf erneut eine Tochter zur Welt, Margaretha. Leider schwächelte dieses Kind so sehr, dass es noch am selben Tag starb. Natürlich war die Mutter darüber traurig, aber nicht besonders unglücklich, denn ihr blieb ja noch Maria, ein Mädel von gesunder und kräftiger Natur. Außerdem fand man sich in jener Zeit damit ab, dass nicht alle Babys überlebten. Man tröstete sich mit der Redewendung: »Einen Teil der Kinder nimmt sich der Herrgott wieder zurück.«

Am 12. Dezember 1901 wurde dem Paar ein weiterer Sohn geboren, der Zacharias, genannt Zachl, der mein Vater werden sollte. Knapp zwei Jahre nach meinem Vater wurde ihnen Tochter Anna geschenkt, wie wunderbar! Anna, ein kräftiges Kind, schien einen starken Überlebenswillen zu haben.

Es waren erst zehneinhalb Monate vergangen, da erblickte Regina das Licht der Welt, eine Frühgeburt mit wenigen Überlebenschancen. Bereits einen Monat später musste man sie zu Grabe tragen. Im November 1905 wurde der Familie der Sohn Alois geboren, und Sohn Felix drei Jahre später. Nachdem Tochter Karolina zum Jahresanfang 1911 zur Welt gekommen war, soll Hans, der Zweitgeborene, zu der Zeit fünfzehn, den Ausspruch getan haben: »Das Fetzl hätt's nimma 'braucht!« Das trug ihm von Vater Johann eine saftige Watschn ein, verständlicherweise. Denn erstens war Johann ein Familienmensch und liebte jedes seiner Kinder von ganzem Herzen, und zweitens machte es ihn froh, dass seine Frau in der energischen und gesunden Karolina eine zusätzliche Tochter hatte.

Als im März 1913 noch Sohn Ludwig die Familie komplettierte, war die Freude bei beiden Elternteilen groß, und Hans enthielt sich jeder dummen Bemerkung.

Ob meine Großeltern schon so etwas wie »Familienplanung« praktizierten, weiß ich nicht. Beim Vergleich der Geburtsdaten ihrer Kinder fiel mir allerdings auf, dass alle entweder in den Monaten zur Welt gekommen sind, in denen die Feldarbeit bereits erledigt war, oder in jenen Wochen, in denen man noch nicht damit begonnen hatte.

Doch so froh Anna Karolina auch war, als sie im Jahre 1901 von der engen Wohnung in Weiden in das aufgestockte Haus in Altenstadt ziehen konnte, so begriff sie sehr bald, warum ihr Mann so lange gezögert hatte, in sein Vaterhaus zurückzukehren, und sie erinnerte sich daran, warum sie wenige Jahre zuvor mit fliegenden Fahnen nach Weiden gezogen war: Die Schwiegermutter war alles andere als herzlich zu ihr und half kein bisschen beim Aufziehen der Kinder, wie man das wohl von einer Großmutter – wenn es auch eine Stief-Großmutter war – erwartet hätte. Im Gegenteil, von Anfang an bürdete Anna Klara der jungen Frau all ihre bisherigen Pflichten auf. Sie war offenbar der Meinung, sie hätte in ihrem Leben genug gearbeitet.

Anna Karolinas Schwiegervater Zacharias, der zu dieser Zeit noch rüstig genug gewesen wäre, in der

Landwirtschaft mitzuhelfen, trieb sich schon ab dem frühen Nachmittag im Wirtshaus herum. Kaum eine Nacht verging, in der er nicht mit einem Mordsrausch nach Hause torkelte. Den folgenden Vormittag musste er stets im Bett verbringen und seinen Rausch ausschlafen, damit er fit war für das nächste Besäufnis.

Außerdem gab es bei Anna Karolinas Einzug in diese »Wohngemeinschaft« ja noch Anna, die gemeinsame Tochter von Anna Klara und Zacharias, gleichzeitig also Halbschwester meines Großvaters, die zu diesem Zeitpunkt dreiunddreißig Lenze zählte. Statt tatkräftig in diesem großen Haushalt mitzuhelfen, ließ sie sich lieber von ihrer Schwägerin bedienen. Für die junge Familie war es ein Glück, als Anna endlich in Johann Baptist Greiner einen Hochzeiter fand und das Elternhaus verließ.

Johanns Halbbruder Felix, geboren 1869, lebte zu dieser Zeit schon lange nicht mehr zu Hause. Von klein auf war er ein »Tunichtgut« gewesen und, nachdem er zwei uneheliche Kinder in die Welt gesetzt hatte, nach Amerika ausgewandert, um sich den Zahlungsverpflichtungen zu entziehen. Dort hatte er jedoch schon bald bei einem Brandunglück das Leben gelassen.

Von den beiden Stiefkindern Joseph und Katharina gibt es noch einiges zu berichten. Nach seiner Schulentlassung arbeitete Joseph bei einem Fuhrunternehmer, wurde Kutscher und Postillion und blieb bis zur Vollendung seines einundzwanzigsten Lebensjahres im »Elternhaus« wohnen, wo er jeden

Pfennig abgeben musste. Dann lebte er einige Jahre in einer kleinen Pension, kehrte aber, als er krank wurde, ins Haus seiner Stiefeltern zurück. Dort starb er im Jahre 1890, ledig und gerade einmal fünfunddreißig Jahre alt. Seine Schwester Katharina fristete noch einige Jahre im Haus als »Magd« ihr Dasein. Mit einundzwanzig aber ging sie nach München, wo sie in einem vornehmen Haushalt als Dienstmädchen arbeitete. Irgendwo begegnete ihr dann der Bankdiener Andreas Förg, der sie 1890 heiratete. Sie bekamen drei Kinder, doch ihr Ältester, Jahrgang 1891, fiel im Ersten Weltkrieg.

Zu Beginn des Jahres 1904, nachdem Johann Beutler mit seiner Familie bereits seit drei Jahren wieder im Elternhaus lebte, legte sich seine Stiefmutter Anna Klara aufs Krankenlager. Nun kam zu Anna Karolinas vieler Arbeit noch die schwierige Pflege hinzu, die sich jedoch nicht über einen allzu langen Zeitraum hinzog. Im Oktober desselben Jahres, Anna Karolinas Jüngste, Klein Anna, war gerade ein Jahr alt, tat Anna Klara im Alter von neunundsechzig Jahren ihren letzten Atemzug. Damit hatte die Jungbäuerin nicht nur eine Sorge, sondern auch viel Arbeit weniger.

Seit dem Umzug von Weiden nach Altenstadt führten Anna Karolina und Johann eine für die damalige Zeit sehr moderne Ehe – mit getrennten Schlafzimmern. Umso mehr erstaunt es mich deshalb, dass in der Folgezeit noch so viele Kinder zur Welt gekommen sind. Der Grund für die getrennten Schlafkammern war der Schichtdienst des Ehemannes. Beide Eheleute hatten sich so an die getrennten

Schlafzimmer gewöhnt, dass sie diese auch nach der Pensionierung des Familienvaters beibehielten.

Damit er sie bei seiner Heimkehr nicht im Schlaf störe, hatte Anna Karolina ihr Bett im Mädchenzimmer aufgeschlagen, während Johanns Bett im Bubenzimmer stand. Diese Lösung hatte zudem den Vorteil, dass man das Elternzimmer einsparte. Dieses konnte man vermieten, ebenso wie den »Päpstlichen Stuhl«, was zusätzliche Einnahmen einbrachte.

Ja, Johann und Anna Karolina wussten, wie man zu Geld kam. Immer wenn sie eine gewisse Summe zusammengespart hatten, kauften sie Grundbesitz, mal einen Wald, mal eine Wiese, mal einen Acker.

Anna Karolina, die seit der Kindheit an das harte Arbeiten gewöhnt war und sich mit den bäuerlichen Arbeiten sowie allen Haushaltstätigkeiten auskannte, hatte sich allein um alles zu kümmern, was in Haus und Stall anfiel. Neben Putzen, Waschen und Kochen galt es auch, die Tiere zu versorgen: Kühe, Schweine, Gänse, Hühner und Schafe. Zeitweilig gehörte auch eine »Goaß« mit zur Menagerie. Für die immer größer werdende Kinderschar war Anna Karolina anfangs auch allein verantwortlich. Die Jungen und Mädchen mussten nicht nur betreut werden, sondern gewaschen und angezogen, oder es galt, ihnen die Kleidung zu flicken.

Das Wäschewaschen ging längst nicht so einfach vonstatten wie heutzutage. Statt einer Waschmaschine benutzte man einen großen Kessel, der sich in einer Ecke zwischen Wohnzimmer und Küche im Hausgang befand. Nachdem die Wäsche darin gekocht war, wurde sie außerhalb des Hauses mit Kernseife und Bürste auf einem Tisch geschrubbt – eine äußerst anstrengende und zeitaufwendige Tätigkeit. Im nächsten Schritt musste die Wäsche mehrmals in kaltem Wasser gespült werden, das man mit einer Schwengelpumpe aus dem Brunnen förderte. Zu guter Letzt wurde die gesamte Weißwäsche auf der Wiese zum Bleichen ausgelegt. Damit die frischen Sachen schön weiß wurden, mussten sie mehrmals am Tag mit Wasser besprengt werden.

Was das tägliche Brot anging, so wurde dieses nicht beim Bäcker gekauft, sondern für die ganze Familie von der Bäuerin Anna Karolina selbst gebacken. Allein das Kneten des Teiges erforderte enorme Kraft. Danach musste sie die Brotlaibe zum alten Schulhaus schleppen, wo sie in einem gemeindeeigenen Backofen gebacken wurden. Es versteht sich von selbst, dass sie die fertigen Brote wieder nach Hause trug.

Im Herbst fiel mehr Arbeit an als sonst. Gemüse und Obst von den Feldern und aus dem Garten mussten so bearbeitet werden, dass sie für den Winter haltbar waren.

Erst als Tochter Maria etwas herangewachsen war, bekam Anna Karolina eine echte Hilfe. Mit dem Mädel hatte sie ausgesprochenes Glück: Es stellte sich nicht nur sehr geschickt an, sondern war auch – ganz wie die Mama – ungeheuer fleißig, sehr gutmütig und anstellig.

Nun darf man nicht annehmen, dass Johann, Anna Karolinas Ehemann, gefaulenzt hätte. In der

Landwirtschaft half er seiner Frau, wo er nur konnte. Vor allem verrichtete er die schwere Feld- und Waldarbeit – neben seinem Beruf als Bahnangestellter. Solange ihm seine Söhne noch nicht zur Hand gehen konnten, musste er das alles allein bewerkstelligen.

Dennoch blieb viel Feldarbeit an Anna Karolina hängen, sie hatte das Heu zu wenden und einzufahren oder sich um die Aussaat oder den Flachs zu kümmern, der im »Ritterhof« noch bis zum Ausbruch des Ersten Weltkrieges selbst angebaut und bis zu fertigem Leinen verarbeitet wurde. Zusätzlich fand die Bäuerin die Zeit, Schurzbänder aus Leinen zu nähen, die sie verkaufte, um eine kleine zusätzliche Einnahme zu haben. Maria wurde, sobald sie verständig genug war, von der Mutter hauptsächlich im Haushalt und in der Kinderbetreuung eingesetzt.

Da Anna Karolina auf dem Anwesen ihrer Eltern von klein auf hatte hart arbeiten müssen, schien sie doch froh darüber, dass ihren Buben und Mädchen – als Kinder eines Bahnbediensteten – ein solches Leben erspart bleiben würde. Nun aber waren die Kleinen durch den Umzug auf den »Ritterhof« zu Bauernkindern geworden, und dieses Los traf sie in voller Härte. Bereits im Kleinkindalter mussten sie schwere Arbeiten übernehmen, wie das seinerzeit auf allen kleinen Höfen an der Tagesordnung war. Ohne Mithilfe der Kinder wäre man nicht über die Runden gekommen.

War Anna Karolinas Mann schon sparsam, so übertraf sie ihn in dieser Tugend noch. Für Johann erstand sie beim Metzger hin und wieder etwas

Blut- oder Leberwurst, damit er bei Kräften bliebe, für sich selbst aber kaufte sie niemals ein Stück Wurst. Sobald von dem Schwein, das sie einmal im Jahr schlachteten, nichts mehr übrig war, begnügte sie sich mit Butterbrot.

So sparsam und fleißig sie sich auch gab, trotz der vielen Arbeit, und obwohl sie ihren Kindern auch viel abverlangen musste, bemühte sie sich stets, eine liebevolle und gütige Mutter zu sein. Das ist mir von jedem ihrer Nachkommen bestätigt worden. Sie liebte all ihre Kinder gleichermaßen, hatte für jedes ein offenes Ohr und ein offenes Herz, egal ob es mit einem seelischen oder einem körperlichen Schmerz zu ihr kam.

Im Januar 1907 hatten die Wirtshausbesuche des Altbauern Zacharias von heute auf morgen ein Ende. Er fühlte sich so schlecht, dass er sich von seinem Krankenlager nicht mehr erhob. Jeder glaubte, es sei seine Leber, die streike, weil er ihr zu viel zugemutet habe. Es war aber der Magen, wie sich nach seinem Tod am 28. Februar herausstellte. Er starb im Alter von neunundsechzig Jahren an Magenkrebs.

Mit dem Jahr 1914 sollte für viele Familien eine leidvolle Zeit beginnen. Unter den jungen Männern allerdings brach nach Kriegsbeginn am 1. August geradezu Kriegsbegeisterung aus. Parolen wie »Serbien muss sterbien«, »Jeder Stoß ein Franzos'« oder »Jeder Schuss ein Russ'« wurden von Mund zu Mund weitergegeben. Zusätzlich »zierten« diese Sprüche auch die Eisenbahnwaggons, in denen im August die deutschen Truppen zu den Fronten im Osten und Westen gebracht wurden.

Die ältere Generation jedoch, die ihre gesunden, arbeitsfähigen Söhne in den Krieg schicken musste, beobachtete diese Entwicklung mit größter Sorge. Auch Familie Beutler erwischte es, und das nicht zu knapp: Die beiden ältesten Söhne, Josef und Hans, wurden schon bald eingezogen, und für die Eltern begann die Zeit des Bangens, ob die beiden versehrt oder gar überhaupt nicht mehr heimkehren würden.

Anna Karolina war einigermaßen erleichtert, dass Andreas, der von allen nur »Reis« genannt wurde, mit seinen sechzehneinhalb Jahren noch zu jung war, um zu den Waffen gerufen zu werden. Sie hegte die stille Hoffnung, dass der Krieg, der so überraschend begonnen hatte, ebenso plötzlich wieder beendet sein würde, bis ihr dritter Sohn alt genug war, um Kriegsdienst leisten zu müssen.

Was aber tat Reis, seit einigen Jahren das Sorgenkind der Mutter? In der Schule hatte er schon nicht so recht lernen mögen, und endlich aus dieser entlassen, lehnte er es ab, wie seine älteren Brüder einen Beruf zu erlernen.

Zunächst war das den Eltern sogar recht gewesen, denn sie erwarteten sich von ihm tatkräftige Mithilfe im Hofbetrieb. Da der Vater dem Burschen für dessen Arbeit jedoch nichts zahlen konnte oder mochte, der junge Mann aber ein bisschen Geld in Händen haben wollte, ließ er die heimische Landwirtschaft links liegen und arbeitete gelegentlich bei einem entfernten Verwandten, der in Weiden eine kleine Schusterei betrieb. Sobald der Krieg aber ausgebrochen war, meldete Reis sich freiwillig beim Heereskommando.

Nach einer Grundausbildung von wenigen Monaten entsandte man ihn nach Frankreich an die Westfront. Bereits im Spätherbst 1914 war die gesamte Front, von der Kanalküste bis zur schweizerischen Grenze, im zermürbenden Stellungskrieg erstarrt. Anderthalb Jahre später nahm Reis – im Alter von nunmehr achtzehn Jahren – an der bis dahin schrecklichsten Materialschlacht teil, welche man bis zu diesem Zeitpunkt im Kriegsgeschehen erlebt hatte. Als »Hölle von Verdun« ist dieses Gemetzel, das vom 21. Februar bis zum 9. September 1916 um das französische Fort mehr als eine halbe Million Menschenleben forderte, bekannt geworden.

Reis wurde in dieser Zeit während eines Giftgasangriffs der Franzosen verwundet, ein für ihn gewiss ganz furchtbares Erlebnis. Noch viele Jahre nach Ende des Krieges hatte er am Jahrestag seiner Verwundung immer wieder schwere Albträume. Er schrie und schlug im Schlaf um sich. Wenn ihn seine Frau dann weckte, erzählte er ihr in heller Aufregung, er hätte den Gasangriff wieder erlebt.

Aber schauen wir noch mal in das Jahr 1913 zurück. Familie Beutler konnte oder wollte es sich nicht leisten, Maria zu Hause zu behalten, nachdem sie nach siebenjähriger Schulpflicht entlassen worden war. Außerdem war Anna, die zweite Tochter, mit ihren neun Jahren inzwischen alt genug, um einen Teil der Aufgaben ihrer großen Schwester zu übernehmen. Man wollte Maria aber nicht in eine feste Anstellung geben, sonst hätte sie daheim nicht immer wieder helfend einspringen können. Da bot sich zufällig eine günstige Gelegenheit, bei der Maria ein paar Mark fürs Familienbudget dazu verdienen konnte und doch frei genug war, weiterhin im elterlichen Haushalt mit anzupacken.

Der Förster suchte junge ungelernte Mädchen für tageweise Einsätze, die ihm bei verschiedenen leichten Waldarbeiten zur Hand gehen sollten. Maria stapfte also, wie viele andere Bauerntöchter auch, mit dem Förster »ins Holz«. Außer dass die Mädchen neue Bäume pflanzten, bestand ihre Hauptaufgabe darin, den Wald »aufzuräumen«. Das bedeutete, tagsüber den Wald zu durchstreifen, alles, was an Ästen und Zweigen im Laufe der Jahre heruntergefallen war, zu sammeln und am Waldrand aufzustapeln. Am Abend durften sie dann immer so viel Holz, wie sie auf ihr Handwägelchen laden konnten, mit nach Hause nehmen. Auf diese Weise kam die Familie zusätzlich an kostenloses Brennholz.

Was schlechtes Wetter betraf, durften die Bauerntöchter sich nicht verkriechen. Wenn der Förster rief, hatten sie zu erscheinen, egal ob gerade die Sonne vom Himmel brannte, ob es regnete oder gar schneite. Hätte man seinem Ruf nicht Folge geleistet, wäre man weg gewesen vom Fenster. Es gab genug andere, die sich um einen solchen Posten rissen, man zog sich eben entsprechend der Witterung an.

Eines Tages, Maria gehörte schon über ein Jahr dem »Waldarbeitertrupp« an, regnete es in Strömen, als der Förster seine Mädchen mal wieder im Wald arbeiten ließ. Dabei holte sich Maria eine schwere

Erkältung. Später mutmaßte man, sie habe es deshalb so schwer erwischt, weil sie gerade ihr Monatsleiden gehabt hätte und dadurch besonders geschwächt gewesen sei.

Jedenfalls ließ man dem Mädchen, obwohl sich starke Erkältungsanzeichen zeigten, keine Zeit, sich ins Bett zu legen – schließlich warteten im Haushalt genügend Aufgaben auf sie, und sechs jüngere Geschwister waren zu versorgen. Weil sie die Krankheit nicht richtig auskurieren konnte, schwollen bei dem Mädchen die Lymphdrüsen auf die Größe von Taubeneiern an. Endlich erkannten die Eltern, dass mit dieser Erkrankung nicht zu spaßen sei und ließen den Doktor kommen. Da sich dieser mit der Therapie bei dieser Krankheit überfordert fühlte, empfahl er einen Spezialisten.

Vater Johann fuhr also mit Maria Ende 1914 per Bahn ins böhmische Eger. Schließlich kostete ihn die Fahrt nichts, da er als Eisenbahner für sich und seine Tochter Freifahrtscheine bekam.

Zunächst besah sich der »Spezialist« eingehend die Lymphdrüsen des Mädels, schüttelte dann jedoch vielsagend den Kopf und griff zum Messer. Sehr zum Entsetzen des Vaters bestand die Behandlung des Arztes lediglich darin, dem Mädchen die geschwollenen Drüsen einfach wegzuschneiden.

Wie Johann seine Tochter danach lebend nach Hause gebracht hat, war ihm später selbst ein Rätsel. Fest steht, dass sich die mittlerweile Sechzehnjährige von dieser Operation nicht mehr erholte. Sie siechte langsam dahin und schloss am 16. Juni 1915 die Augen für immer.

Das war für die ganze Familie ein schwerer Schlag, am schlimmsten aber war es für die Mutter. »Zwei kleinen Töchtern musste ich ins Grab schauen«, vertraute sie Jahre später ihrer Tochter Anna an, nachdem sich diese bemüht hatte, arbeitsmäßig die Lücke auszufüllen, welche die große Schwester hinterlassen hatte. »Das war schlimm, aber nichts im Vergleich zu Marias Tod. Mit einem Kind, das man sechzehn Jahre lang um sich haben durfte, wächst man ganz anders zusammen. Hinzu kam noch, dass Maria so anstellig und in allem so geschickt war. Aber ich erkenne es sehr an, und ich bin dem Himmel so dankbar, dass er mir in dir eine Tochter geschenkt hat, die sich stets bemühte, die Lücke auszufüllen.«

Vermutlich waren es bei der sensiblen Anna Karolina auch Schuldgefühle, die sich unter den eigenen Schmerz mischten, ja, ihn gar noch verstärkten. Diese wollte sie aber weder sich noch einem Familienmitglied eingestehen. Zum einen mag sie sich schuldig gefühlt haben, weil es ihre Idee gewesen war, das Mädchen zur Arbeit in den Wald zu schicken, zum anderen lastete die Schuld auf ihr, dass sie die Erkrankung der Tochter zu Beginn auf die leichte Schulter genommen hatte, wodurch sich deren Zustand zusehends verschlechterte. Hätte man gleich einen Arzt zurate gezogen oder das Mädchen mit seiner Erkältung wenigstens ins Bett gepackt, wäre Maria wahrscheinlich am Leben geblieben.

Nach dem Tod der Tochter schien Anna Karolina wie ausgewechselt. Sie war ernster geworden, längst nicht mehr so belastbar und ermüdete schneller. Dennoch blieb sie weiterhin die gütige, verständnisvolle Mutter, mit einem offenen Ohr für alle Sorgen ihrer Kinder.

Ab dem Jahre 1918 kam zu der ganzen Arbeit für sie noch eine weitere Belastung hinzu. Ihre beiden Tanten Mariandl und Viktoria Schieder, also die Schwestern ihres so früh verstorbenen Vaters, die noch in seinem Elternhaus, dem »Menzlhof« gewohnt hatten, wurden nach dem Verkauf des Hauses zunächst heimatlos. Mit dem Erlös aus dem Verkauf privatisierten sie, mieteten sich also ein Zimmer, in dem sie künftig ihre Tage verbrachten. Da beide aber schon recht hinfällig waren, ging Nichte Anna Karolina immer mal hin zum Putzen.

Als die Inflation im Jahre 1923 das restliche Geld der beiden alten Mädchen auffraß, waren sie bettelarm und mussten das gemietete Zimmer verlassen. Dabei konnten sie noch von Glück sagen, dass sie im »Neustädter Armenhaus« Aufnahme fanden, wo sie ihre restlichen Lebensjahre verbrachten. Anna Karolina ließ es sich nicht nehmen, die zwei dort so oft wie möglich zu besuchen und sie mit Essen zu versorgen.

Einige Jahre zuvor aber sollten sie und Johann eine große Freude erleben. Die beiden wurden zum ersten Mal Großeltern. Josef, ihr Erstgeborener, hatte sich inzwischen eine Braut aus München mitgebracht, Karolina Brand, die er schon bald heiratete. Da das junge Paar keine andere Wohnung fand, zog es in den »Päpstlichen Stuhl«, aus dem fremde Mieter gerade ausgezogen waren. Dort kam am

20. November 1920 das erste Enkelkind von Anna Karolina und Johann zur Welt.

Die Oma war glücklich, wieder junges Leben im Haus zu haben, denn ihr Jüngster, der Ludwig, zählte zu der Zeit bereits sieben Jahre. Viel glücklicher aber schien der Opa über sein erstes Enkelkind, noch dazu weil es ein Bub war. Der kleine Robert sollte in den nächsten Jahren bei ihm eine Reihe von Privilegien genießen. Sobald der Kleine sitzen konnte, hatte er seinen Platz neben Opa auf der Bank. Johann durfte noch achtzehn weitere Enkelkinder erleben, die ihm sehr viel Freude bereiteten, aber Robert, der erste Enkel, blieb nach wie vor sein Liebling.

Als der Junge sieben Jahre alt war, verursachte er ein großes Unglück. Ehe ich das aber näher ausführe, möchte ich über den weiteren Lebensweg von Tochter Anna berichten.

1920, nachdem die junge Frau jahrelang treu und brav den ganzen Haushalt geschmissen hatte – und es war für sie bestimmt nicht leicht gewesen, sich anfangs gegen sieben Brüder behaupten zu müssen –, gestattete ihr die Mutter endlich, sich nach einer bezahlten Arbeit umzusehen. Mittlerweile war die dritte noch lebende Tochter, nämlich Karolina, die von allen nur »Lina« gerufen wurde, mit ihren neun Jahren so weit herangewachsen, dass sie die meisten Aufgaben von Anna übernehmen konnte. Außerdem lebte ja nun Karolina, Josefs Frau, mit im Haus, die der Schwiegermutter so manchen Handgriff abnahm.

Mit siebzehn verließ Anna das Elternhaus und ging, wie das damals für viele Bauerntöchter üblich war, zu betuchten Stadtleuten in Stellung, als »Mädchen für alles«. Neben ihrer Arbeit lernten diese jungen Frauen nicht nur feine Leute kennen, sondern auch das Großstadtleben, was für Landmädchen nicht ohne Reiz war.

Zunächst hatte die junge Anna bei zwei Münchner Familien Anstellungen gefunden, wechselte dann aber nach Regensburg, wo sie ebenfalls nacheinander bei zwei Familien diente. Kelsterbach bei Frankfurt am Main war ihre nächste Station, schließlich landete sie in Freiburg im Breisgau. Dort habe sie sich am wohlsten gefühlt, gestand sie mir, obwohl sie mit der Stadt ein fürchterliches Ereignis verband, durch welches ihre Eltern beinahe eine weitere Tochter verloren.

Annas Herrschaft hatte zwei Söhne. Neben der üblichen Hausarbeit gehörte es zu den Aufgaben der Angestellten, diese zu betreuen. Über die beiden Söhne entnahm ich ihren Aufzeichnungen Folgendes:

Die beiden Kinder waren wie ihre Eltern. Der Jüngere war wie sein Vater, ruhig und fein. Der Ältere aber war wie seine Mutter, eingebildet und frech. Einmal, als ich mit dem Jüngeren im Hause spielte, kam sein Bruder mit einem Gewehr seines Vaters auf mich zu und rief: ›Hände hoch, oder ich erschieße dich!‹ Meinen Schreck ließ ich mir nicht anmerken. Ganz ruhig bat ich ihn, er möge das Gewehr wieder in den Schrank stellen, oder ich werde es dem Vater berichten, sobald der heimkomme. Der Bengel dachte aber nicht daran, zu folgen. Er wusste ja, dass seine Mutter ihm stets die Stange hielt. Stattdessen fuchtelte er mit dem Gewehr vor meinem Gesicht herum. Irgendwie ist er dann an den Abzug geraten. Ein Schuss löste sich und ging so knapp an meinem Kopf vorbei, dass ich spürte, wie die Kugel meine Haare streifte. Als ich mich von diesem Schreck erholt hatte, habe ich den Burschen windelweich geprügelt. Davon hat er aber weder seinem Vater noch seiner Mutter je ein Wort verraten. Ich selbst habe den Herrschaften auch nichts über diesen Fall berichtet, und da die Kugel durchs offene Fenster ins Freie geflogen war, gab es keinerlei Spuren im Haus, die uns hätten verraten können. So blieb die Geschichte für uns beide ohne Folgen.

Ende der Zwanzigerjahre begegnete Anna ihrer großen Liebe Heinz. Für ihn, den nachgeborenen Sohn eines Bauern, bestand zu seinem Leidwesen keine Aussicht, den elterlichen Hof zu erben. Da er jedoch liebend gern als Landwirt leben wollte, war er ganz begeistert, als ihm Anna erzählte, bei ihr bestünde durchaus die Möglichkeit, das väterliche Anwesen zu übernehmen. Bisher hatte nämlich keiner ihrer Brüder Interesse daran bekundet.

Heinz freute sich, als Anna ihn schon bald ihren Eltern vorstellte. Fast wirkte es, als hätten die Eltern auf eine solche Möglichkeit gewartet: Ihr Vater trug sich schon seit längerer Zeit mit dem Gedanken, den Hof zu übergeben, zumal ihn die Bahn bereits mit achtundfünfzig Jahren wegen seiner Schwerhörigkeit in den Ruhestand geschickt hatte. In solch einer

Position war das damals ein Pensionierungsgrund, weil die Signalgebung seinerzeit noch per Horntuten erfolgte. Da Johann das Tuten kaum noch hören konnte, wusste er nicht, wann die Weichen zu stellen waren, damit war er als Stellwerksleiter für die Bahn nicht mehr tragbar.

Annas Eltern muss der zielstrebige junge Mann auf Anhieb sympathisch gewesen sein, sie sahen in ihm bereits den zukünftigen Bauern auf ihrem Hof. Ja, beiden Eheleuten schien es gerade recht, Anna den Hof zu vermachen – als Belohnung dafür, dass sie sich mehrere Jahre lang so selbstlos für die Familie eingesetzt hatte. Außerdem hatten die Söhne mittlerweile alle einen Beruf und ein sicheres Einkommen, und offenbar wollte ein jeder von ihnen auf seinem Posten bleiben.

Nachdem mit Anna und Heinz alles besprochen war, tauchte völlig überraschend Andreas im Elternhaus auf. Nach dem Krieg hatte Reis eine erstaunliche Karriere hingelegt und sich mit seiner Familie in Passau angesiedelt. Nun redete er dem Vater ein, er solle doch den Hof nicht einem Wildfremden überschreiben.

»Willst du wirklich, dass der Name Beutler von dem Hof verschwindet?«, fragte er den Vater herausfordernd. »Deine Ahnen, die das Anwesen seit Jahrhunderten bewirtschaftet haben, würden sich im Grab umdrehen. Du hast doch genügend Söhne! Unter denen wird sich schon einer finden, der den Hof übernimmt.«

Das waren Argumente, die dem Vater zu denken gaben. Zunächst ging Johann mit seinem geistigen

Auge die Reihe seiner Söhne durch, danach muss er wohl jeden Einzelnen noch persönlich befragt haben. Bei Sohn Felix, dem Drittjüngsten, wurde er endlich fündig. Felix erklärte sich bereit, das elterliche Anwesen zu übernehmen, wollte aber weiterhin nebenher als Schreiner arbeiten, weil die Landwirtschaft nicht genug einbrachte. Also wurde ihm der Hof im Jahre 1930 überschrieben.

Doch der erst Zweiundzwanzigjährige war dieser Verantwortung noch nicht gewachsen. In den ersten Jahren musste ihm der Altbauer noch etliche Male den Kopf waschen, bis Felix in der Lage war, den Besitz in seinem Sinne weiterzuführen.

Was aber war mit Anna? Sie hatte doch gehofft, ihrem Hochzeiter auf dem väterlichen Besitz eine Existenz bieten zu können. Als dieser erfuhr, dass aus der Einheirat nichts werde, verließ er seine Braut und schaute sich nach einer anderen Einheirat um. Das brach Anna schier das Herz. Erst nach vier Jahren hatte sie sich so weit gefasst, dass sie dem Bauern Hans Schieder, der sich schon seit Längerem um sie bemüht hatte, das Ja-Wort gab.

Dass sie in dieser Ehe nicht das erhoffte Glück gefunden hat, lässt sich einer Äußerung entnehmen, die sie nach dem Tod des Ehemannes gegenüber ihrer Schwester Lina gemacht hat: »Den, den ich gewollt hätte, habe ich nicht bekommen. Den aber, den ich bekommen habe, hätt' ich eigentlich nicht gewollt. Nun ja, wir haben es immerhin dreißig Jahre miteinander ausgehalten.«

Da Annas Ehe kinderlos geblieben war, hing sie mit großer Liebe an ihren zahlreichen Nichten und

Neffen und empfing sie stets mit offenen Armen. Wenn die Jüngeren etwas ausgefressen hatten, konnten sie sich immer bei ihrer Tante zurückziehen und abwarten, bis sich die Gewitterwolken verzogen hatten.

Für eine Bäuerin zur damaligen Zeit ging Anna einem ungewöhnlichen Hobby nach. Nicht nur schrieb sie vieles auf, was die Familie betraf, sodass ich ihr einen Großteil meiner Informationen verdanke, sondern sie verfasste auch humorvolle Gedichte über verschiedene Ereignisse – teils in Mundart, teils in Hochdeutsch –, die sie bei Familienfeiern vortrug, sehr zur Erheiterung der Gäste. Auch packte sie gern Pakete, die sie an die Verwandtschaft schickte. Und wenn sie Besuche machte, brachte sie immer nützliche Geschenke mit. Ihre Erklärung lautete meist: »Ich schenke doch lieber etwas Praktisches und nicht etwas, das nachher im Regal verstaubt.«

Nun zurück zu Robert, dem ersten Enkel von Anna Karolina und Johann. Wie gesagt, herrschte bei seiner Ankunft eitel Sonnenschein im ganzen »Ritterhof«. Besonders stolz war der Opa auf ihn, nicht nur, weil der Junge der erste Namensträger einer neuen Generation, sondern auch, weil er solch ein herziges Kerlchen war. Deshalb hatte der Kleine nicht nur seinen festen Platz neben Johann, sobald er sitzen konnte, sondern durfte den Großvater auch begleiten, wenn der ins Feld oder in den Wald fuhr, sobald seine Beinchen kräftig genug waren, um längere Strecken zurücklegen zu können.

Unglücklicherweise fielen diesem Enkel, als er sieben Jahre alt war, Streichhölzer in die Finger. Wie kleine Buben nun mal sind, zündeln sie gern und müssen alles ausprobieren.

Es war im September 1928, vom Dreschen lagen noch Strohreste im Hof herum. Ein paar Büschel schob Robert zusammen und zündete sie an. Nur »diesen kleinen Strohhaufen« wollte er brennen sehen, doch in Windeseile raste das Feuer an dem verstreuten Stroh entlang in Stadl und Schuppen, und innerhalb kurzer Zeit brannte alles lichterloh. Dabei hatte der Bub noch großes Glück, dass er sich rechtzeitig aus dem Flammenmeer retten konnte.

Auf sein Schreien hin lief alles, was Beine hatte, herbei: sämtliche Bewohner vom »Ritterhof« und auch die Nachbarn. Obwohl sofort eine Eimerkette gebildet wurde, um das Wasser vom Brunnen bis zum Brandherd weiterzureichen, war nichts mehr zu retten. Scheune und Schuppen brannten restlos nieder, und die ganze Ernte, die ja bereits unter Dach und Fach war, mit. Sogar die vier Schweine wurden ein Raub der Flammen. Trotz der sofort eingesetzten Löschversuche sprang das Feuer auf die Nebengebäude des Nachbarn über. Deshalb nimmt es nicht Wunder, dass es daraufhin über Jahre ein gespanntes Verhältnis zur Nachbarschaft gab.

Für Familie Beutler war es schwer, das Vieh über den Winter zu bringen, da ja sämtliche Heu- und Strohvorräte verbrannt waren. Ob und inwieweit ein Strafgericht über den kleinen Übeltäter herniederprasselte, ist nicht bekannt. Es ist aber anzunehmen, dass zumindest eine ernsthafte Belehrung darüber erfolgte, nicht mit Zündhölzern zu spielen.

Im zarten Alter von zehn Jahren musste Robert von Altenstadt und seinem geliebten Großvater Abschied nehmen. Sein Vater Josef, Lokführer von Beruf, war nach Selb versetzt worden. Der Bub musste die Schule wechseln, was ihm jedoch nicht besonders schwerfiel. 1935 begann er in Selb bei der Firma »Heinrich« eine Lehre als Schlosser.

Ein neuer Umzug stand ins Haus, als der Vater 1937 nach Hof versetzt wurde. Weil Robert jedoch seine Lehre in Selb beenden wollte, wurde er mit siebzehn Jahren zum Pendler.

Nachdem er die Berufsausbildung erfolgreich abgeschlossen hatte, kehrte er umgehend in seine alte Heimat, nach Altenstadt, zurück und arbeitete beim »Reichsausbesserungswerk«, kurz »RAW« genannt, wie schon sein Großvater. In dieser Zeit wohnte er bei Tante Anna, die wie bereits erwähnt ein großes Herz und ein offenes Haus für die Kinder ihrer Geschwister hatte.

Im November 1940 wurde Robert eingezogen und nach Frankreich geschickt, wo er 1941/42 an dem Unternehmen »Barbarossa« teilnahm. In der Folgezeit erhielt er alle möglichen Auszeichnungen und wurde zum Unteroffizier befördert. Während eines Heimaturlaubs führte er seine Braut Gretl am 7. November 1944 zum Traualtar.

Viel Zeit, um das junge Glück zu genießen, blieb den frischgebackenen Eheleuten nicht. Schon bald mussten sie sich mit Briefen begnügen, die ob des immer schlimmer werdenden Kriegsgeschehens nur schleppend hin- und hergingen. Nach einigen Wochen konnte Gretl, die nun auch bei Tante Anna wohnte, ihrem Liebsten mitteilen, dass sie ein Kind erwarte.

Über diese Nachricht freute sich der werdende Vater sehr. In seinem nächsten Brief äußerte er die Hoffnung, dass der Krieg wohl bald zu Ende sein werde und er bei der Geburt seines Kindes dabei sein könne. Doch das Schicksal hatte anders entschieden. Nachfolgend ein Brief Roberts an Tante Anna, in dem er noch recht optimistisch klingt:

9. März 1945
Liebe Anna!
Endlich komme ich dazu, Dir einige Zeilen zu schreiben. Unsere Kampfhandlungen sind nun seit vier Tagen eingestellt, und es herrscht wieder völlige Ruhe. Anderweitig bin ich ja ziemlich stark beschäftigt mit meiner Bedienung, ein großes Stellungssystem fertigzustellen. Wir arbeiten, dass der Laden kracht. Soldaten haben immer etwas zu tun und können sich nie auf die faule Haut legen. Es ist heute bloß ein kleines Lebenszeichen von mir, das in einem finsteren Bunker entsteht. Ein andermal hörst du wieder von mir.
Für heute muss ich beenden.

Recht herzliche Grüße sendet Dir, Gretl und Hans
sowie allen anderen

Robert

Dies sollte das letzte Lebenszeichen von ihm sein. Am 8. Mai 1945 wurde der Waffenstillstand verkündet. Erst einige Tage danach erhielt die junge Ehefrau Gretl ein schwarz umrandetes Kuvert mit der Nachricht, dass ihr Mann für Volk und Vaterland sein Leben geopfert habe. Es folgte die nüchterne Erklärung, am 22. April 1945 sei er auf einem Lastkraftwagen, der ihn ins Lazarett nach Krems in Mähren bringen sollte, seiner Kopf- und Lungenverletzung erlegen.

Der Krieg ist zwar aus, dachte sie verbittert, aber dein Kind wirst du doch nicht mehr zu sehen kriegen. Allein der Gedanke an dieses Kind, das sie als Vermächtnis ihres gefallenen Ehemannes sah, ließ die junge Witwe sich aufrecht halten. Ende August fand die Entbindung statt. Dabei stellten sich gleich mehrere Komplikationen ein, sodass Arzt und Hebamme stundenlang um das Leben von Mutter und Kind rangen.

Endlich war er da, der Stammhalter. Aber trotz seines stattlichen Gewichtes von zwölf Pfund musste man um sein Leben fürchten. Vermutlich hatte er während der Geburt zu wenig Sauerstoff bekommen. Deshalb wurde ihm gleich die Nottaufe gespendet, bei der er den Namen »Josef« bekam, zu Ehren seines Großvaters, der ja vier Monate zuvor seinen Sohn Robert verloren hatte. Eine halbe Stunde nach der Geburt starb der kleine Josef.

So hatte die leidgeprüfte Gretl nach dem Tod ihres Mannes auch noch den Sohn verloren. Da brach sie psychisch zusammen. Damit sie nicht ihrem Kind nachsterbe, bemühten sich der Arzt, die

Hebamme und Tante Anna tagelang um ihr Leben. Sie gewannen den Kampf. Zum Glück hatte Großvater Johann den Tod seines Lieblingsenkels Robert nicht mehr erlebt.

In meiner Erzählung bin ich etwas vorausgaloppiert. Kehren wir zurück in die Zwanzigerjahre zu meiner gütigen Großmutter Anna Karolina. Die ganze Arbeit, die Mühsal, die zwölf Geburten und dazu das karge Leben, ohne jeglichen Luxus, gingen an ihr – wie man sich leicht vorstellen kann – nicht spurlos vorüber.

Schon zu Beginn der Zwanziger begann sie zu kränkeln und wurde zusehends schwächer. Dennoch ging sie weiterhin ihrer Arbeit nach. Oft fand ihre Tochter Lina sie im Stall zwischen den Kühen liegend, wo sie ihr wieder auf die Beine half. Wie sie in diese Lage gekommen war, daran konnte die Arme sich nie erinnern – vor Schwäche musste sie einfach umgefallen sein.

Anna Karolinas Zustand verschlechterte sich immer mehr, obwohl ihr Mann, mein tüchtiger Großvater, zu Beginn der Dreißigerjahre immer wieder mal einen Ausflug mit ihr unternahm, um sie abzulenken. Da nun sein Sohn Felix den Hof bewirtschaftete, war das Leben für die beiden alten Leute doch etwas leichter geworden. Johann entführte seine Frau nach Hof, nach Passau oder Selb, weil er dachte, es könnte sie aufmuntern, die Enkel zu sehen, und das würde ihrer Gesundheit förderlich sein.

Doch es half alles nichts. Bald konnte sie solche Reisen nicht mehr durchstehen. Ja, es kam schon viel zu früh die Zeit, in der sie es noch nicht einmal mehr bis vor die Haustür schaffte.

Am 19. Dezember 1936 starb Anna Karolina an Herzversagen, zu Hause in ihrem Bett. Sie war gerade achtundsechzig Jahre alt. Drei Tage später, zu ihrer Beerdigung, eilten all ihre Kinder und Enkel herbei. Ein langer Trauerzug – Nachbarn und Freunde hatten es sich nicht nehmen lassen, ihr die letzte Ehre zu erweisen – folgte dem Sarg.

Aufmerksam verfolgten alle die ergreifende Grabrede, die der Ortspfarrer hielt und deren Worte an dieser Stelle dem Leser nicht vorenthalten werden sollen:

»Christliche Trauerversammlung! Schon steht Weihnachten vor der Tür. Jung und Alt warten mit Sehnsucht auf das große Freudenfest. Wem es irgend möglich ist, der eilt heim ins Elternhaus. Doppelt hart müssen daher die Trauer und der Schmerz sein, wenn gerade jetzt der Tod eingekehrt ist in einem Hause und den Mittelpunkt der Familie wegnimmt – die Mutter, wie es bei dem heutigen Leichenbegräbnis der Fall ist.

Unsere Trauer gilt der ehrengeachteten Anna Karolina Beutler, Stellwerkmeistersgattin von Altenstadt, die am Samstagabend, am Marientag, da sie ja selbst eine so große Muttergottes-Verehrerin war, nach einem christlichen Leben, wohlvorbereitet durch oftmaligen Empfang der heiligen Kommunion nach langem schwerem Leiden, das sie mit heldenhafter Geduld ertragen, ruhig im Herrn verschieden ist.

Im Jahre 1868 war sie in Störnstein geboren, und von ihren christlichen Eltern wurde sie beruflich und religiös gut erzogen. Als Jungfrau von fünfundzwanzig Jahren schloss sie mit dem nunmehr tief trauernden Gatten den Bund fürs Leben. Was sie damals am Altar versprochen an Hilfe, Liebe und Treue, das hat sie gewissenhaft gehalten all die vierundvierzig Jahre ihres Zusammenlebens.

Da der Gatte durch den Dienst vielfach abwesend war, lag die Hauptlast der Arbeit für das Anwesen und die Sorge um die Kinder auf den Schultern der Mutter. Durch ihre wirtschaftliche Tüchtigkeit und ihren unermüdlichen Eifer hat sie diese Aufgabe in bewundernswerter Weise gelöst. In ihrer selten hohen Begabung und christlichen Frömmigkeit trachtete sie vor allem danach, ihre Kinder zu tüchtigen brauchbaren Menschen im Leben und zu guten Christen zu erziehen. Bei der großen Kinderschar (zwölf Kindern schenkte sie das Leben) ist es begreiflich, dass neben den gewöhnlichen, alltäglichen Sorgen ihr auch größerer schwererer Kummer nicht erspart blieb. Zwei ihrer Kinder starben schon im Kindesalter. Aber ein besonders harter Schlag war der Tod einer bereits sechzehn Jahre alten Tochter.

Wie mag sie mit ihrem feinfühlenden Mutterherzen gebebt und gezittert und auch gebetet haben, da drei ihrer Söhne im Krieg waren! Aber mit christlichem Heldenmut trug sie diese Leidensstunden.

Wir finden es begreiflich, dass bei solcher Arbeitslast die Körperkraft früh aufgebraucht wurde. Schon seit längerer Zeit hatte sie alljährlich eine längere Krankheit durchzumachen. Aber immer war es bisher geglückt, dieselbe zu überstehen. Heuer kam das alte Leiden wieder, aber stärker und hartnäckiger. Trotz der sorgsamsten Pflege und aller ärztlichen Bemühungen konnte der fortschreitende Kräfteverfall nicht aufgehalten werden, und so trat am Samstag das Unvermeidliche ein, der Tod. War sie eine Heldenmutter in gesunden Tagen, so blieb sie es auch im Leiden. Trotz des langen und beschwerlichen Leidens blieb sie immer gefasst und ruhig. Keine Klage kam von ihren Lippen. In diesen Tagen der Krankheit offenbarten sich ihre tiefe innerliche Frömmigkeit, besonders ihr Glaube und ihre Liebe zum Allerheiligsten. Auf die Frage, ob sie wieder kommunizieren wolle, gab sie die vertrauensstarke Antwort: ›Ja, freilich, denn wenn man den Herrn empfangen hat, ist immer ein anderer, besserer Tag.‹

Begreiflich ist der Schmerz des Ehemannes, wenn er eine so besorgte Gattin, verständlich der Schmerz der Kinder, wenn sie eine so herzensgute Mutter verloren haben. Sie alle hatten ihre Mutter so lieb, das bekundeten sie besonders am Krankenbett, in der Pflege und in den Liebesbezeugungen. Die schon erwachsenen Söhne wetteiferten wie die Kinder. In dieser Familie hat sich bewahrheitet: ›Wer Liebe sät, wird Liebe ernten.‹

Begreiflich, sage ich, ist der Schmerz um diese gute Mutter, aber gerade ihr herrliches Bild im Leben, ihr seliges Sterben in der heiligen Weihnachtszeit möge euch der beste Trost sein.

Das Christkind ist in die Welt gekommen, um uns in den Himmel zu führen. So dürfen wir hoffen, dass eure Mutter Weihnachten feiern kann mit ihren so früh verstorbenen Kindern und allen anderen Verwandten und Bekannten im Himmel.

Für uns aber ist das Lebensbild unserer christlichen Mitschwester ein Vorbild, auch schön christlich zu leben, dann folgen ein schönes Sterben und danach die ewige Seligkeit im Himmel. Amen.«

Zachl Beutler, mein vielseitiger Vater

Zacharias war das sechste Kind meiner Großeltern Johann und Anna Karolina, aber das erste, das in dem aufgestockten Haus Nr. 47 zur Welt kam. Das war im Dezember 1901. Damit es zu keiner Verwechslung mit seinem Großvater Zacharias kam, der sehr stolz darauf war, dass dieser Enkel seinen Namen trug, wurde der Kleine von Anfang an »Zachl« gerufen.

Über seine Kindheit hat mein Vater eigentlich nie etwas erzählt. Nach Beendigung der Schulzeit durchlief er keine Berufsausbildung. Auf Wunsch der Eltern blieb er zu Hause, weil sie in ihm eine Hilfe bei der Landwirtschaft sahen. Außerdem sparten sie auf diese Weise das Lehrgeld, was man damals üblicherweise noch zahlen musste. Zachl war diese Entwicklung gerade recht. Aber – so wurde mir von anderer Seite berichtet – er verfügte über die »Begabung«, die Arbeit, die daheim anfiel, so zu delegieren, dass am Schluss für ihn nicht mehr sonderlich viel übrig blieb.

Daneben interessierte er sich schon sehr früh für alles, was mit Autos und Motoren zu tun hatte. Kurz nach Ende des Ersten Weltkrieges legte er die Fahrprüfung für Lastkraftwagen ab und kaufte sich einen Lkw, zu dessen Kaufpreis sein Vater allerdings einen erheblichen Anteil beisteuerte. Nach

Zachls eigener Aussage war dies das erste Lastauto in der Oberpfalz. Mit diesem machte er sich schließlich als Fuhrunternehmer selbstständig. Er transportierte so ziemlich alles, was auf seinem Wagen Platz hatte und von A nach B befördert werden musste. Seine Geschäfte liefen gut.

Im Jahre 1921 stellte sich das Schicksal jedoch gegen ihn. Während einer Fahrt geriet sein Fahrzeug in Brand, mit knapper Not entkam er den Flammen. Nach einem kühnen Sprung aus dem Führerhaus musste er tatenlos zusehen, wie sich seine Existenz in Rauch auflöste. Da er nicht versichert war – vermutlich gab es damals noch keine Fahrzeugversicherung –, bedeutete dies das vorläufige Ende seiner Selbstständigkeit.

Doch er hatte Glück im Unglück, schon nach wenigen Wochen fand er eine Anstellung als Fahrer bei einem Lagerhaus in Neustadt an der Waldnaab. Das Leben als Angestellter gefiel ihm jedoch nicht besonders, deshalb sehnte er sich danach, wieder zu einem eigenen Lastwagen zu kommen. Bis 1924 hatte er sich trotz Inflation wieder so viel zusammengespart, dass er ein zweites Mal den Schritt in die Selbstständigkeit wagen konnte. Er kaufte sich abermals einen Lkw und transportierte damit Güter aller Art, vor allem von und nach Sachsen. So kam er häufiger nach Plauen im Vogtland, wo seine zukünftige Frau beheimatet war. Aber nicht dort lernte er sie kennen, sondern in seinem Heimatort Altenstadt.

Nun muss ich etwas weiter ausholen. Mein Urgroßvater mütterlicherseits, Nikolaus Füßl, bewirtschaftete in Altenstadt einen kleinen Bauernhof. Ob er auch Töchter hatte, ist mir nicht bekannt, doch er zeugte drei Söhne. Der älteste, Nikolaus, übernahm den heimischen Hof. Christof, der Zweitgeborene, hatte das Glück, in den ansehnlichen »Fehrhof« in Altenstadt einheiraten zu können, denn Josefa, das einzige Kind des Fehrbauern, verliebte sich in ihn.

Für Josef, den dritten der Brüder, fand sich in dessen Heimatort kein Auskommen, weshalb er nach Plauen »auswanderte«, wo er zunächst bei der Molkerei als Milchkutscher arbeitete. Er musste mit einem Pferdefuhrwerk von Hof zu Hof fahren, um die Milchkannen aufzuladen, welche die Bauern an den Straßenrand gestellt hatten, und zur Molkerei zu bringen. In dieser Zeit lernte er Anna kennen, verliebte sich in sie und gründete mit ihr einen eigenen Hausstand. Außer zwei Buben bekam dieses Paar eine Tochter, die sie Antonia nannten.

In der Zwischenzeit hatte Josef eine bessere Anstellung gefunden. Nach wie vor war er zwar mit zwei Pferden unterwegs, aber hinter diese war kein Milchkarren mehr gespannt, sondern eine Kutsche, mit der er die »feinen Leute« beförderte. Die Kutsche war seine eigene, und die beiden stolzen Rösser davor gehörten ebenfalls ihm. Mehrmals täglich holte er mit diesem Gefährt wohlhabende Kurgäste vom Bahnhof ab und brachte sie zu ihrem jeweiligen Hotel.

Von Haus aus hatte Antonia also nichts mit Landwirtschaft zu tun gehabt. In Altenstadt hatte unterdessen Josefa, die Erbin des »Fehrhofes«, den Stammhalter zur Welt gebracht. Nun schien das Glück des Paares vollkommen. Doch der kleine Bub war schwächlich, schon nach wenigen Tagen gab er seine Seele dem Schöpfer zurück.

Tiefe Trauer legte sich über den »Fehrhof«. Doch die Eheleute waren noch jung, so hegte man die Hoffnung, dass sich bald weiterer Nachwuchs einstellen werde. Doch Jahr um Jahr verging, und bei der jungen Frau tat sich in dieser Hinsicht nichts. Da ihnen die Arbeit über den Kopf zu wachsen drohte, fragte Christof eines Tages bei seinem Bruder Josef in Plauen an, ob dieser ihm nicht wenigstens über die Sommerferien seine Tochter als Erntehelferin vorbeischicken könne.

Als Antonia ihre ersten Ferien auf dem »Fehrhof« verbrachte, zählte sie gerade zehn Lenze. Obwohl die Arbeiten für sie ungewohnt waren, erwies sich das Mädel als fleißig und geschickt und war bald mit allen landwirtschaftlichen Tätigkeiten vertraut. Froh über die Hilfe, ließen Onkel und Tante sie in den folgenden Jahren ebenfalls zu ihnen kommen.

Nach Antonias Schulentlassung im Jahre 1918 waren die Eltern überzeugt, die Tochter in einer Spitzenmanufaktur unterbringen zu können, denn Plauener Spitze hatte seit Beginn des 19. Jahrhunderts Tradition. Die Erfindung der ersten Handstickmaschine 1858 bedeutet im Handfertigungsbereich eine industrielle Revolution.

Das Besondere an diesen Spitzen besteht darin, dass sie nicht gehäkelt, nicht geklöppelt und nicht per Occhi-Schiffchen, sondern mit einer speziellen Maschine hergestellt werden. Diese erlaubt zwar Massenproduktion, lässt aber dennoch ganz individuelle wunderbare Spitzen entstehen – für Gardinen,

Braut- oder Taufkleider, für Tischdecken und zur Verzierung feiner Unterwäsche, die sich damals wachsender Beliebtheit erfreuten.

Eine Spitzenmanufaktur nach der anderen wurde bis zu den Goldenen Zwanzigern eröffnet und brachte Generationen von Menschen in Lohn und Brot. Da die »Plauener Musterung« auf der Weltausstellung zu Paris im Jahr 1900 gar mit dem Grand Prix ausgezeichnet wurde, gab es kein Halten mehr: Plauener Spitze wurde weltweit bekannt, die Stadt blühte auf. Von überallher strömten die Menschen herbei, auf der Suche nach einem Arbeitsplatz. Über 120.000 Einwohner zählte Plauen schließlich.

Als aber Antonia in die Spitzenproduktion eintreten wollte, hatte sie denkbar schlechte Karten. Wer brauchte nach dem verheerenden Ersten Weltkrieg noch Spitzen? Eine Manufaktur nach der anderen musste aus Mangel an Aufträgen schließen. In den nachfolgenden Jahren, einer Zeit großer Arbeitslosigkeit, hatte Plauen schließlich die meisten Arbeitslosen aller deutschen Großstädte.

Aber noch ehe es so weit war, musste Antonia einen Arbeitsplatz finden. Wie froh war die Familie, dass das Mädchen das ganze Sommerhalbjahr über in Altenstadt beim Onkel arbeiten durfte! Damit war sie nicht nur für ein halbes Jahr zu Hause aus der Kost, sie verdiente auch die Winterkartoffeln für die Familie – und noch einiges mehr. So war nicht nur Christof geholfen, sondern der Familie seines Bruders Josef auch.

Das junge Mädchen arbeitete gern auf dem Lande und war bald eine perfekte Bäuerin. Eines Tages nun, da Antonia wieder bei Onkel Christof weilte, führte ihr Weg sie am Altenstädter Lagerhaus vorbei, vor dem ein Lastwagen stand. Weil sie dort sonst immer nur Pferde-, Ochsen- und Kuhgespanne gesehen hatte, blieb sie verwundert stehen und schaute neugierig zu, wie ein junger Mann das Fahrzeug mit Kisten belud.

Bald entdeckte er die Zuschauerin und sprach sie an: »Du bist wohl nicht von hier?«

»Wie kommst du darauf?«, fragte sie keck zurück.

»Weil ich dich noch nie gesehen hab.«

»Ich hab dich auch noch nie gesehen. Bist du denn von hier?«

»Freilich. Ich bin der Beutler-Zachl vom ›Ritterhof‹«, gab er Auskunft.

»Ah, dann wohnen wir ja gar nicht so weit auseinander. Ich bin die Antonia vom ›Fehrhof‹.«

»Vom ›Fehrhof‹? Bist du etwa Magd beim Christof Füßl und seiner Josefa?«

»Also Magd bin ich nicht wirklich. Christof ist mein Onkel. Da er kinderlos ist, helfe ich jeden Sommer bei ihm aus, heuer schon im sechsten Jahr. Aber wieso hab ich dich noch nie gesehen, obwohl du aus dem Ort bist?«

»Weil ich viel mit dem Lkw unterwegs bin«, erklärte er nicht ohne Stolz, wobei er mit der flachen Hand liebevoll die Seitenwand des Wagens tätschelte. »Heute habe ich zum Beispiel eine Fuhre nach Plauen.« Antonia lachte laut auf. »Was gibt es da zu lachen?«, wollte er wissen.

»Ich komme aus Plauen.«

»Ach wirklich? Darauf wär ich nie gekommen. Du sprichst ja gar nicht Sächsisch.«

»Mein Vater ist von hier, daher hab ich von klein auf Oberpfälzisch gelernt. Außerdem habe ich von meinem zehnten Lebensjahr an meine Sommerferien hier verbracht, und ab meinem dreizehnten Jahr jedes Sommerhalbjahr. Da bleibt einem gar nichts anderes übrig, als Oberpfälzisch zu sprechen.«

So ging das Geplänkel noch eine Weile weiter, bis man sich für den kommenden Sonntagnachmittag zu einem Spaziergang verabredet hatte. Der Zachl fackelte nicht lange. Noch ehe Antonia ihren Aufenthalt im Hause des Onkels für diese Saison beendet hatte, machte er ihr einen Antrag.

Geheiratet wurde aber erst im Sommer 1926. Da es schier aussichtslos war, eine bezahlbare Wohnung zu finden, durften die jungen Leute bei Vater Johann einziehen, wo gerade eine Wohnung frei geworden war. Johann liebte es, seine Kinder und Enkel um sich zu scharen.

Antonia und Zachl wurden nicht gerade vom Glück verfolgt. Zwar lag im März 1927 Hansi, der Stammhalter in der Wiege, aber er starb bereits drei Wochen nach der Geburt an Krampfanfällen, den sogenannten Freisen. Das zweite Kind, Hildegard, geboren im September des Folgejahres, wurde nur zwei Wochen alt.

Auch der Traum von der Selbstständigkeit war für Zachl 1928 endgültig ausgeträumt. Er musste froh sein, schon bald eine Stelle als Hilfsarbeiter bei der Bahn gefunden zu haben, im »Reichsausbesserungswerk«.

Am 17. April 1930 kam Lina, das dritte Kind meiner Eltern, zur Welt. Dieses und die nachfolgenden Kinder sollten meine Eltern aufwachsen sehen. Es folgten im Juni 1932 mein Bruder Josef und am 25. Mai 1934 Erna, meine Wenigkeit. Meine Schwester Elisabeth, genannt Liesl, erblickte anderthalb Jahre später das Licht der Welt.

Kurz danach veränderte sich mein Vater auch beruflich erneut. Es muss 1935 oder '36 gewesen sein, als er in das von der NSDAP gegründete NSKK, das Nationalsozialistische Kraftfahrkorps, eintrat. Hier wurden händeringend Männer mit Fahrpraxis für Lkw gesucht.

Da sich bei meinen Eltern erneut Nachwuchs ankündigte, drohte die Wohnung bei meinen Großeltern 1938 aus allen Nähten zu platzen. Deshalb entschloss sich mein Vater, ein eigenes Haus zu bauen. Von Johann bekam er ein Baugrundstück am Buchsteig, einem Ortsteil von Altenstadt.

Zachl war der Erste, der sich dort ansiedelte, in einem einfachen Siedlungshaus. Da er über so gut wie keine Ersparnisse verfügte, sah er sich gezwungen, vieles beim Bau selbst in die Hand zu nehmen, gemeinsam mit meiner Mutter. Hochschwanger, wie Antonia war, schleppte sie Eimer um Eimer Mörtel zur Baustelle. Manchmal half auch der eine oder andere Bruder meines Vaters mit, das meiste aber schafften meine Eltern aus eigener Kraft. Ende des Jahres konnten sie endlich voller Stolz das eigene Heim beziehen, mit uns vier Kindern.

Im Haus am »Huafleg«, wie es genannt wurde, kam mein Bruder Felix am 22. Januar 1939 zur Welt.

Dieses Heim war wirklich nur die Sparausgabe eines Hauses, und man sah ihm an, dass es nur laienhaft gebaut worden war. Damals existierte keine Vorschrift, Baupläne für ein solches Unternehmen anfertigen zu lassen, man zog auch keinen Architekten hinzu.

Im Haus gab es einen Raum, in dem die Eltern schliefen, und ein Kinderzimmer – und das für fünf Kinder! Zudem war eine Küche vorhanden, die zugleich als Wohnstube diente und in der sich das ganze Familienleben abspielte. Sogar ein Klosett hatten wir im Haus – aber ohne Bad, denn das galt als Luxus, so etwas hatten die meisten Leute zu der Zeit noch nicht. Dennoch war jeden Samstag bei uns Badetag. Da wurde die große Zinkwanne in die Küche gestellt, das Wasser in zwei riesigen Töpfen auf dem Herd erwärmt, in die Wanne gegossen und kaltes Wasser hinzugeschüttet. Alle Kinder wurden der Reihe nach im selben Wasser gebadet. Mit dem Jüngsten fing man an, weil der als Erster ins Bett musste.

Im Kinderzimmer standen zwei Betten, für mehr war wirklich kein Platz. Also schliefen jeweils zwei von uns in einem Bett, und der Jüngste schlief anfangs noch bei den Eltern. Matratzen kannten wir auch noch nicht; wir schliefen auf Strohsäcken, deren Inhalt immer im Herbst ausgewechselt wurde. Obwohl alles sehr eng war, fühlten wir uns in dem neuen Haus pudelwohl. Im Vergleich zu den beiden winzigen Stübchen, die wir in Opas Haus bewohnt hatten, konnte man das als gewaltigen Fortschritt ansehen.

In dem neuen Haus war der Fußboden nicht gerade der beste. Außer meinen Eltern, die ja nicht vom »Fach« waren, hatten noch einige andere Leute an dem Bau mitgewirkt, die jedoch ebenfalls nichts von der Sache verstanden. So kam es, dass die Fußbodendielen wankten und schwankten, wenn man über die Bretter ging.

Neue Möbel konnten sich meine Eltern verständlicherweise nicht leisten. Sie nahmen alles an, was ihnen von der Verwandtschaft geschenkt wurde, also Möbel, die schon seit Generationen in der Familie waren, aber ausrangiert wurden, weil die anderen sich endlich etwas Besseres leisten konnten.

So waren wir außer an einen Tisch und sechs Stühle auch zu einem Küchenschrank gekommen. Der sah zwar schon recht ramponiert aus und ließ sich nicht mehr richtig schließen, doch er erfüllte seinen Zweck vollkommen. Unser ganzes Geschirr, das auch stückweise geschenkt worden war, fand darin Platz, unter anderem ein großer Stapel Teller. Diese Teller bildeten jedoch keinen stabilen Turm, sondern wir hatten sie ziemlich schief aufeinandergestapelt, da sie unterschiedlich groß waren.

Eines Abends passierte etwas, das ich mein Leben lang nicht vergessen werde. Ich mag zwischen fünf und sechs gewesen sein, da marschierte ich, nichts Böses ahnend, mit tapsigen Schritten an dem Küchenschrank vorbei. In dem Moment sprang dessen obere Tür auf, und der ganze Stoß Teller fiel mit Getöse heraus. Mit Geschick konnte ich gerade noch zur Seite springen, sonst hätten mich die Teller womöglich erschlagen. Alle zerbrachen, kein einziger blieb heil.

Nach dem ersten Schreck schimpfte meine Mutter mich aus und drohte: »Na, wart nur, bis der Papa heimkommt, dann kannst du was erleben!«

Lieber wollte ich nichts erleben, deshalb verzichtete ich auf das Nachtessen und verzog mich ganz schnell ins Bett. Ich verkroch mich vollständig unter das Federbett, damit nur ja nichts von mir herausschaute. Dort schwitzte ich mächtig, zum Teil wegen des warmen Federbetts, hauptsächlich aber aus Angst. Nach einiger Zeit hörte ich meinen Vater nach Hause kommen und wurde noch nervöser. Meinem Vater rutschte nämlich schnell mal die Hand aus, wenn wir etwas angestellt hatten. Heute verstehe ich, warum er so streng mit uns war – mit fünf Kindern hatten es die Eltern wirklich nicht so leicht. Abgesehen davon, herrschte bei uns stets Geldknappheit. Außerdem gab es ja auch so gut wie nichts zu kaufen, um das zu ersetzen, was wir Kinder im Übermut oder Unverstand ab und zu kaputt gemacht hatten.

Jedenfalls hörte ich, wie der Vater zunächst in die Wohnküche ging. Wenig später vernahm ich, wie er ins Kinderzimmer trat, und machte mich unter der Decke noch kleiner. Aber es nützte mir nichts: Er klappte die Decke einfach zurück und sah das zusammengekauerte Häuflein vor sich liegen.

In dem Moment muss er erkannt haben, dass ich furchtbare Angst hatte, und wurde wohl von Mitleid ergriffen. Denn in überraschend freundlichem Ton stellte er fest: »Da haben wir ja den kleinen Übeltäter.«

Jetzt passiert's, dachte ich, jetzt haut er mich windelweich. Aber nichts dergleichen geschah.

Lachend sagte er: »Da wir jetzt keine Teller mehr haben, essen wir halt aus den Schüsseln.«

Weshalb er an diesem Abend so gut gelaunt und milde gestimmt war, konnte ich mir lange Zeit nicht erklären. Heute denke ich, er hatte wohl eingesehen, dass ich an dem Malheur gar nicht schuld war. Jedem anderen, der an dem Schrank vorbeigegangen wäre, hätte dasselbe passieren können. Schuld allein war der schwankende Fußboden, und den hatte wahrscheinlich mein Vater selbst verlegt.

Nachdem Zachl das Haus weitgehend abbezahlt und wieder etwas Geld zusammengespart hatte, erwarb er hinter unserem Haus ein Grundstück von rund tausend Quadratmetern. Auf diesem legte er einen Gemüsegarten an und pflanzte nach und nach verschiedene Obstbäume. Bald ernteten wir eigenes Gemüse und Obst, und von da an verbesserte sich unsere Lage langsam, zumindest, was die Ernährung betraf.

Vor dem Haus befand sich ein weiteres Stück Land, auf dem während der Bauarbeiten das Baumaterial gelagert worden war: Steine, Sand und Kies. Reste davon lagen auch später noch da herum. Eines Tages erfasste meinen Vater die Ordnungswut. Alles, was dort nicht hingehörte, musste weggeschafft werden. Als er mit dem Aufräumen fertig war, legte er vor dem Haus einen weiteren Gemüsegarten an.

Elektrizität gab es bei unserem Einzug noch nicht, für solch einen »Luxus« fehlte einfach das

Geld. Bisher war man ja auch ohne Strom ausgekommen, warum also nicht auch weiterhin? Von der Zimmerdecke baumelte eine Lampe, die man immer wieder mal mit Spiritus auffüllen und am Abend mit einem Streichholz anzünden musste.

Ich kann mich noch gut erinnern, wie wir abends im halbdunklen Zimmer saßen und auf den Papa warteten. Um uns die Wartezeit zu verkürzen, erzählte uns die Mama immer Märchen und Geschichten.

Zachl hatte einen Bekannten, der Elektriker war und, etwa anderthalb Jahre nach unserem Einzug, die elektrischen Leitungen verlegte. Allerdings waren das noch Aufputzleitungen, was uns aber nicht störte. Ach, wie schön! Mit einem einzigen Schalterdrehen wurde es im ganzen Zimmer hell.

Damals kannte man noch keine Umweltprobleme. In meiner ganzen Kindheit gab es keinen Müll. Küchenabfälle kamen zum Kompostieren in den Garten, altes Papier wurde zum Anzünden des Feuers benutzt, der Herd in der Küche diente gleichzeitig zum Kochen, Backen und Heizen. Auch »Dosenfutter« kannten wir seinerzeit noch nicht, Obst und Gemüse kamen frisch und ungespritzt vom Garten auf den Tisch. Vermutlich litten deshalb die Menschen damals weniger als heute unter Allergien.

Milch- oder Getränkeflaschen und entsprechende Kunststoffverpackungen existierten auch noch nicht. Die Milch wurde mit der Blechkanne beim Opa geholt. Zum Trinken diente das Wasser aus der Leitung oder aus dem Brunnen. Wurde mal eine Gans oder ein Huhn geschlachtet, hackte man die übrig gebliebenen Knochen auf dem Hackstock klein und verfütterte diese an die Hühner. Ging ein Hemd oder ein anderes Kleidungsstück wirklich kaputt, wurde es noch als Spül- oder Putzlappen verwendet. In meiner ganzen Kindheit ist nie etwas weggeworfen worden. Nur wenn etwas absolut nicht mehr zu gebrauchen war, wurde es im Ofen verheizt.

Etwa zwei Jahre, nachdem meine Eltern ihr eigenes Haus bezogen hatten, begann der Ausbau des Dachstuhls. Wenig später zogen die Eltern meiner Mutter dort ein, die um Betreuung gebeten hatten. Einer ihrer Söhne war im Krieg gefallen, der andere, bei dem sie auch hätten leben können, lebte in Plauen. Sie wollten aber lieber von Antonia, ihrer einzigen Tochter, betreut werden. In der folgenden Zeit wurde es also bei uns im Haus noch enger.

Erst zwei Jahre, nachdem wir am Buchsteig eingezogen waren, siedelte sich eine weitere Familie dort an und wir bekamen Gesellschaft. Der Nachbar hatte sieben Kinder, und so konnte sich bald jedes von uns Kindern mindestens mit einem etwa gleichaltrigen Freund oder einer Freundin die Zeit vertreiben. Meine Freundin hieß auch Erna, wir besuchten dieselbe Klasse und feierten 1943 miteinander die erste heilige Kommunion.

Einmal, kurz vor Muttertag, hatte ich eine Idee, wie wir unseren Müttern eine Freude bereiten könnten. Brühwarm teilte ich diese Gedanken meiner Freundin mit: »Weißt du was, Erna«, sagte ich, »wir backen bei euch einen Kuchen für meine Mama und einen bei uns für deine Mama.« Diesen Vorschlag griff die Freundin begeistert auf, sogleich setzten wir ihn in die Tat um. Am Muttertag waren beide Mamas sehr überrascht und hocherfreut.

Mein Bruder Sepp war ebenfalls mit einem der sieben Kinder unseres Nachbarn befreundet. Sobald die beiden zusammen spielten, hatten sie nichts Gutes im Sinn. Wie jede Familie besaß auch mein Großvater einen Handwagen, da es immer wieder mal etwas zu transportieren gab. Das gesammelte Kleinholz aus dem Wald wurde hiermit nach Hause befördert, beim Bauern waren mit dem Wägelchen Kartoffeln zu holen, dem Müller brachte man einen Sack voll Roggen und holte ihn nachher als Mehl wieder ab.

So stand eines Tages Opas Handwagen bei uns auf dem Hof, weil mein Vater tags zuvor etwas damit transportiert hatte. Die beiden Buben, etwa neun Jahre alt, nahmen sich eigenmächtig dieses Gefährt, weil sie eine Fahrt ins Blaue planten. Direkt an der Grundstücksgrenze setzten sich die beiden Freunde in das Gefährt. Der Vordere nahm die Deichsel zwischen die Beine, um den Wagen lenken zu können. Doch der Ausflug sollte ein jähes Ende finden.

Da unser Haus an einem recht steilen Hang stand, sauste der Wagen wie eine Rakete den Berg hinab. Ehe sich die beiden Reisenden versahen, donnerten sie gegen den Lattenzaun, der den Garten des unteren Nachbarn umgab. Nicht nur eine ganze Menge Zaunlatten ging dabei kaputt, auch die Deichsel des Handwagens war gebrochen. Dass der Wagen unserem Großvater gehörte, machte die Sache noch schlimmer. Daher ist es verständlich, dass mein Bruder um seine Haut sehr besorgt war.

Wir Geschwister hatten das Malheur beobachtet, deshalb drohte uns Bruder Sepp: »Wehe, wenn ihr uns verratet. Dann könnt ihr was erleben.«

Als der Vater am Abend von der Arbeit kam und die Bescherung sah, war seine erste Frage, wer das gewesen sei.

Verbissen schwiegen wir alle. Keiner von uns wagte es, auch nur ein Sterbenswörtchen zu verraten.

Vater stellte fünf Stühle in einer Reihe auf. Jeder von uns musste sich auf einen der Stühle setzen. Dann schritt der Vater mit bedrohlicher Miene die Reihe ab. Mit eindringlichem Blick fragte er jeden von uns: »Weißt du, wer es war?«

Keiner gab eine Antwort. Jeder von uns schaute betreten zu Boden, selbst der Kleinste. Wir durften den Bruder ja nicht verraten. So bekamen vier von uns für ihr Schweigen nacheinander eine gehörige Tracht Prügel. Nur der Jüngste blieb verschont, er war ja erst zwei Jahre alt und wusste bestimmt noch nicht, worum es ging.

»So«, stellte der Vater – erschöpft von dieser Aktion – später fest. »Da der Schuldige mit Sicherheit seine Prügel schon bezogen hat, könnt ihr ihn mir jetzt unbesorgt nennen.«

Da meldete sich der Sepp selbst, wenn auch ziemlich kleinlaut.

»Das hätte ich mir eigentlich denken können«, Vater lachte. »Solche Sachen fallen doch nur dir ein.«

Acht Monate nach der Geburt meines Bruders Felix war der Zweite Weltkrieg ausgebrochen. Wenn mein Vater auch nicht gleich eingezogen wurde, so blieb er doch nicht vom Kriegsdienst verschont. Bei allem hatte er aber Glück. Er musste nicht zur kämpfenden Truppe an die Front. Da er als Kraftfahrer dringend gebraucht wurde, setzte man ihn zunächst in Straubing ein und später in Erlangen. Noch ehe der Krieg zu Ende war, schickte man ihn als »nicht kriegstauglich« unversehrt nach Hause.

Da die Amerikaner nach dem Krieg einen deutschen Bürgermeister für Altenstadt suchten, fiel ihre Wahl auf meinen Vater, der trotz seiner Zugehörigkeit zum Kraftfahrcorps nicht der Partei beigetreten war. Das imponierte der Siegermacht offenbar.

Drei Jahre hatte Zachl das Amt des Bürgermeisters inne, bis 1948 die ersten Kommunalwahlen stattfanden. Im selben Jahr bekam er den Auftrag, ein Postamt in Altenstadt zu gründen. Es war das erste dieser Art für diesen Ort, und er wurde dessen Postmeister. Genaueres hierzu werde ich in einem anderen Zusammenhang berichten. Jedenfalls übte mein Vater den neuen Beruf bis zu seiner Pensionierung aus.

Damit er ein zweites Standbein hatte und seine relativ große Familie besser über die Runden bringen konnte, absolvierte er während seiner Anfangszeit als Postmeister einen Lehrgang für Fleischbeschauer. Nach Abschluss des Kurses legte er im Gesundheitsamt zu Neustadt die entsprechende Prüfung ab und war anschließend immer wieder mal in dieser Funktion unterwegs. Diese Tätigkeit behielt er auch noch bei, als ihn die Post längst pensioniert hatte.

Leider passierte es, dass er Anfang 1969 bei einer Fleischbeschau mit einem an TBC erkrankten Rind in Berührung kam. Zu der Zeit hatte er eine kleine Wunde am Arm und infizierte sich, ohne es zu bemerken. Als der Arm kurze Zeit später unheimlich anschwoll, war es für eine Heilung bereits zu spät. Am 9. April desselben Jahres noch starb er an den Folgen der Infektion.

Alles doppelt:
Meine Mutter Antonia

Wie bereits erwähnt, hatte Zachl Beutler im Mai 1925 Antonia Füßl in Altenstadt am Lagerhaus kennengelernt und einen Spaziergang für den folgenden Sonntagnachmittag vereinbart. Da sich die beiden heftig ineinander verliebt hatten, blieb es nicht bei dem einen Treffen. Wann immer es sich mit ihrer Arbeit und seinen Transportfahrten vereinbaren ließ, traf sich das junge Paar zu gemeinsamen Sonntagnachmittag-Spaziergängen. Als die Zeit für Antonias Rückkehr nach Plauen gekommen war, wollte Zachl das junge Mädchen keinesfalls verlieren, deshalb machte er ihr einen Heiratsantrag.

Antonia aber, die zu diesem Zeitpunkt erst neunzehn Jahre alt war, sagte nicht gleich mit fliegenden Fahnen Ja, obwohl sie sich darüber riesig freute. Zu Zachls Bedauern druckste sie ein wenig herum.

Deshalb fragte er besorgt: »Magst mi net?«

»Doch, doch«, befleißigte sie sich zu sagen. »Ich mag dich sogar sehr gern, aber es gibt ein Problem.«

»Und das wäre?«

»Ich bin evangelisch.«

Erleichtert lachte er auf: »Wenn das alles ist! Das stört mich nicht.«

»Für mich ist das nicht so einfach«, erklärte sie ihm. »Ich bin in einer Familie aufgewachsen, in der die Eltern unterschiedliche Gebetbücher haben. Da hat es immer wieder mal Spannungen gegeben, und für uns Kinder war das auch nicht gerade einfach. Deshalb denke ich, es sollten immer nur zwei heiraten, die derselben Religion angehören.«

»Und deswegen willst du mich nicht heiraten?«, fragte er enttäuscht.

»Doch, gern. Aber nicht so schnell. Vorher will ich zum katholischen Glauben übertreten. Denn dass du deinen Glauben wechselst, möchte ich nicht verlangen, da alle hier in der Gegend katholisch sind.«

Nach dieser Aussage plumpste ihm ein dicker Stein vom Herzen. Er zog sie in die Arme und busselte sie dermaßen ab, dass ihr Hören und Sehen verging. Da er am nächsten Tag eh eine Fuhre nach Plauen plante, brachte er sie zu ihren Eltern zurück, stellte sich bei der Gelegenheit vor und bat um Antonias Hand.

Am nächsten Tag schon suchte die junge Braut einen katholischen Geistlichen auf und schilderte ihm ihre Lage. Dieser unterwies sie in der Lehre der katholischen Kirche, und bevor das Osterfest 1926 nahte, wurde sie von ihm nach katholischem Ritus getauft. Taufpatin wurde Anna Karolina, Zachls Mutter. Drei Wochen später, am Weißen Sonntag, ging Antonia mit den kleinen Kindern zur ersten heiligen Kommunion. Danach wurde der Hochzeitstermin auf den 13. August festgelegt.

Antonia war nicht nur eine bildhübsche, sondern auch eine sehr glückliche Braut. Am Arm ihres ebenfalls sehr glücklichen Zachls schwebte sie in die

Kirche zu Altenstadt und nach dem feierlichen Brautamt wieder hinaus. Alle Verwandten von seiner Seite und viele von der ihren waren gekommen. Gefeiert wurde im zukünftigen Wohnhaus des Paares, Altenstadt Nr. 47. Der alte Johann Beutler hatte es sich nicht nehmen lassen, seinem Sohn Zachl die Hochzeit auszurichten, wie er das bisher für alle seine Söhne getan hatte. Gar schön wurde es, und gar lustig.

Doch schon bald sollte die junge Frau bittere Tränen vergießen. Zwei Wochen nach der Trauung erschien der hochwürdige Herr Pfarrer von Altenstadt auf dem »Ritterhof«. »Nanu, was verschafft uns die Ehre?«, fragte Anna Karolina, bei der er zuerst vorsprach.

»Ich muss dringend mit der jungen Frau Beutler reden, der Frau vom Zachl.«

Als er der sehr überraschten Antonia in der engen Stube gegenübersaß, räusperte er sich verlegen und begann behutsam: »Frau Beutler, ich weiß gar nicht, wie ich Ihnen das beibringen soll …« Er räusperte sich ein zweites Mal. »Ihre Ehe ist leider ungültig.«

»Meine Ehe ist *was*?«, wiederholte sie mit erstickter Stimme.

»Sie haben mich schon richtig verstanden. Ihre Ehe ist bedauerlicherweise ungültig, weil Sie mit dem Zacharias Beutler verwandt sind. Beim Durchsehen der Kirchenbücher habe ich die Feststellung machen müssen, dass Ihre Großmutter Barbara Lindner und Zachls Großmutter Katharina Lindner Schwestern sind.«

Das war der Moment, in dem Antonia ihre Fassung verlor und bitterlich in Tränen ausbrach. Der

Pfarrer besaß so viel Taktgefühl zu warten, bis sich die junge Frau wieder einigermaßen gefasst hatte und ihm eine Frage stellen konnte: »Bedeutet das, dass ich jetzt meinen Mann verlassen muss?«

»Nein, nein, keine Sorge. So schlimm wird es nicht. Es ist durchaus möglich, ja, wir können geradezu davon ausgehen, dass Ihnen vom Bischöflichen Ordinariat eine Dispens erteilt wird.«

Mit dem Wort »Dispens« wusste die arme Antonia nichts anzufangen. Aber die Worte: »Nein, nein, so schlimm wird es nicht«, hallten verheißungsvoll in ihren Ohren nach.

»Und was müssen wir tun, um diese Dis–, also, um rechtmäßig verheiratet zu sein?«

»Sie brauchen gar nichts zu tun. Das werde ich für Sie in die Hand nehmen. Ich werde an das Bischöfliche Ordinariat schreiben, den Sachverhalt schildern und um Dispens bitten. Daraufhin werden die dort den Fall eingehend prüfen. Damit dürfte es aber keine Schwierigkeiten geben, da es sich um eine Verwandtschaft dritten Grades handelt. Diese Prüfung kann allerdings einige Wochen dauern. Sobald der Bescheid vom Ordinariat da ist, werde ich Sie benachrichtigen.«

»Und dann?« Die junge Frau wischte sich die Tränen von den Wangen. »Ist unsere Ehe dann gültig?«

»Nein, so einfach ist es nicht. Dieses Schreiben vermag nicht, eine ungültige Ehe in eine gültige zu verwandeln. Aber es erlaubt uns, eine neue Trauung vorzunehmen, eine gültige.«

»Das bedeutet, dass wir wieder in der Kirche erscheinen müssen, um ein zweites Mal zu heiraten?«

Der Geistliche nickte.

»Das ist mir aber furchtbar peinlich. Bedeutet das, dass wir die ganze Hochzeitsgesellschaft noch mal einladen müssen?«

»Um Gottes willen, nein. Es genügt, wenn Sie mit Ihrem Bräutigam und den zwei Zeugen kommen.«

»Trotzdem, ich schäme mich ja so. Die Leute werden mit den Fingern auf uns zeigen und sagen: ›Mit denen stimmt was nicht.‹«

»Wenn Sie davor Angst haben, legen wir den Termin einfach in die frühen Morgenstunden. Dann sind die Bauern im Stall, und die andern schlafen noch. Was halten Sie von sechs Uhr?«

Dieser Termin war ihr recht, und ihrem Liebsten passte er auch, als ihn seine Frau am Abend nach seiner Heimkehr mit dieser Neuigkeit überraschte.

Nachdem das Brautpaar die Kirche nach der zweiten Trauung verlassen hatte, packte Zachl seine Frau, wirbelte sie einmal herum und rief: »Antonia, du bist so süß, dass ich dich glatt noch ein paarmal heiraten würde!«

Nach diesem Kompliment flossen ihr erneut Tränen über die Wangen.

»Was ist denn jetzt los?«, fragte der Doppelbräutigam bestürzt.

»Nichts ist los«, erwiderte die Doppelbraut. »Ich weine vor Freude, weil wir endlich rechtmäßige Eheleute sind.«

»Und ich freue mich auf die zweite Hochzeitsnacht.«

Als wir Kinder uns anschickten, erwachsen zu werden, hielt uns die Mutter mehrmals einen Vortrag: »Wenn ihr mal einen andersgläubigen Partner kennenlernt, geht niemals eine Mischehe ein. Einer muss dann zum Glauben des anderen übertreten. Denn was ich in meinem Elternhaus erlebt habe, war furchtbar. Wenn ein Kind getauft wurde oder wenn es zur Konfirmation kam, durfte der Vater nie mit in die Kirche gehen. Das war für ihn natürlich schwer, und für uns Kinder ebenfalls.«

So lief das damals tatsächlich noch, inzwischen hat sich auf diesem Gebiet zum Glück schon einiges bewegt.

Weil meine Mutter als Erwachsene in die katholische Kirche eingetreten war, nahm sie alles sehr ernst. Sie lebte den neuen Glauben äußerst gewissenhaft, vermutlich gewissenhafter als so mancher Katholik, der von Geburt an seiner Kirche angehörte. Ihr ganzes Leben lang war sie fromm. Uns Kinder erzog sie sehr christlich, und sie war uns immer ein Vorbild. Eine Sorge beschäftigte sie allerdings ihr ganzes weiteres Leben, das erfuhren wir Kinder aber erst, als sie schon hochbetagt war und kränkelte.

Einmal rief sie uns zusammen und hielt uns einen kleinen Vortrag: »In meinem Leben habe ich alle wichtigen Dinge zweimal machen müssen. Zweimal wurde ich getauft. Ich bin konfirmiert worden und zur Erstkommunion gegangen, was man ja in etwa gleichsetzen kann. Auch habe ich zweimal geheiratet, wie ihr alle wisst. Nun befürchte ich, dass ich auch zweimal sterben muss. Ich weiß, es ist heutzutage nicht mehr der Brauch, dass man aufgebahrt wird. Aber ich habe die dringende Bitte an euch: Sorgt dafür, dass ich aufgebahrt werde. Der Sargdeckel soll erst unmittelbar vor der Beerdigung aufgelegt werden. Der Gedanke, ich könnte unter dem Deckel liegen und mich nicht bemerkbar machen, falls ich wieder aufwache, beunruhigt mich sehr. Seid also so nett, lasst mich aufbahren und schaut immer wieder mal nach, ob ich wieder Lebenszeichen von mir gebe.«

Wir gaben das Versprechen, ihren Wunsch zu respektieren. Danach kehrte eine große Ruhe in ihr ein, und nach wenigen Tagen entschlief sie friedlich in ihrem Bett. Wie zugesagt, ließen wir sie in der Leichenhalle aufbahren, in einem weißen Kleid, wie sie es sich gewünscht hatte – sie sah aus wie eine Braut.

Viele, die sie gekannt hatten, kamen, um von ihr Abschied zu nehmen. Wäre die Mutter erneut aufgewacht, wäre das bestimmt jemandem aufgefallen. Zusätzlich ging jeden Vormittag und jeden Nachmittag einer von uns an den offenen Sarg und beobachtete sie sorgfältig, ob sie nicht ein Lebenszeichen von sich gebe. Doch sie war und blieb tot, tief betrauert von uns Kindern und Enkeln. Erst im letzten Moment wurde der Sargdeckel aufgelegt und verschraubt. Den Sargträgern folgte ein langer Trauerzug.

Kindheit im Bauernhaus

Wie bereits erwähnt, hatte Robert, der kleine Sohn meines Onkels Josef, im Jahre 1928 die Wirtschaftsgebäude des »Ritterhofes« niedergebrannt. Erst ein Tag war vergangen, als meine Mutter ihr zweites Kind, die kleine Hildegard, zur Welt gebracht hatte.

Im Wochenbett hörte sie plötzlich die Schreie: »Feuer! Feuer!« Zudem vernahm sie ein wildes Durcheinanderrennen. Da sie annahm, sie befinde sich in Lebensgefahr, erlitt sie einen Schock. Weil sie in diesem Zustand ihr Neugeborenes stillte, wurde dieses krank. Das führte womöglich dazu, dass es zwei Wochen später starb, so hatte es mir meine Mutter jedenfalls erzählt.

Von meinem Vater erfuhr ich, dass die Leute von allen Seiten herbeigelaufen seien, um zu helfen. Statt aber wirklich nützlich zu sein, seien sie in Panik hin- und hergerannt, sodass sie mehr Schaden angerichtet hätten als Nutzen. Ohne ersichtlichen Grund warfen sie Möbel und Bettzeug aus den Fenstern, darunter auch die Marmorplatte der schönen alten Waschkommode, die in tausend Stücke zersprang.

Schon wenige Tage, nachdem der Brand gelöscht worden war, machten sich einige der Beutler-Brüder an die Aufräumarbeiten, und danach ging es umgehend an den Wiederaufbau. Holz stand ja zur

Genüge im eigenen Wald zur Verfügung. Vor Wintereinbruch standen alle Wirtschaftsgebäude wieder an ihrem angestammten Platz, sogar größer und schöner als zuvor.

Da mein Großvater ständig um- und ausgebaut hatte, stand für seine älteren Söhne ausreichend Wohnraum zur Verfügung. Also zog nach der Heirat zunächst jeder mit seiner Frau ins elterliche Anwesen ein. Weil sich bei allen schon sehr bald Nachwuchs einstellte, wurde es natürlich eng für die jungen Familien. Zuerst lebten im elterlichen Haus Josef mit seiner Frau Karolina und Hans mit seiner Walburga. Nachdem diese beiden Paare ausgezogen waren, bevölkerte mein Vater mit der eigenen Familie eine der Wohnungen und Alois mit seiner Frau Kunigunde die andere.

Nun ja, das Wort »Wohnung« mag vielleicht eine zu hochtrabende Bezeichnung für das sein, was den beiden jungen Familien an Räumlichkeiten zur Verfügung stand: Diese waren keinesfalls zu vergleichen mit dem, was man heute als Wohnung bezeichnet, es gab weder Bad noch Toilette, und sonstige Nebenräume auch nicht. Für sämtliche Hausbewohner – und da kamen zeitweilig einige Personen zusammen – existierte im Hof nur ein Plumpsklo. Vor diesem herrschte so manches Mal – besonders in den Morgenstunden – ein bedrohlicher Andrang.

Unsere Wohnung, an die ich mich noch lebhaft erinnere, bestand aus einem Schlafzimmer, in dem wir schließlich zu sechst schliefen, und einer Küche, die gleichzeitig als Wohnstube diente. Dieser Raum hatte noch nicht mal ein Fenster. An der Decke befand sich jedoch eine Glasluke, die wenigstens etwas Helligkeit hereinließ.

Ab 1920 lebten immer zwei Schwiegertöchter auf dem Hof, die im Haushalt, im Stall und bei der Feldarbeit mithalfen, sodass für Anna Karolina, meine Großmutter, und für deren jüngste Tochter Lina das Leben etwas leichter wurde.

Eine der Aufgaben, die meiner Mutter gleich nach ihrem Einzug in den »Ritterhof« zufielen, bestand darin, zweimal am Tag die Schweine zu füttern. Diese Tätigkeit behielt sie jahrelang bei. So hat es in meiner frühen Kindheit eine Episode gegeben, die ich nicht aus eigener Erinnerung berichten kann. Meine Mutter hat mir diese aber sehr oft erzählt, deshalb steht das Ereignis mir noch so lebhaft vor Augen, als würde ich mich selbst daran erinnern.

Ich muss zwischen zwei und drei Jahre alt gewesen sein, da setzte meine Mutter eines frühen Morgens einen Kessel mit vielen kleinen Kartoffeln auf den Herd. Sobald diese gar waren, wurden sie abgeseiht und gestampft. Ihr Duft muss mir gar lieblich in die Nase gestiegen sein. Denn ich soll ausgerufen haben: »Hm, riecht gut!«

Dann mengte die Mutter Kleie hinein, verdünnte das Ganze mit Wasser und rührte es gut durch. Danach muss der Brei eine noch verlockendere Wirkung auf mich gehabt haben, denn als Mutter den Eimer in den Stall brachte, trippelte ich hinter ihr her. Als sie dieses »gute Essen« in den Schweinetrog kippte, muss ich das neidvoll beobachtet haben. Als sich die Borstentiere gierig auf das Futter stürzten und genüsslich schmatzten, gab es für mich kein Halten mehr: Mit meiner kleinen Patschhand griff ich in den Schweinetrog, grabschte mir etwas von dem Schweinefraß und schob ihn mir in den Mund. Dann kaute und schmatzte ich ebenso genüsslich wie die Schweine. Es muss mir so gut geschmeckt haben, dass ich fortan der Mutter bei jeder Schweinefütterung wie ein Schatten in den Stall folgte. Jedes Mal zweigte ich mir eine Portion aus dem Schweinetrog ab. Vielleicht bin ich deshalb so prachtvoll gediehen. Weil ich mich also ziemlich oft bei den Schweinen aufgehalten habe, lernte ich von ihnen das perfekte Grunzen, was ich sogar heute noch beherrsche.

Bis 1936 blieb Lina, das »Fetzl«, daheim, versorgte den Haushalt und pflegte die kranke Mutter. Einen Lohn für die aufopferungsvolle Arbeit erhielt sie natürlich nicht, im Frühjahr bekam sie ein neues Kleid und an Kirchweih zwei Mark Taschengeld. Ähnlich ging es in allen Bauernhäusern zu, man kannte das nicht anders. Trotzdem ist es verständlich, dass Lina, so wie viele andere Bauerntöchter, sich danach sehnte, endlich eine Anstellung zu finden, in der sie etwas verdiente. Doch dazu kam es nicht, weil Mutter immer mehr der Pflege bedurfte. Aus diesem Grunde konnte Lina auch nicht heiraten, obwohl der Lokführer Andreas Vollath sie schon seit Langem verehrte. Erst als sich im Jahre 1936 Linas Schwester Anna, die drei Jahre zuvor nach Altenstadt geheiratet hatte, erbot, die Pflege der Mutter zu übernehmen, gab Lina ihrem Andreas das Ja-Wort. Am 17. November 1936 wagte sie den Schritt in die Ehe und zog dann mit ihrem Mann nach Regensburg.

Über meinen Onkel Felix, der ja 1930 das väterliche Anwesen überschrieben bekam, gibt es auch noch einiges zu berichten. Am 9. Oktober 1908 war er als zehntes Kind seiner Eltern zur Welt gekommen. Als er aus der Schule entlassen wurde, wussten seine Eltern lange Zeit nicht, was aus ihm werden sollte, obwohl er selbst bereits einen klar umrissenen Berufswunsch hatte: Er hatte sich in den Kopf gesetzt, Pfarrer zu werden. Dieser Wunsch entsprang jedoch nicht einer besonderen Frömmigkeit, sondern seiner Beobachtung, dass ein Pfarrer nicht allzu viel zu arbeiten bräuchte und es sich trotzdem gut gehen lassen könnte. Diese Tatsache glaubte er an dem dicken Bauch, den unser Herr Pfarrer vor sich herschob, ablesen zu können.

Nachdem es den Eltern endlich gelungen war, Felix diesen Berufswunsch auszureden, schickten sie ihn zu einem Gastwirt und Metzger in die Lehre. Doch schon nach wenigen Tagen war ihr Sohn nicht mehr dazu zu bewegen, in die Metzgerei zurückzukehren. Zartbesaitet, wie er war, konnte er es nicht mit ansehen, wie die kleinen Kälbchen geschlachtet wurden. Die Vorstellung, dies eines Tages sogar selbst tun zu müssen, war ihm ein Graus, also entschied er sich für einen »harmloseren« Beruf.

In einem Malergeschäft in Vohenstrauß trat er als Lehrling ein. Dort musste er auch wohnen, da die Entfernung zu seinem Elternhaus zu groß war, um sie täglich zurückzulegen. Doch schon nach kurzer

Zeit erkannte er mit Schrecken, dass nicht das Malen seine Hauptaufgabe war, sondern das Aufpassen auf die Kinder seines Meisters. Durfte er aber tatsächlich mal einen Fensterrahmen anstreichen, nahm ihm die Meistersgattin den Pinsel aus der Hand, mit den Worten: »Schau her, Felix, so musst du das machen.« Sie zeigte ihm dann so lange, wie das ging, bis der Rahmen fertig gestrichen war, er aber musste in dieser Zeit wieder ihre Kinder hüten.

Daher ergriff er nach wenigen Wochen so überstürzt die Flucht, dass er noch nicht einmal seine Sachen mit heimbrachte. Diese musste seine Schwester Anna in Vohenstrauß abholen.

Schließlich fand Felix doch noch einen Beruf, der ihm zusagte. Er trat in der Schreinerei Fröhlich zu Gramau eine Lehre an, die er tatsächlich erfolgreich mit der Gesellenprüfung abschloss. Anschließend arbeitete er einige Jahre bei verschiedenen Meistern.

Als sein Vater ihm im Jahre 1930 überraschend das Anwesen überschrieb, machte sich Felix selbstständig, indem er eine Bau- und Möbelschreinerei gründete, obwohl er noch gar keine Meisterprüfung vorzuweisen hatte. Diese legte er erst im Jahre 1938 ab. Ein Jahr zuvor hatte er die Anna Scherübl geheiratet. Nach nur drei Begegnungen wagten die beiden schon den Schritt zum Traualtar. Zwei Jahre später kam Tochter Maria zur Welt, wenige Monate darauf brach der Zweite Weltkrieg aus, und schon bald wurde der junge Vater eingezogen.

Aus seiner Militärzeit habe ich nicht viel erfahren. Nur muss er auch hier ein eigenwilliges Verhalten an den Tag gelegt haben, was ihm offenbar einigen Ärger mit Vorgesetzten einbrachte.

Am 26. Juni 1940, noch bevor Felix in den Russland-Feldzug geschickt wurde, brachte seine Frau Zwillinge zur Welt: zwei Buben, die sich sehr ähnlich sahen, obwohl sie eindeutig zweieiige Zwillinge waren. Sie wurden auf die Namen »Felix« und »Ludwig« getauft. Mein Onkel Ludwig, der jüngste Sohn meines Großvaters, wurde stolzer Pate vom kleinen Ludwig. Im Oktober 1946 erblickte bei Onkel Felix noch eine zweite Tochter, Anneliese, das Licht der Welt.

Als die Zwillinge Felix und Ludwig ihre Schulzeit in Altenstadt beendet hatten, traten sie als Lehrlinge in die Firma des Vaters ein, um ebenfalls das Schreinerhandwerk zu erlernen. Weil der Vater aber – ein unseliges Erbe von seinem Großvater Zacharias – das Bier so liebte, traf man ihn häufiger im Wirtshaus als in seiner Werkstatt an. Die beiden Buben waren oft allein in der Werkstatt und völlig hilflos, wenn ein Vertreter kam. Sie wussten ja nicht, was sie bestellen sollten. Schnell lief dann einer von beiden zum nahe gelegenen Wirtshaus, um den Vater heimzuholen, der dann meist ungehalten war und seine schlechte Laune an den Söhnen ausließ.

Aus diesem Grund ist es nicht verwunderlich, dass Ludwig das Weite suchte, sobald er die Lehre beendet hatte. Er verpflichtete sich für einige Jahre bei der Bundeswehr, um den Fängen des Vaters zu entkommen. Felix jun. musste nun allein daheim mit dem Alten zurechtkommen, doch immer häufiger gerieten sie aneinander.

1958 wies der Senior nach einem heftigen Streit auf die Tür und schrie: »Da hat der Zimmermann das Loch gelassen, schau, dass du hinauskommst.« Diese Aufforderung brauchte er nicht zu wiederholen, schon war der Sohn weg. Bereits nach kurzer Zeit hatte dieser eine andere Arbeitsstelle gefunden, bei der er sich wesentlich wohler fühlte.

Der gute Senior blieb dem Bier aber weiterhin treu. Jahre später – es war im August 1963, Sohn Felix war längst verheiratet – fand ihn das Ehepaar ziemlich betrunken in einem Straßengraben. Nachdem man ihn nach Hause gebracht hatte und sein Alkoholspiegel etwas gesunken war, rückte er endlich mit der Sprache heraus. Aus lauter Enttäuschung darüber, dass er nicht bei Martin, seinem ersten Enkel, hatte Taufpate werden dürfen, habe er sich einen Rausch angetrunken. Felix jun., der diesen Wunsch seines Vaters nicht ahnen konnte, hatte selbstverständlich seinem Zwillingsbruder Ludwig dieses Amt angetragen. Nun entschuldigte er sich bei seinem Vater und versprach, ihn bei seinem nächsten Sohn zu berücksichtigen.

Das tat er wirklich. So wurde Opa Felix glücklicher Pate bei Norbert, seinem zweiten Enkel, der 1967 geboren wurde. Ein drittes Kind wurde dem Ehepaar Rita und Felix Beutler bereits ein Jahr später geschenkt, eine Karin.

Während Felix sen. zu zart besaitet gewesen war, um das Metzgerhandwerk auszuüben, war Felix jun. offenbar aus anderem Holz geschnitzt. Gegenüber der Schreinerei befand sich der Metzgerladen

»Hausner und Peugler«. Dort hatte sich der Junior vor dem Rausschmiss durch seinen Vater immer wieder mal zur Mittagszeit eine Wurst- oder Leberkässemmel gekauft, dabei das Fräulein Rita Haubner kennengelernt, das dort eine Ausbildung zur Metzgereiverkäuferin machte, und sich in sie verliebt.

Rita, die aus der Metzgerei Haubner in Neustadt stammte, mochte den netten jungen Mann ebenfalls, so blieb der Kontakt auch bestehen, als dieser in fremden Schreinereien arbeitete. Im August 1962 heiratete Felix seine Rita, hängte ein Jahr später den Schreinerberuf an den Nagel und schulte um auf Metzger bei »Hausner und Peugler«, welche wenig später die Metzgerei Haubner in Neustadt als Verkaufsfiliale pachtete. Rita, das einzige Kind ihrer Eltern, wurde 1965 zur Filialleiterin im eigenen Elternhaus ernannt. Ihr Großvater Wilhelm, der die Metzgerei 1937 von seinem Onkel übernommen hatte, war leider nicht mehr in der Lage gewesen, das Geschäft zu führen, da er an Multipler Sklerose erkrankt war. Gemeinsam mit ihrem Mann leitete Rita die Filiale bis zur Jahrtausendwende.

Auch die beiden Söhne, Martin und Norbert, erlernten den Beruf des Metzgers. Während Martin, der Ältere, in seinem Lehrbetrieb blieb, ging Norbert gewissermaßen auf die Walz. Um zu erkunden, wie es anderswo mit der Fleischverarbeitung und dem Wurstherstellen aussah, steckte er die Nase in mehrere Betriebe, unter anderem in eine Wurstfabrik in der Schweiz mit über 350 Beschäftigten. Ja, sogar Karin, die einzige Tochter vom Junior, blieb dem Berufsbild des Vaters treu: Sie wurde Metzgereiverkäuferin.

Seit dem Jahr 2000 leitet Norbert, der jüngere Sohn von Felix jun. – also derjenige, den Opa Felix zur Taufe getragen hatte – diese Filiale. Bald stieg auch seine Frau Anneliese, die er 1988 geheiratet hatte, als Filialleiterin mit ein. Jene Metzgerei, die seit einiger Zeit den Namen »Familienmetzgerei Hausner« trägt, ist mittlerweile eine von vierzig Verkaufsstellen.

Zwillingsbruder Ludwig heiratete erst 1968 seine Olga. Nachdem er die Bundeswehrzeit abgeleistet hatte, arbeitete er wieder in der Werkstatt seines Vaters. Ein Zwölf-Stunden-Tag war für ihn in dieser Zeit keine Seltenheit, dennoch wurde er nicht reich dabei. 1973 übergab ihm der Senior das Haus Nr. 47 mitsamt Werkstatt und allem Drum und Dran und zog sich völlig aus dem Geschäft zurück.

Dennoch gab Ludwig ein Jahr nach der Hausübernahme die Schreinerei auf. Erstaunlicherweise erhob der Vater keinen Einspruch – wahrscheinlich hatte er selbst eingesehen, dass sie seinem Sohn zu viel Arbeit brachte, zu wenig Freizeit und zu wenig Geld. Letzterem musste er oft nachlaufen, denn es gab etliche säumige Kunden.

Um endlich ein geregeltes Einkommen sowie eine geregelte Arbeitszeit zu haben, ergriff Ludwig die nächste sich bietende Gelegenheit und wurde Gemeindearbeiter. Das Ehepaar Ludwig und Olga bekam die Kinder Christine, geboren 1969, und Werner, geboren 1977.

Inzwischen ist Ludwig mehrfacher Großvater, denn Christine gebar 1999 Lena und zwei Jahre darauf Lukas. Bei Werner ist 2006 ein Noah angekommen und 2011 ein Luis.

Leider hat Felix sen. die Geburten seiner Urenkel nicht mehr erlebt. Im Mai 1980 ereignete sich ein schwerer Unfall: In der Toilette eines Wirtshauses fiel er so unglücklich, dass er sich einen Oberschenkelhalsbruch zuzog. Daran hätte er nicht sterben müssen, denn er wurde umgehend nach Neustadt ins Krankenhaus gebracht und bestens ärztlich versorgt. Der Bruch schien auch ganz gut zu heilen.

Was dem Patienten nicht bekam, war das lange Liegen. Da man im Liegen flacher atmet, besteht die Gefahr einer Lungenentzündung oder gar einer Embolie. Aber auch dagegen wussten die Ärzte Rat. Damit die Lungenfunktion einigermaßen erhalten bliebe, sollte Felix Luftballons aufblasen. Doch gegen dieses Ansinnen wehrte er sich strikt. »Bin ich denn ein kleines Kind, dass man mir so kommt?«, soll er geäußert haben. Die Krankenschwester, die es gut mit ihm meinte und ihn daraufhin etwas schroff zum Aufblasen der Ballons aufforderte, soll er respektlos eine »alte Sara« geheißen haben.

Ob seiner Eigenwilligkeit verschlechterte sich Felix' Zustand von Tag zu Tag. Vor allem fiel es ihm zusehends schwerer, den Schleim abzuhusten, den er in großer Menge produzierte.

Am 15. Juni, als sich die Kinder und Enkel um sein Krankenbett versammelten, um von ihm Abschied zu nehmen, fasste er seinen Sohn Ludwig an der Hand und gab ihm Folgendes mit auf den Weg:

»Oans musst d'r merk'n im Le'm: A Mensch muss mer blei'm.« – »Eines musst du dir merken im Leben: Ein Mensch muss man bleiben.«

Am nächsten Tag hauchte Felix sen. sein Leben aus, tief betrauert von seinen Nachkommen, vor allem aber von den Enkeln. Sie waren sich alle einig, dass er der beste Großvater gewesen war, den man sich wünschen konnte.

Ich glaube, ein Vater, der sechs Jahre lang im Krieg war und zeit seines Lebens kein Engel gewesen ist, kann seinem Sohn und den anderen Nachkommen nichts Besseres für die Zukunft mit auf den Weg geben. Dieser Satz sagt mit Sicherheit mehr aus als alle Predigten, die jemals geschrieben wurden.

Man kann sich denken, dass zu der Zeit, als unsere Familie noch auf dem »Ritterhof« lebte, aufgrund der zahlreichen Bewohner dort eine ziemliche Enge herrschte. Als Kind empfand ich das aber gar nicht als unangenehm. Im Gegenteil, es gefiel mir, dass immer etwas los war. Und an den Winterabenden wurde es gemütlich. Da es schon früh dunkelte, konnte man sonst nichts tun als im Schein der Petroleumlampe in Großvaters Stube zu sitzen, wo Geschichten zum Besten gegeben wurden, meist aus der Jugendzeit meiner Onkel.

Nach einmaligem Anhören hätte ich mir diese Geschichten gewiss nicht merken können. Doch weil ich sie immer wieder hörte – sogar als wir schon in unserem eigenen Haus wohnten, schlich ich abends oft zum Haus des Großvaters –, prägten sie sich mir ein. Diese Jugenderlebnisse der Beutler-Brüder wurden in jedem Winter wieder aufgewärmt und waren für mich jedes Jahr aufs Neue spannend. Sie sind mir so gut im Gedächtnis geblieben, als hätte ich sie selbst erlebt.

Jeder der Beutler-Söhne war für eine Lausbüberei zu haben, besonders schlimm aber trieb es der Andreas, allgemein als Reis bekannt. Bei seinen Aktionen kam er manchmal selbst zu Schaden.

Lausbuben

Johannisfeuer

Am Johannis-Tag, dem 24. Juni, war es bei uns Brauch, dass überall hell lodernde Johannisfeuer brannten. Mit Freunden und Verwandten ließ man sich drum herum nieder, aß und trank etwas, erzählte sich Geschichten oder musizierte und sang dazu. Reis aber musste etwas Außergewöhnliches tun, etwas, das alle anderen nicht taten und womit er sie beeindrucken konnte.

Als das Feuer schon etwas heruntergebrannt war, nahm er Anlauf und versuchte, über das brennende Holz zu springen. Entweder hatte er zu wenig Abstand zum Holzhaufen oder den Durchmesser der Feuerstelle falsch eingeschätzt, jedenfalls landete er nicht auf der anderen Seite, sondern mitten in den Flammen. Hätten nicht einige Erwachsene so geistesgegenwärtig gehandelt und den Buben blitzschnell herausgezogen, wäre ihm vermutlich Schlimmeres passiert. So kam er mit einigen Brandwunden davon, die allerdings im Krankenhaus behandelt werden mussten.

Das Quarkbrot

Hans und sein Bruder Reis hatten eines Tages die glorreiche Idee, ihrem Bruder Josef einen Streich zu spielen. Dazu mausten sie gelöschten Kalk aus dem Schuppen – den hatte früher jeder daheim, um die Zimmer zu weißeln – und rührten ihn mit etwas Wasser an. Diesen Brei strichen sie auf eine Scheibe Brot, holten aus dem Garten Schnittlauch, den sie klein schnitten, wie sie das bei der Mutter gesehen hatten, und streuten ihn über die weiße Masse. Nun sah das Ganze einem Quarkbrot zum Verwechseln ähnlich.

Als Josef nach getaner Arbeit die Küche betrat, boten sie ihm scheinheilig dieses »Quarkbrot« an. Erfreut über die freundliche Geste der Brüder, biss der Hungrige herzhaft hinein.

Im nächsten Moment spie er alles jedoch wieder aus und schrie: »Pfui, Teufel!«, denn dieses Zeug wirkt ganz schön ätzend auf der Zunge.

Dieser Vorfall blieb den Eltern nicht verborgen. Deshalb sparte der Vater nicht mit Schlägen für die beiden Übeltäter.

Die Fischreuse

Ein anderes Mal entdeckten Reis und Hans beim Viehhüten eine Fischreuse, in der es von Fischen nur so wimmelte. Ohne sich viele Gedanken über die Folgen zu machen, leerten sie diese aus und brachten die Fische voller Stolz nach Hause. Da die Fische eh schon tot waren und man sie nicht wieder in die Reuse zurückbringen konnte, plagte Mutter Anna Karolina kein schlechtes Gewissen, als sie diese raren Leckerbissen für die Familie briet.

Alle aßen davon, mit großem Appetit. Aber das dicke Ende kam nach. Irgendjemand musste beobachtet haben, wer die beiden Fischräuber gewesen waren. Es wurde Anzeige gegen sie erstattet, und die zwei bekamen eine Vorladung vom Gericht. Weil die beiden Übeltäter minderjährig waren, sie mochten zur Tatzeit etwa zehn und zwölf gewesen sein, musste der Vater als Erziehungsberechtigter mit vor dem Kadi erscheinen.

Da sich im Verlauf des Prozesses herausstellte, dass Reis der Rädelsführer gewesen war, verabreichte Vater Johann diesem Sprössling vor den Augen des hohen Gerichts eine saftige Watschn.

Der Kommentar des Richters dazu lautete, wie man sich hinterher erzählte: »Das hätten Sie schon viel früher tun sollen.«

Karfreitag

Alle Beutler-Brüder waren Ministranten, das war Ehrensache. Die meisten von ihnen kamen dieser Aufgabe mit Ernst und Gewissenhaftigkeit nach, lediglich Reis fand auch bei diesem Dienst eine Möglichkeit, etwas Besonderes daraus zu machen.

So hatte er an einem Karfreitag den Auftrag, gemeinsam mit seinem Freund Peter die Karfreitagsratschen, die oben im Kirchturm untergebracht waren, zur Mittagszeit zu betätigen. Diese Ratschen sollen den Leuten anzeigen, wann es Mittag war, da ja die meisten Leute zu jener Zeit noch keine Uhr besaßen, denn die Glocken, die ihnen das üblicherweise verkünden, befinden sich ja – wie jedes Kind weiß – am Karfreitag auf dem Weg nach Rom.

Kaum waren die beiden Buben oben im Turm angekommen, überkam den Peter ein menschliches Bedürfnis. Er war aber zu faul, die vielen Stufen wieder hinab- und wieder hinaufzusteigen. Außerdem befürchtete er, wenn er jetzt hinabstiege, um sein Geschäft zu verrichten, könnte er zu spät kommen, um die Ratschen pünktlich zu bedienen. Der »Ratschendienst« war schließlich eine große Ehre, die einem nicht jedes Jahr zuteil wurde.

Doch der Reis wusste Rat und erwies sich als hilfsbereiter Freund. Er hielt den Peter, der seinen Allerwertesten entblößt hatte, zum Schallloch hinaus, und dieser verrichtete in luftiger Höhe seine Notdurft.

Leider behinderte der große Zeiger, der schon fast auf zwölf stand, den freien Fall des Produktes. Daher hing es eine halbe Stunde lang an diesem, bis der Zeiger sich langsam zur Sechs vorgekämpft hatte.

Osterwasser

Eine andere Geschichte spielte ebenfalls um die österliche Zeit. Alle Jahre wurde in der Nacht vom Karsamstag auf den Ostersonntag in Altenstadt auf dem Kirchvorplatz das Osterwasser geweiht.

Ob der Pfarrer in dem bewussten Jahr zu wenig davon geweiht hatte oder ob sich die Ersten in ihrer Gier zu viel davon genommen hatten, weiß ich nicht. Jedenfalls entbrannte um das restliche Wasser eine regelrechte Schlacht. Mit von der Partie waren auch einige Beutler-Brüder, darunter natürlich der Reis. Er und Zachl hatten einer alten Frau versprochen, ihr Osterwasser mitzubringen.

Leider erwischten die Brüder keines mehr. Bis auf den letzten Tropfen war der Bottich ausgeschöpft. Was nun? Sie hatten es doch der alten Frau versprochen und konnten doch nicht mit der leeren Flasche vor sie hintreten! Und dass sie sich nicht mehr bei ihr blicken ließen, das ging auch nicht. Versprochen war versprochen, und Versprechen musste man halten. Außerdem erhofften sie sich eine Belohnung für ihre Mühe. Diesen Lohn wollten sie keineswegs aufs Spiel setzen.

Da kam Reis eine Idee. Sie schöpften Wasser aus dem Floss (der Gosse), füllten damit die Flasche, die ihnen die Frau mitgegeben hatte, und brachten sie der Alten. Hocherfreut, dass sie ihr geweihtes Wasser bekommen hatte, lobte sie die Buben ob deren Zuverlässigkeit und belohnte sie mit einem Zehnpfennigstück.

Die gebratenen Tauben

Von meinem Onkel Alois gibt es auch eine Geschichte zu berichten. Zum Zeitpunkt des Geschehens war er aber schon kein Kind mehr, sondern ein ausgewachsenes Mannsbild. Während Johann, sein Vater, wie wir wissen, stocksolide war, um jedes Wirtshaus einen großen Bogen schlug und so gut wie keinen Bierkrug anrührte, war Alois mehr dem

Großvater nachgeraten, der dem Bier so gerne zusprach.

Alois hatte zwar das Schmiedehandwerk erlernt und war auch, wie damals üblich, als Geselle auf Wanderschaft gegangen, er arbeitete aber nur, wenn er dringend Geld brauchte. Als er endlich sesshaft geworden war, zeigte er größeren Fleiß und packte bei der Arbeit fest zu, schließlich wollte er am Wochenende ordentlich was in seiner Lohntüte vorfinden. Sobald er diese aber in Händen hielt, führte ihn sein erster Gang nicht nach Hause, sondern ins Wirtshaus, weshalb er oft am Montag schon wieder ohne einen Pfennig Geld dastand.

Eine Zeit lang arbeitete er in einem Sägewerk, bei dem auch einer seiner Schwager angestellt war, der nicht ohne Grund den Spitznamen »Gauner« trug. Alois dagegen war unter dem Spitznamen »Zack« bekannt. Diesen Namen hatte er einer eigentümlichen Verhaltensweise zu verdanken. Sobald er im Wirtshaus saß, hieb er kräftig mit der Faust auf den Tisch und rief lauthals: »Zack und steh!« Daraufhin wusste jeder Wirt, dass er umgehend ein Bier vor diesen Gast hinzustellen hatte.

Eines Tages nun saßen Gauner und Zack in der Bahnhofswirtschaft. Nachdem sie schon das eine oder andere Bier in sich hineingekippt hatten, trat die Wirtin an ihren Tisch und fragte, ob die zwei sich nicht ein paar Pfennige verdienen wollten.

»Wenn's keine zu schwere Arbeit ist, gern«, antwortete Zack.

»Schwer ist die Arbeit nicht«, entgegnete die Wirtin. »Ihr müsst halt ein bisschen marschieren. Für die vom Wöllershof habe ich ein paar gefüllte Tauben gebraten und Knödel dazu gemacht, die sollen so schnell wie möglich dorthingelangen, ehe sie kalt werden.«

»Wird erledigt«, versprach der eine.

»Aber unser Bier dürfen wir noch austrinken?«, fragte der andere. Dann packten sie die Töpfe und machten sich unverzüglich auf den Weg.

Doch kaum, dass sie die Eisenbahnbrücke erreicht hatten, waren sie sich einig, dass der Weg bis Wöllershof viel zu weit sei. Und außerdem, warum sollte man sich mit einem solchen Leckerbissen nicht selbst den Bauch vollschlagen? Sie bogen also vom rechten Weg ab, marschierten den Kalvarienberg hinauf, suchten sich ein angenehmes Plätzchen und begannen zu »tafeln«.

Da ihnen die knusprigen Vögel zum Sattwerden reichten, verzichteten sie großmütig auf die Knödel. Auf irgendeine Weise mussten sie diese jedoch loswerden, also machten sie sich einen Spaß daraus und übten sich im Knödelweitwurf. Von ihrem Essplatz aus zielten sie auf die Waldnaab, bis alle Knödel in den Fluten verschwunden waren. Die Fische mögen sich über diese Sonderzuteilung gefreut haben.

Müde vom Bier, von der »langen« Wanderung, dem reichlichen Essen und dem anstrengenden Werfen, legten sie sich ins Gras und machten einen ausgiebigen Verdauungsschlaf.

Gut erholt kehrten sie danach zur Bahnhofswirtin zurück, um ihr die leeren Töpfe zu übergeben. Als diese fragte: »Na, was haben's auf dem Wöllershof gesagt?«, antworteten die beiden Strolche übereinstimmend: »Ganz gut war's, sollen wir ausrichten.«

Die Wirtin, zufrieden, dass ihr Auftrag so prompt ausgeführt worden war, überreichte ihnen daraufhin ihren »ehrlich verdienten« Lohn. Dieser wurde gleich wieder in Bier umgesetzt, bevor die Schlitzohren ihren Heimweg antraten.

Wie die Wöllershofer reagiert haben, als das bestellte Essen nicht ankam, und wie die Wirtin reagierte, als diese die Rechnung nicht begleichen wollten, ist mir leider nicht bekannt geworden.

Die Wegelagerer

Eine meiner Lieblingsgeschichten ist folgende: Es mag im Jahre 1904 oder 1905 gewesen sein. An einem Novemberabend befand sich Großvater Johann – wie schon so oft – von der Tagschicht kommend mit dem Fahrrad auf dem Heimweg von Weiden nach Altenstadt. Strömender Regen erschwerte ihm die Fahrerei, deshalb freute er sich ganz besonders auf die warme Stube zu Hause. Plötzlich gab die mit Karbid gefüllte Fahrradlampe den Geist auf.

Dem tapferen Radfahrer blieb nichts anderes übrig, als im Dunkeln weiterzustrampeln. Das war ihm zwar unangenehm, da er jedoch die Strecke in- und auswendig kannte und so gut wie kein Verkehr herrschte, würde er seinen Weg auch ohne Beleuchtung finden. Zudem hatten sich seine Augen bald an die Dunkelheit gewöhnt.

Wenig später, er war gerade in Gedanken versunken und gar nicht mehr weit von zu Hause entfernt, gewahrte er am Wegesrand, kurz bevor ein Weg nach rechts abzweigte, zwei Schatten, die geradewegs auf ihn zuliefen. Johann erschrak zu Tode und trat instinktiv noch fester in die Pedale.

Als er keuchend zu Hause ankam, fragte seine Frau, die bei einer Karbidlampe noch über einem Berg zu stopfender Strümpfe saß: »Was ist passiert? Du schnaufst ja wie eine Lokomotive, zitterst am ganzen Leib, und kreidebleich bist du auch.«

»Kein Wunder«, keuchte er. »Vor wenigen Minuten habe ich ein aufwühlendes Erlebnis gehabt.« Er beschrieb ihr, dass er zwei Gestalten vom Wegesrand aus habe auf sich zulaufen sehen. »Vermutlich haben die beiden beobachtet, dass ich immer wieder um dieselbe Uhrzeit auf diesem Weg vorbeikomme, und mir aufgelauert. Mit Sicherheit wollten die mich überfallen«, versuchte er das Erlebnis zu deuten. »Mein Glück war es, dass kurz zuvor die Fahrradlampe erloschen ist. Dadurch haben sie mich zu spät bemerkt, und ich konnte ihnen entkommen.«

Durch diese Begebenheit gewarnt, und da ihm der Schreck noch lange Zeit in den Gliedern steckte, vereinbarte er mit seinem Chef, dass er nach seiner Tagschicht nicht mehr pünktlich um sechs Uhr seine Arbeit beende, sondern mal eine halbe Stunde früher aufhöre und dafür am nächsten Tag eine halbe Stunde länger arbeite. Um wirklich sicherzugehen, löschte er zusätzlich jedes Mal, wenn er sich der bewussten Stelle näherte, die Lampe aus und strampelte mit voller Geschwindigkeit und erhöhter Aufmerksamkeit vorüber.

Aber auch in den Wochen seiner Nachtschicht, wenn er in den frühen Morgenstunden an der fraglichen Stelle vorbeikam, befleißigte er sich größter Aufmerksamkeit und Vorsicht und fuhr immer ohne Beleuchtung. Da sich wochenlang nichts Verdächtiges zeigte, wurde er allmählich ruhiger. Dennoch – zu seiner Sicherheit und Beruhigung – schaltete er noch immer das Licht aus, bevor er die Stelle mit den »Wegelagerern« passierte.

Diese Geschichte erzählte er natürlich immer wieder seinen Kindern, als sie alt genug waren, sie zu verstehen. Zum einen tat er das, um sie zu warnen, damit sie in einer ähnlichen Situation richtig reagieren, zum anderen, weil sie ihn immer wieder darum baten und atemlos lauschten, wenn er erzählte. Es gab ja sonst kaum etwas Unterhaltsames in dieser Zeit.

Etwa zwanzig Jahre später geriet sein Sohn Alois tatsächlich in eine ähnliche Situation. Er befand sich mit dem Fahrrad auf dem Heimweg. Es war ebenfalls November, ziemlich dunkel, und er fuhr trotzdem ohne Licht. Da er die Strecke wie seine Westentasche kannte, radelte er unbesorgt vor sich hin, als plötzlich aus dem rechten Seitenweg – ohne Vorwarnung – ein Fahrrad, ebenfalls ohne Beleuchtung, in das seine hineinfuhr.

In seinem Gehirn spielte sich blitzschnell die Geschichte ab, die sein Vater so oft erzählt hatte. Dadurch in höchste Alarmbereitschaft versetzt, reagierte er sehr heftig. Er sprang vom Rad und attackierte den Gegner kräftig mit beiden Fäusten.

Der andere, nicht faul, und da er sich ebenfalls überfallen fühlte, zahlte ihm dies mit gleicher Münze zurück, wobei im Dunkeln allerdings die meisten Schläge ins Leere gingen. Die beiden Kontrahenten beließen es aber nicht bei dem Faustkampf, sie setzten zusätzlich verbale Attacken ein.

»Dir gib ich's, du Sauhund!«, schrie der eine.

»Hier hast du's, elendiger Lump!«, schrie der andere.

So plötzlich, wie die Rauferei begonnen hatte, hörte sie auch wieder auf. Denn jeder der beiden glaubte, die Stimme des anderen zu erkennen.

»Felix, bist du's?«, fragte der Ältere.

»Alois, bist du's?«, fragte der Jüngere.

Dann fielen sich die beiden Brüder in die Arme und entschuldigten sich für die ausgeteilten Schläge.

»Ja, wie kannst jetzt du bei der Dunkelheit ohne Licht fahren?«, fragte Alois vorwurfsvoll.

»Und du, warum fährst du ohne Licht?«, konterte der andere.

Nun mussten beide laut lachen, denn die Antwort war ihnen klar. »Jaja, die Geschichte unseres Vaters«, sagten beide wie aus einem Munde. Dann schalteten sie ihre Fahrradbeleuchtung ein und radelten einträchtig nach Hause.

Krieg

Als ich fünf Jahre alt war, schnappte ich das Wort »Krieg« auf. Mit diesem Begriff, den die Erwachsenen von da an immer öfter in den Mund nahmen, wobei sie betretene Gesichter machten, wusste ich zunächst nichts anzufangen. Mit der Zeit wurde der Ausdruck für mich immer mehr zu etwas Bedrohlichem, zumal meine geliebten Onkel Alois, Felix und Ludwig schon bald in den Krieg ziehen mussten.

Mein Großvater weinte und sagte: »Wer weiß, ob ich euch jemals wiedersehe.«

Wenig später musste sogar Cousin Robert, Großvaters Lieblingsenkel, dem Ruf zu den Waffen folgen.

Schon bald bekamen selbst wir Zivilisten etwas vom Kriegsgeschehen zu spüren. Alle wurden dazu verdonnert, am Abend die Fenster zu verdunkeln, damit man keine Zielscheibe für die Tiefflieger abgebe. Gewissenhaft leisteten wir der Aufgabe Folge, weil wir durch die Zeitung erfahren hatten, dass einige Großstädte bereits des Nachts bombardiert und teilweise dem Erdboden gleichgemacht worden waren. Trotzdem blieb für eine Fünfjährige wie mich der Krieg etwas Abstraktes. Als es allerdings hieß, der Vater müsse in den Krieg ziehen und würde vielleicht nie wieder nach Hause kommen, begriff ich, dass der Krieg etwas ganz Schreckliches ist.

Vater konnte sich kaum von uns losreißen. Zum Abschied umarmte er jeden von uns und küsste uns auf die Stirn, was ich noch nie erlebt hatte. Eindringlich ermahnte er uns, recht brav zu sein und der Mutter zu folgen, weil er ihr nun nicht mehr zur Seite stehen könne. Nun musste also die Mutter allein mit uns Kindern zurechtkommen.

Einmal, als wir draußen beim Spielen waren und Tiefflieger heranbrausten, schrie sie entsetzt vom Küchenfenster aus: »Schnell, schnell, hinein ins Haus!«

Doch dazu kamen wir nicht mehr. Instinktiv ließen wir uns auf den Erdboden fallen. Wenige Sekunden später hörten wir ein fürchterliches Krachen und hielten uns die Ohren zu. Bombensplitter flogen über uns hinweg. Gott sei Dank erwischte es niemanden von uns. Später entdeckten wir, was geschehen war. In etwa achthundert Metern Entfernung war eine Bombe eingeschlagen. Diesen Bombentrichter kann man heute noch sehen, er ist aber mittlerweile fast zugewachsen.

Das zweite Kriegsjahr war noch nicht ganz um, da erreichte meinen Großvater Johann eine niederschmetternde Nachricht. Ehe ich auf diese zu sprechen komme, will ich erst ein Bild meines Onkels Ludwig, Großvaters jüngstem Sohn, zeichnen.

Von allen Seiten wurde behauptet, er sei ein braves und folgsames Kind gewesen und nicht so »umtriebig« wie seine Brüder Alois, Felix oder gar Reis. Nach der Schulzeit begann Ludwig im Alter von dreizehn Jahren eine Bäckerlehre in Neustadt in der »Brot- und Feinbäckerei Josef Bäumler«, bekannt unter dem Namen »Buslbäck«. Im Jahre 1927 packte Ludwig also seine sieben Sachen und bezog ein Zimmer im Hause seines Lehrherrn.

Dieser schien außerordentlich zufrieden mit ihm. Bäumler, der dreimal verheiratet gewesen war, aber keine Kinder hatte, behandelte Ludwig wie einen eigenen Sohn. Er brachte ihm an Handgriffen und Rezepturen mehr bei als normalerweise in einer Bäckerlehre üblich. Daher bestand Ludwig nach genau drei Jahren, am 4. April 1930, seine Gesellenprüfung. Sowohl im praktischen als auch im theoretischen Teil schnitt er mit der Note »sehr gut« ab.

Wie es damals für Gesellen noch vorgesehen war, begab er sich auf Wanderschaft. Im Dezember 1936 legte er seine Meisterprüfung ab, wiederum errang er zweimal die Bestnote. Danach kehrte er in sein »zweites Elternhaus« zum Buslbäck zurück.

Josef Bäumler und dessen Schwester Maria, die ihm nach dem Tod seiner dritten Frau den Haushalt führte, ließen von nun an den jungen Meister in der Backstube nach eigenem Gutdünken schalten und walten. Schließlich versprach der Chef ihm: »Ludwig, sobald du die richtige Frau gefunden hast, die zu dir und zum Geschäft passt, wirst du unser Erbe und bekommst die Bäckerei.«

Doch leider hatte das Schicksal für Ludwig Beutler einen anderen Verlauf vorgesehen. Zu Beginn des Frankreichfeldzugs bekam er seine Einberufung zur Wehrmacht. Als Melder nahm er an dem Feldzug teil und marschierte mit in Paris ein.

Im Frühjahr 1941 erreichte ihn ein neuer Marschbefehl. Er musste nach Osten, an die deutschrussische Grenze. Das »Unternehmen Barbarossa«, ein Deckname für den Überfall auf die damalige Sowjetunion, stand unmittelbar bevor. Am 22. Juni 1941 begann der Angriff in den frühen Morgenstunden, doch Ludwig sollte diesen Tag nicht überleben.

Krasne, Russland, den 25.6.1941

Sehr geehrter Herr Beutler!

In einem Waldgefecht bei Krasne, 30 Kilometer westlich von Kredne, fiel am 22. Juni 1941 Ihr Sohn Ludwig getreu seinem Fahneneide für das Vaterland.
Seit Kriegsbeginn war Ihr Sohn in meiner Kompanie und ich habe ihn in dieser Zeit genau kennengelernt. Er war ein wertvoller Mensch, der mit seinem nie versagenden goldenen Humor immer die Kameraden mitriss. Als Melder eingeteilt, zeichnete er sich durch Eifer und restlose Pflichterfüllung aus. Vor einem Monat freute ich mich mit ihm, als ich ihn zum Obergefreiten befördern konnte. Die Kompanie verliert in ihm einen ausgezeichneten Soldaten.
Er fiel in den Morgenstunden des ersten Kampftages wenige Kilometer nach Übertritt über die Grenze. Ein Splitter einer russischen Wurfgranate verletzte ihn tödlich am Kopf.
Ich spreche Ihnen, zugleich im Namen seiner Kameraden, meine wärmste Anteilnahme aus. Die Kompanie wird ihm immer ein ehrendes

Andenken bewahren. Möge die Gewissheit, dass Ihr Sohn sein Leben für die Größe und den Bestand von Volk, Führer und Vaterland hingegeben hat, Ihnen ein Trost in dem schweren Leid sein, das Sie getroffen hat.
Ich grüße Sie in aufrichtigem Mitgefühl.

Körbel
Oberleutnant und Kompanie-Chef

Nachdem mein Großvater diesen Brief gelesen hatte, brach er zusammen, dieser tapfere starke Mann, den ich immer unerschütterlich erlebt hatte. Die Nachricht traf ihn noch schlimmer als der Tod seiner geliebten Frau Anna Karolina, ja, es war der schwerste Schlag, den er in seinem Leben zu verkraften hatte. Ich kann den armen Mann gut verstehen. Dass ein so junges Leben einfach ausgelöscht wurde, war für ihn unbegreiflich – noch dazu, wo Ludwig ein ganz besonders liebenswürdiger Mensch war, wie mir später von vielen Seiten bestätigt wurde.

Lina, Ludwigs Schwester, eine gute Menschenkennerin, tat spontan den Ausspruch: »Es ist um jeden Menschen schade, der im Krieg sein Leben lassen muss. Aber um ihn war es besonders schade.«

Ein Brief aus der Zeit, den ein Kriegskamerad von Ludwig an die Geschwister Bäumler geschrieben hat, ist ebenfalls erhalten geblieben.

Freitag, den 15. August 1941

Wertes Frl. Bäumler und Bruder!

Habe Ihren Brief vom 6. Juli erhalten. Leider komme ich erst heute dazu, ihn zu beantworten. Sie werden auf die Erfüllung Ihrer Bitte, Näheres über den Tod Ihres Mitarbeiters Ludwig zu erfahren, schon sehnsüchtig warten. Im Krieg geht halt immer etwas anderes vor. Die Zeit zum Schreiben muss man sich stehlen.
Nun will ich Ihnen in groben Zügen den Tod meines geschätzten Freundes Ludwig schildern. Es stimmt schon, wie Oberleutnant Körbel schrieb. Es war schon so um zehn Uhr vormittags rum, ich hatte mich im letzten Schreiben an Sie geirrt.
Am 22. Juni früh um 3.30 Uhr überschritten wir die Grenze. Anschließend an die Gefechte in den Morgenstunden wurde im Laufe des Vormittags durch ein schweres Waldgefecht der Höhepunkt der Kampfhandlungen erreicht. Dazu gab es ein einstündiges Artilleriefeuer mitten in die Reihen unserer Kompanie. Ludwig, der unter einem Baume lag, wurde von einem Splitter am Hinterkopf getroffen. Es war ein sehr schwerer Splitter, sodass der Tod sofort eintrat. Seien Sie beruhigt, er brauchte keine Sekunde zu leiden. Dass ein sofortiger Tod eintrat, bewies schon sein vollkommen normales Gesicht, er hatte sogar ein feines Lächeln auf den Lippen, das seine blendend weißen Zähne sehen ließ. Sein Wunsch war in Erfüllung gegangen. Schon öfters hatte er zu mir gesagt:

›Lois, wenn uns eine erwischt, dann gleich so, dass wir nichts mehr spüren.‹
Dies wäre eigentlich alles, was zu schreiben ist. Genaueres werden Sie später persönlich von mir erfahren. Seine Sachen werden durch die Kompanie gesandt. Wenn nicht, werde ich sie Ihnen schicken. In seinem Fotoapparat ist nicht nur ein letztes Foto von ihm, sondern auch eines von seinem Grabe, das ich selbst aufgenommen habe. Nun trösten Sie sich, das Schicksal hat es so gewollt.
Ich danke Ihnen für Ihre Wünsche. Jeder hofft eben seine Heimat und seine Lieben wiederzusehen. Leider kann nicht allen dieses große Glück beschieden sein. Unser aller Wunsch ist ein baldiges Kriegsende, ich selbst bin nun auch schon zwei Jahre Soldat. Mir täte es auch reichen, das dürfen Sie mir glauben. Die Leistungen im Westen waren schon groß, aber das was hier in Russland zu leisten ist, stellt alles andere in den Schatten.
Und nun zum Schlusse hoffe ich Ihrer Bitte zur Zufriedenheit nachgekommen zu sein. Mögen Sie meine Zeilen bei bester Gesundheit erreichen.
Mit herzlichen Grüßen an Sie und Ihren Herrn Bruder

Ihr
Alois Löffler

Da sich der Krieg hinzog und die Ernährungslage immer schlechter wurde, mussten meine Schwester Liesl und ich, sechs und acht Jahre alt, die Kühe bei einem Bauern hüten. Dafür bekam meine Mutter unsere Winterkartoffeln. Unser »Hütegeschäft« dauerte von Anfang Juni bis Anfang Oktober. Während der Schulzeit waren wir allerdings nur am Nachmittag, während der Ferien ganztägig eingesetzt.

Die Kühe mussten jeden Tag Richtung Windischeschenbach auf die Weide getrieben werden, über eine Strecke von etwa zwei Kilometern. Damals fuhren bei uns noch keine Autos, deshalb war der Weg für uns völlig ungefährlich. Die einzige Herausforderung bestand darin, dass die Tiere nicht immer so wie wir wollten. Wenn eine Kuh die falsche Richtung einschlug, rannten ihr die anderen alle hinterher. In solchen Fällen hatten wir Mühe, sie wieder auf den richtigen Weg zu lotsen, ein manchmal ganz schön schwieriges Unterfangen. Am Abend mussten wir die Tiere wieder nach Hause zurücktreiben. Diese Aufgabe erwies sich als wesentlich einfacher, weil der heimische Stall lockte.

Wenn die Viecher wieder im Stall standen, war unsere Arbeit noch nicht beendet. In der Scheune mussten wir noch Runkelrüben für die Kühe schnitzeln. Dazu benutzten wir eine Runkelmaschine, die mit der Hand gedreht werden musste. Die geriebenen Rüben bekamen die Kühe gewissermaßen als Nachtisch, vermutlich sind sie deshalb immer so brav nach Hause marschiert. War dies erledigt, durften wir heimgehen, dort warteten allerdings noch unsere Hausaufgaben. So manches Mal fielen mir darüber die Augen zu.

Ab Mitte August gab es eine zusätzliche Pflicht für uns Kinder. Sobald die Getreidefelder abgeerntet waren, wurden die Ähren gesammelt. Diese warfen wir unseren Hühnern vor, die sie begeistert auspickten. Sobald im Herbst die Kartoffelfelder abgeerntet waren, mussten wir nachklauben. So kannten wir Kinder keine Langeweile. Wir waren schon glücklich, wenn wir nach getaner Arbeit mit den Nachbarskindern noch ein bisschen spielen durften.

Da, wie gesagt, sich mit fortschreitendem Kriege die Ernährungslage immer mehr verschlechterte, bemühte sich jeder, der irgendwie die Möglichkeit dazu sah, »Selbstversorger« zu werden. In dieser Zeit machte sich der Vater meiner Mutter sehr nützlich. Er baute nicht nur einen Schuppen, in dem wir unser Winterholz trocken lagern konnten, sondern zimmerte uns auch noch einen Stall, in dem einige Hühner, ein paar Gänse und eine Ziege untergebracht wurden. So konnten wir unseren Bedarf an Milch, Fleisch, Eiern und Federn für die Familie decken, Obst und Gemüse produzierten wir sowieso schon selbst.

Für die kleinen Gänschen, sehr empfindliche Tiere, mussten wir jeden Tag Brennnesseln sammeln. Die Mutter hackte diese Pflanzen klein und kochte ein paar Eier, die sie ebenfalls zerkleinerte und unter die Brennnesseln mischte. Dieses Gemisch verspeisten die Gänseküken mit großem Appetit und wurden groß und stark dabei. Als sie schon fast ausgewachsen waren, mussten wir sie jeden Tag auf der Wiese hinter unserem Haus hüten, solange noch kein Schnee lag.

Eines Tages, der Krieg war noch nicht zu Ende, stand plötzlich der Vater vor der Tür und strahlte uns an. Im Überschwang der Freude stürzten wir uns alle auf ihn und erdrückten ihn fast.

»Kinder, bringt mich nicht um!«, jammerte er lachend. »Was der Krieg nicht geschafft hat, gelingt womöglich euch Rasselbande.«

Wenig später erzählte er uns, dass er sich – nachdem ihm klar geworden war, dass der Krieg für uns doch nicht mehr zu gewinnen sei – bei seinem Kompaniechef als »nachtblind« gemeldet habe. Deshalb sei er wenigstens von Nachtfahrten verschont geblieben. Die Munition und andere Güter waren jedoch hauptsächlich zur Nachtzeit an die verschiedenen Fronten zu transportieren, damit die Fahrzeuge vom Feind nicht gesehen wurden. Da diese Tätigkeit für Zachl nun ausgefallen war, hatten seine Vorgesetzten keine Verwendung mehr für ihn, und sie entließen ihn vorzeitig.

So kam es, dass er zu Hause war, als das Lebenslicht seines Vaters erlosch. Am Morgen des 6. März 1944 drehten Johanns Enkel, die Zwillinge Felix und Ludwig, ihm noch im Bett, wie alle Tage, die Enden seines Schnurrbartes zurecht, ohne zu merken, dass der Opa bereits tot war. Nach längerer Krankheit war er in der Nacht unbemerkt entschlafen.

Da er in der Gemeinde sehr beliebt gewesen war, folgte seinem Sarg ein schier endloser Trauerzug. Mit Ergriffenheit lauschten die Menschen der Grabrede, die der Pfarrer von Altenstadt hielt. Sie ist uns erfreulicherweise erhalten geblieben:

Rede am Grab des Johann Beutler am 9. März 1944, gestorben am 6. März:

Sehr geehrte Trauergemeinde!

Wenn der Mensch alt wird, so fangen gewöhnlich die Hände an zu zittern, das Augenlicht versagt, das Gehen macht immer größere Beschwerden. Es geht abwärts, immer mehr dem Ende zu, bis man schließlich seinen letzten Gang machen muss, der keinem erspart bleibt.

Diesen Gang hat nun vollendet ein gewissenhafter Beamter und ein treu katholischer Familienvater, der ehrengeachtete Johann Beutler, pensionierter Stellwerksmeister von hier, welcher in einem Alter von achtzig Jahren und acht Monaten, nach längerer Krankheit, jedoch wohlvorbereitet durch den Empfang der heiligen Sterbesakramente, heimgegangen ist zum Vater im Himmel.

Wieder einer ist weniger geworden von unseren braven Pensionisten, welche nach einem arbeitsreichen Leben, nach treuem Dienst im Berufe zum täglichen Messgang sich einfinden, um an das Ende zu denken, täglich für das Seelenheil zu sorgen und der Gemeinde ein nachahmenswertes Beispiel zu geben.

Wieder einer unserer guten Alten ist von uns gegangen, der bis zum Ende sich einer erstaunenswerten Gesundheit und geistigen Frische erfreute, bis auf einmal die Kräfte versagten, bis er auf einmal zusammenbrach.

Geboren zu Altenstadt am 6. Juli 1863 als Sohn des Ökonoms Zacharias Beutler und der Katharina Lindner, verlor er schon mit einem Jahr seine Mutter und mit ihr so viel Liebe und Besorgtheit, welche ja der »Sonnenschein« für das zarte weiche Kinderherz ist. Doch all das Harte und Schwere seiner Jugendzeit haben ihn gestärkt und gefestigt für den Kampf, welcher ihm im Leben nach Gottes Vorsehung bestimmt war.

Herangewachsen ging er in den Dienst der Eisenbahn und brachte es dort ob seiner Pünktlichkeit und Verlässlichkeit bis zum verantwortungsvollen Posten eines Stellwerksmeisters. Mit ganzer Seele war er bei seinem Beruf, mit peinlicher Gewissenhaftigkeit versah er seinen anstrengenden Dienst und arbeitete mit seinen Kollegen in bester Harmonie jahrzehntelang zusammen. Als friedlicher Charakter wollte er keinen Streit. Als solcher schied er auch aus dem Leben, ohne einen Feind zu hinterlassen. Da ihm seine erste Frau schon nach wenigen Monaten wegstarb, heiratete er noch einmal, und zwar eine Anna Karolina, geborene Schieder von Störnstein, mit welcher ihn ein ebenso langes wie glückliches und gesegnetes Eheleben verband.

Er hatte eine herrliche Frau gefunden, eine Frau von Glaubenskraft und Liebeseifer. Sie war ihm nicht bloß eine treue, hingebende und opferbereite Lebensgefährtin, sie war zugleich eine Hüterin seiner Seele, die ihn täglich stärkte und aufrichtete. Jahre und Jahrzehnte lang betreute sie nicht bloß das Anwesen ohne fremde Hilfe, während ihr Mann naturgemäß vom Dienst festgehalten wurde, sondern sie erzog auch ihre stattliche Kinderschar zu tüchtigen und religiös fundierten Menschen, welche mit innigster Liebe an ihrem Vater hingen. Das konnte ich selbst beobachten am Krankenbett des Vaters, besonders auch gelegentlich seines achtzigsten Geburtstages im Juli vorigen Jahres, wo Kinder und Kindeskinder – soweit diese irgendwie abkömmlich waren – sich im Hause des Vaters und Großvaters versammelt hatten. Leider fehlte damals das Herz der Familie, die geliebte Mutter, welche die Feier nicht mehr erlebte, da sie ihrem geliebten Gatten bereits vor acht Jahren in die Ewigkeit vorausgegangen ist.

Es fehlte vor allem auch der Benjamin der Beutler-Familie, der gute Ludwig, der dem Vater so viel Freude gemacht hatte und als eines der ersten Opfer im Kriege gefallen ist. Dieser Tod hatte dem Vaterherzen eine Wunde beigebracht, die nie vernarben sollte.

Doch hatte der treue Verstorbene auch manche Freuden, die nicht allen Vätern zuteilwerden. Seine Kinder sind alle gut versorgt und machen der Familie alle Ehre. Er selbst genoss einen langen friedlichen Lebensabend. Er hatte keine Not und keinen Mangel. Wiederholt lobte er seine Schwiegertochter im Hause, die ihm alles tat, was sie ihm von den Augen ablesen konnte. Er erzählte, wie es ihm Freude mache, noch kleinere Arbeiten zu verrichten und die Enkel zu beaufsichtigen, wie dadurch sein altes Herz wieder neu werde.

Insgesamt erfreute er sich an achtzehn Enkeln, von denen natürlich etliche längst erwachsen waren. Ja, am glücklichsten fühlte sich der Beutler-Vater in seiner Familie, der all sein Opfern, sein Sorgen und Sparen, sein Wachen und Beten zeitlebens gegolten hat.

Seine Kinder werden es ihm nie vergessen, was er ihnen an treuer Vatersorge erwiesen, sie werden ihm stets dankbar dafür sein, dass er sie zu tüchtigen, fleißigen und verlässlichen Menschen herangebildet hat.

Auch wir möchten ihm danken für das gute Beispiel, das er der Gemeinde gegeben, danken für die Mühewaltung, die er als Mitglied der Kirchenverwaltung auf sich genommen hat.

Möge uns alle trösten das Bewusstsein, dass wir einen guten Mann begraben haben, der seinen Lohn empfangen wird von Gott, dem Gerechten.

›Ich sehne mich nach dem Tod‹ hat er ausgerufen in den letzten Tagen vor seiner Erlösung, voll heiligen Glaubens, voll Ergebung in den Willen Gottes.

Und nun ist sein Kampf zu Ende, sein Hoffen und Sehnen ist gestillt.

Möge er ruhen in Gottes Frieden, Amen.

Es muss im Januar oder Februar 1945 gewesen sein, es lag noch reichlich Schnee, da blieben wir Kinder, als wir von der Schule kamen, staunend am Wegesrand stehen. Durch die Straßen holperten schwere Bauernwagen, vor die stattliche Rösser gespannt waren. So etwas hatten wir noch nie gesehen. Unsere

Bauernwagen waren kleiner und leichter, und man spannte Kühe davor, ab und zu auch mal Ochsen. Diese Wagen aber hatte man nicht mit Heu oder Stroh beladen – woher hätte das auch im Winter kommen sollen? –, sondern mit allerlei Hausrat und Menschen, vor allem mit Kindern.

Als ich zu Hause aufgeregt davon berichtete, erklärte mir der Vater, das seien Gutsbesitzer aus Ostpreußen, die vor den anrückenden Russen geflüchtet seien.

»Müssen wir auch vor den Russen flüchten?«, fragte ich besorgt.

»Ich hoffe nicht«, kam die Antwort des Vaters, die mich aber nicht vollständig beruhigen konnte.

In den folgenden Tagen zogen immer mehr Flüchtlingswagen durch unser Dorf, darunter auch »Glaskutschen«, in denen alte Leute in ihren Betten lagen.

Bald schon fand kein Schulunterricht mehr statt, was wir Kinder freudig begrüßten. Da es an anderen Unterkünften mangelte, brachte man die Durchreisenden in den Schulsälen unter.

Anfang April 1945 hörten wir einen fürchterlichen Knall, der so heftig ausfiel, dass unser Haus erzitterte und Putz von den Wänden rieselte. Später erfuhren wir, was passiert war: In Weiden, sechs Kilometer von uns entfernt, hatten auf dem Bahnhof zwei Waggons mit Panzerfäusten gestanden, die noch an die Ostfront geschickt werden sollten. Diese aber wurden von feindlichen Tiefffliegern beschossen. Die Explosion muss so gewaltig gewesen sein, dass die Häuser in der Umgebung wie Streichholzschachteln umgefegt worden sind.

Als es Ende des Monats hieß, die Amerikaner seien schon ganz in der Nähe, gab es einige Oberschlaue, welche die Waldnaabbrücke sprengten, die Altenstadt mit Neustadt verbindet. Auf diese Weise wollten sie verhindern, dass die Amerikaner in unser Dorf gelangten.

Diese Aktion war jedoch völlig für die Katz. Im Nu hatten die Amerikaner eine schwimmende Pontonbrücke über die Waldnaab gelegt, ratterten munter mit ihren Panzern darüber und rückten in unser Dorf ein. Wir Altenstädter waren die Einzigen, die sich durch die Sprengung benachteiligt sahen: Wir konnten nun nicht mehr auf die Neustädter Seite gelangen.

Unsere Bürger gaben sich wenigstens so vernünftig, dass sie in aller Eile überall an den Häusergiebeln weiße Fahnen hissten, als Zeichen, dass wir keinen Widerstand leisten würden. So konnte weiterer Schaden verhindert werden.

Wir Kinder bekamen Angst, als wir auf den Panzern auch schwarze Männer erblickten. Bis dahin hatten wir noch nie Leute anderer Hautfarbe gesehen. Doch die amerikanischen Soldaten waren keine bösen Menschen – im Gegenteil, sie schenkten uns Kakao und Kaffeepulver, Kaugummi, Orangen und Schokolade. Das alles kannten wir bis dahin nicht.

Weil die Amerikaner Quartiere brauchten, mussten viele Familien ihre Häuser verlassen. Hauptsächlich wurden diejenigen vertrieben, die schöne Häuser hatten. Gottlob erschien ihnen das unsere zu armselig. Am »Ritterhof« aber, dem Haus, in dem ich meine frühe Kindheit verbracht hatte, klopften sie an.

Zu der Zeit wohnte dort auch meine Tante Lina, weil es ihr in Regensburg zu brenzlig geworden war. Später las ich in ihren Aufzeichnungen:

Ich schaute gerade aus dem Fenster, da sah ich einen Offizier die Straße herabkommen, der offensichtlich auf der Suche nach Quartieren für seine Leute war. Er ging von Haus zu Haus, dann kam er auch zu uns.

Nachdem er durch alle Räume gestiefelt war, teilte er mir in gebrochenem Deutsch mit: ›*Ihr heute Nacht in Scheune schlafen. Betten, alles bleiben hier. Ihr haben fünf Minuten Zeit. Verstanden?*‹

Hastig rafften wir ein paar Sachen zusammen. Wir waren drei Frauen und fünf kleine Kinder, von denen vier an Masern erkrankt waren. Wie aufgescheuchte Hühner flatterten wir in die Scheune. Durch einen Spalt im Scheunentor beobachteten wir unseren Hof. In diesen schoben sich schon bald zwei mächtige Panzer herein. Einer von diesen fuhr die steinerne Torsäule um. Ich weiß nicht mehr, wie viele Soldaten es waren, darunter befanden sich einige Schwarze.

Wenig später kam meine Schwägerin Kuni, die Frau von meinem Bruder Alois, die im Austragsstüberl Zuflucht gefunden hatte, und nahm uns zu sich. Wir verschlossen die Tür und verhielten uns ganz still. Nach drei Tagen war der Spuk vorbei, und wir konnten ins Haus zurück. Alles war durchwühlt, es herrschte eine große Unordnung. Etliches hatten sie mitgenommen. Ein Bild meines

Mannes in Eisenbahneruniform hatten sie zerrissen und auf einem Zettel einen Totenkopf dazugemalt. So fanden wir es unter dem Kruzifix.

Am 8. Mai hieß es dann endgültig: »Der Krieg ist aus!« Ein Aufatmen ging durch alle Häuser.

Mein Vater, den die Besatzungsmacht gleich nach Kriegsende zum Bürgermeister ernannt hatte, musste einer wichtigen Aufgabe nachkommen: den von den Schlachtfeldern zurückkehrenden Soldaten für einige Tage und den Ostflüchtlingen für längere Dauer eine Unterkunft zu besorgen. Das war eine schwierige Zeit für ihn, denn täglich strömten neue Menschen herbei.

Jede Familie musste Leute aufnehmen, egal ob es sich um Flüchtlinge oder um unsere heimkehrenden Soldaten handelte. Einige bessergestellte Bauern hatten wohl Standesdünkel oder wollten in ihrer Bequemlichkeit nicht gestört werden, weshalb sie meinen Vater baten, sie zu verschonen. Doch unser Vater war äußerst gerecht. Er bedachte alle gleichermaßen mit der Zuweisung von Flüchtlingen oder Frontheimkehrern. Dadurch handelte er sich etliche Feinde ein.

Uns selbst bedachte er ebenfalls mit Einquartierung. Wir mussten eine vierköpfige Flüchtlingsfamilie aufnehmen, obwohl unsere Eltern mit fünf Kindern und meinen Großeltern mütterlicherseits schon sehr beengt wohnten.

Mit unserer Flüchtlingsfrau hatten wir großes Glück, denn sie war Schneiderin. Dass am Altenstädter Bahnhof ein Waggon voller Decken stand, die an die Familien verteilt wurden, erwies sich als weiterer Glücksfall. Aus diesen Decken zauberte die Frau aus Schlesien für uns Kinder wunderbare warme Mäntel und Mützen. Auf unsere Kopfbedeckungen waren wir Mädchen richtig stolz. Wir nannten sie »Tellermützen«, weil sie so groß und flach wie Teller waren.

Bald gab es kein Haus ohne Einquartierung mehr. Doch wochenlang strömten weitere Soldaten auf der Durchreise in ihre Heimat in unser Dorf. Im Ort fand man bald keine freien Betten mehr, deshalb brachte man die Soldaten bei einem Bauern in der Scheune unter, wo Heu und Stroh als Lagerstatt dienten.

Auf dem Weg zur Schule mussten wir an dieser Scheune vorbeigehen. Soldaten streckten die Hände aus und bettelten um Brot. Weil uns Mitleid für die halb verhungerten Männer ergriff, die für unser Vaterland gekämpft hatten, gaben wir ihnen unser Pausenbrot.

Zu Hause erzählten wir das unserer Mutter. Diese meinte, wir müssten unser Brot selbst essen, damit wir bei Kräften blieben. Damit wir unser eigenes Essen nicht mehr verschenken mussten, gab sie jedem von uns in den nächsten Tagen ein zusätzliches Butterbrot für die Soldaten mit. Andere Mütter taten das ebenfalls, sodass bei den ehemaligen Frontkämpfern wenigstens der ärgste Hunger gestillt werden konnte.

Allmählich normalisierte sich das Leben wieder. Doch schon bald kam eine Belastung anderer Art auf mich zu.

Kinder als Bauernmägde

Es war an einem Samstagabend Ende Juli 1945, die Sommerferien hatten gerade begonnen, da erschien völlig überraschend Christof Füßl, der Onkel meiner Mutter, bei uns im Haus. Der Onkel hatte in Altenstadt ins »Fehrhaus« eingeheiratet, meine Mutter hatte vor und nach ihrer Heirat im Sommer immer bei ihm auf dem Hof ausgeholfen. Wir Kinder kannten Christof, weil wir ihn einige Male mit der Mutter besucht hatten. Aber dass er bei uns einkehrte, war noch nie vorgekommen. Deshalb sperrten wir Münder und Ohren auf, um nur ja alles mitzukriegen, was der Besuch zu berichten hatte.

Doch daraus wurde nichts, Mutter schickte uns unbarmherzig auf den Hof zum Spielen. Einerseits begrüßten wir die zusätzliche Spielzeit, andererseits bedauerten wir, dass wir von dem Gespräch nichts mithören konnten.

Nachdem der Großonkel wieder gegangen war, wurden meine Schwester Liesl und ich in die Küche gerufen. Mutter erzählte uns, Christof sei mittlerweile über achtzig und seine Frau ebenfalls. Tante Josefa wäre ernstlich krank und könne die Hausarbeit nicht mehr erledigen; er selbst sei schon mit der Landwirtschaft überfordert und könne unmöglich auch noch den Haushalt besorgen. Sie beendete den

Bericht mit den Worten: »Der alte Mann tut mir furchtbar leid. Er braucht dringend Hilfe.«

»Mama, warum erzählst du das alles?«, wollte ich wissen.

»Ich habe ihm versprochen, dass ihr ihm helfen werdet.«

Wir beiden Mädchen schauten uns fragend an und nickten. Zu widersprechen wagten wir nicht, Widerspruch war bei uns nicht erlaubt. Dass unsere mittlerweile fünfzehnjährige Schwester Lina als Hilfe in des Onkels Haus nicht infrage kam, war uns sofort klar. Gleich nach der Schulentlassung hatte sie ihr Pflichtjahr absolvieren müssen, dazu hatte man sie in einen kinderreichen Haushalt in unserem Ort geschickt. Mit Beendigung des Pflichtjahres war auch der Krieg vorbei gewesen, und da die Herrschaften mit der Hilfe sehr zufrieden schienen und Lina diese Arbeitsstelle zusagte, blieb sie weiterhin als Dienstmädchen bei dieser Familie. Bei uns war sie aus der Kost, und sie verdiente ihr eigenes Geld. Die Nächte verbrachte sie allerdings weiterhin im Elternhaus.

Widersprechen durften wir zwar nicht, aber Fragen stellen. So fragte ich denn, wie wir dem Onkel von hier aus helfen könnten.

»Ihr zieht einfach zu ihm ins Haus«, kam die prompte Antwort.

»Und wann?«, wollte Liesl wissen.

»Heute noch«, gab die Mutter zurück. »Ihr könnt gleich euer Bündel packen.«

Vorsichtig erkundigte ich mich noch, was wir beim Onkel zu tun hätten.

»Alles, was anfällt«, erklärte die Mutter. »Den Haushalt machen, euch um das Vieh kümmern, bei der Feldarbeit helfen und selbstverständlich die kranke Tante pflegen.«

Mein Gott, dachte ich, wie soll das gehen? Wir verstanden doch nichts von der Führung eines Haushalts. Außer Geschirrspülen, Abtrocknen, Abstauben und Holz ins Haus tragen hatten wir doch noch nichts gelernt! Von der Landwirtschaft verstanden wir erst recht nichts, außerdem waren wir kleinen Mädchen für einen Großteil der Arbeiten bestimmt viel zu schwach. Und eine alte kranke Tante pflegen? – Damit waren wir gewiss überfordert. Doch für weitere Gedanken blieb keine Zeit, wir mussten ja unser Bündel schnüren.

Eilig suchten wir unsere Sachen zusammen, die Unterwäsche, Kleidung und auch Schulsachen. Dann brachte uns die Mutter zum Haus des Großonkels, das nur etwa 800 Meter von dem unseren entfernt stand. Sie sprach kurz mit der bettlägerigen Tante und ermahnte uns, brav und folgsam zu sein, bevor sie uns unserem Schicksal überließ.

Wir beide standen da, schauten uns betreten an und wussten nicht, wo wir anfangen sollten. Vor Hilflosigkeit hätten wir am liebsten geweint. Aber wir rissen uns zusammen in Anbetracht der traurigen Lage, in der sich der Onkel befand.

Zum Glück begriff er sehr schnell, dass wir zwar eifrig, aber völlig unerfahren waren. Behutsam und mit unendlicher Geduld wies er uns nach und nach in unsere Aufgaben ein. Zuerst aber ließ er uns zuschauen, wie er das Nachtmahl zubereitete. Denn er und seine Frau hatten noch nicht zu Abend gegessen.

Vom Onkel lernten wir kochen, melken, ausmisten und einstreuen, aber auch, wann und womit die verschiedenen Tierarten zu füttern waren. In die Feldarbeit wurden wir nach und nach eingewiesen. So waren wir von heute auf morgen Bauernkinder geworden, obwohl uns das Schicksal von unserer Geburt her nicht dafür vorgesehen hatte. Innerhalb weniger Tage mussten wir uns all das aneignen, wozu andere Bauernkinder Jahre benötigten.

Ja, nachdem Onkel Christof uns einige Tage angelernt hatte, beherrschten wir bald alle Arbeiten, die in Haus, Stall und Feld anfielen. Daher waren wir nach einigen Wochen schon perfekte Bauernmägde, obwohl ich erst kurz zuvor elf geworden und meine Schwester noch keine zehn Jahre alt war.

Zunächst hatten wir Schulferien, daher kamen wir zeitlich ganz gut zurecht. Doch auch als im Herbst die Schule wieder anfing, gab es keine nennenswerten Probleme. Die eine hatte nämlich vormittags Unterricht, die andere am Nachmittag, und das wechselte wöchentlich. Während also die eine von uns in der Schule saß, erledigte die andere die anfallenden Arbeiten.

Nur melken mussten wir vor dem Unterricht gemeinsam, denn eine der Kühe war recht kitzelig. Wenn die schon nur den Melkeimer klappern hörte, wurde sie nervös. Sobald man ihr gar ans Euter fasste, war es mit ihrer Ruhe ganz vorbei. Dann schlug sie mit den Hinterbeinen so kräftig aus, dass man um sein Leben fürchten musste. Deshalb verriet uns der Großonkel bereits vor dem ersten Melken einen Trick: Man musste dieser Kuh immer einen Balken schräg vor die Hinterbeine stellen, damit sie nicht ausschlagen konnte. Das bedeutete, wir konnten die Kuh immer nur zu zweit melken. Die eine musste mit ihrer ganzen Kraft den Balken halten, während die andere die Milch aus dem Euter drückte. Diese Kuh nahmen wir immer als Erste dran, damit ihr nicht so viel Zeit blieb, nervös zu werden. Wenn aus irgendeinem Grund mal eines von uns beiden Mädchen nicht da war, musste der alte Onkel die Rolle des Balkenhalters übernehmen. Ohne diesen Balken wäre es unmöglich gewesen, auch nur einen Tropfen Milch aus der Kuh herauszukriegen. Dennoch war es jedes Mal ein Desaster.

Nachdem wir uns einige Wochen mit dieser Kuh abgeplagt hatten, wagte ich es, den Onkel zu fragen, weshalb er diese Kuh nicht einfach an den Metzger verkaufte und sich eine andere zulegte.

»Wo denkst du hin, Kind? Diese Kuh ist erst vier Jahre alt. Sie ist eine gute Milchkuh, so eine findet sich so leicht nicht wieder. Außerdem würde ich vom Metzger nicht halb so viel kriegen, wie ich für eine neue Kuh hinlegen müsste«, erwiderte er.

Also quälten wir uns weiterhin mit ihr ab.

Eine gute Milchkuh gab damals acht bis zehn Liter am Tag. Für heutige Verhältnisse ist das wenig, doch das Melken ging trotzdem ganz schön in unsere jungen, ungeübten Hände und Arme. Anschließend musste man die Milch in eine Zentrifuge schütten und an der Kurbel drehen, um den Rahm von der Milch zu trennen. Der Rahm wurde im

Keller kühl gestellt, und täglich kam neuer dazu. Hatte man genug beisammen, so etwa alle zwei bis drei Wochen, wurde ausgebuttert.

Auch wurde alle drei Wochen Brot gebacken. Am Vorabend des Backens setzte man den Sauerteig an. Das Mehl musste man schon einen Tag vorher in die warme Küche bringen, damit es für den Teig die richtige Temperatur hatte. Den musste natürlich ich kneten, denn meine Schwester war noch zu schwach dazu. Der Teig war so lange zu kneten, bis er Blasen warf – eine Arbeit, die ebenfalls ganz schön in die Arme ging. Ich hatte etwa zwanzig Brote zu formen und in die aus Stroh geflochtenen Brotkörbe zu geben. Diese Körbchen schlichteten wir auf eine Trage, die eigens für den Brottransport vorgesehen war. Über Nacht musste das Brot gehen.

Am nächsten Morgen musste eine von uns schon in aller Herrgottsfrühe zum Dorfbackhaus gehen und Feuer anmachen. Das Backhaus befand sich etwa 300 Meter von unserem Hof entfernt, in der Dorfmitte neben der Schule. Der Ofen wurde so lange eingeheizt, bis die Steine weiß waren. Anschließend schleppten Liesl und ich die Trage gemeinsam zum Backhaus. Nachdem wir die Asche sorgfältig ausgeräumt hatten, konnten wir die Brote einschießen.

Die Backtage waren vor langer Zeit von allen Bauern gemeinsam festgelegt worden, daher durfte jeder immer nur bestimmte Tage zum Backen nutzen. Das Brot eines Backtages reichte für drei Wochen. Man lagerte es auf einem Gestell in einem kühlen, vor Mäusen geschützten Raum. Am ersten Tag war das frische Brot natürlich luftig und locker und schmeckte wunderbar. Deshalb aß man davon ein bisschen mehr, als man zum Sattwerden gebraucht hätte. Bei richtiger Lagerung war es auch nach drei Wochen noch nicht schimmelig, aber es wurde von Tag zu Tag härter. Wir Kinder konnten es immer noch beißen, aber der Fehrvater, wie unser Onkel im Dorf allgemein genannt wurde, obwohl er gar kein Vater war, konnte das nicht. Er hatte nämlich fast keine Zähne mehr im Mund. Deshalb tunkte er sein Brot immer in den Malzkaffee ein, oder in die Milch. Für die Tante kochten wir jeden Morgen einen Brei.

Wenn unser Mehl zur Neige ging, mussten wir einen Zentner Roggen auf unseren Handwagen laden – dabei half der Onkel immer – und es zur Haidmühle bringen. Nach einigen Tagen konnten wir das fertige Mehl und die Kleie abholen.

Doch nicht wegen des alten Müller-Paares wirkte die Mühle auf uns so anziehend, nein, wegen des Müllerburschen Walter, den ein Geheimnis zu umgeben schien. Aber auch das war nicht der Grund, warum wir den relativ weiten Weg zur Mühle so bereitwillig zurücklegten, sondern die Art, wie Walter mit uns umging. Er neckte uns immer ein bisschen, und wir neckten ihn ebenfalls. Mit seinen achtzehn Jahren war er für uns eigentlich schon ein älterer Herr, wir hingegen zählten bei unserem ersten Besuch auf der Mühle gerade mal zehn und elf Lenze. Doch einen kleinen Flirt wussten wir trotzdem schon zu genießen.

Mit der Zeit erfuhren wir Walters traurige Geschichte, die uns sehr beeindruckte. Großes

Mitgefühl für ihn keimte in uns auf, mehr aber nicht. Er war im Memelland, das mittlerweile wieder Ostpreußen angegliedert war, zur Welt gekommen. Als die Russen Anfang 1945 in dieses Gebiet vorrückten, blieb der Familie nur die Flucht.

Mit zwei vollgeladenen Pferdewagen brach sie in der Nacht bei tiefen Minusgraden auf und kämpfte sich durch Schnee und Eis vorwärts. Nach kurzer Zeit stießen sie auf einen großen Treck, der in Richtung Westen unterwegs war. Diesem schlossen sie sich an. Nach Stunden anstrengenden Marsches war der Achtzehnjährige, ein magerer, für sein Alter viel zu kleiner Bub, total erschöpft. Auf dem elterlichen Wagen fand sich leider kein Platz für sein müdes Haupt. Daher boten ihm fremde Leute einen Schlafplatz auf ihrem Wagen an.

Als Walter nach Stunden aufwachte, war seine Familie verschwunden. Notgedrungen zog er mit der fremden Familie weiter. Anfang März erreichte er sicher den Westen und fand schon bald über den Suchdienst des Deutschen Roten Kreuzes seine um zwei Jahre ältere Schwester wieder. Wenig später erreichte die Geschwister eine bittere Nachricht: Die Eltern hatten die Flucht nicht überlebt.

Mit einem Flüchtlingszug gelangten Bruder und Schwester nach Altenstadt, wo sie im März 1945 auf der Haidmühle ankamen. Das kinderlose Ehepaar Lindner nahm die beiden Waisen bereitwillig auf.

Zwei Jahre verbrachte die Schwester auf diesem Anwesen, dann fand sie eine Stelle in einem Haushalt in der näheren Umgebung. In dieser Zeit lernte sie einen braven Mann kennen, der sie heiratete.

Walter dagegen blieb auf dem Hof und zeigte sich als geschickter und fleißiger Müllerbursche. Das imponierte dem Müller, der dem jungen Kerl schon bald das Angebot machte, für immer auf der Haidmühle zu bleiben.

Dieses nahm der eltern- und heimatlose Bursche gern an, obwohl drei Bedingungen damit verknüpft waren: Er musste den Namen des Müllers annehmen, den eigenen protestantischen Glauben aufgeben und katholisch werden und eine Nichte von Josef Lindner ehelichen.

Die beiden ersten Bedingungen akzeptierte er, ohne mit der Wimper zu zucken. Ehe er sich aber auf die dritte einließ, verlangte er, sich die Töchter von Josefs Bruder zuerst einmal anschauen zu dürfen. Das Müller-Ehepaar begab sich also mit seinem Burschen auf Brautschau. Beide Mädel, die damals achtzehn und fünfzehn Jahre alt waren, fand er offenbar nicht übel, entschied sich jedoch spontan für die Jüngere. Allerdings wartete er noch sieben Jahre, bis er seine Braut zum Altar führte.

Das junge Müllerpaar verstand sich gut und bewirtschaftete die Mühle fortan gemeinsam. Drei Kinder sind dieser Verbindung entsprungen, und sieben Enkel. Mein Kontakt zu dem ehemaligen Müllerburschen ist bis heute erhalten geblieben. Mittlerweile ist Walter ein ehrwürdiger Herr von neunundachtzig Jahren.

Bei meinen gelegentlichen Besuchen auf der Haidmühle werden stets Erinnerungen wach. Dann unterhalten wir uns gern über die Zeit, als wir noch jung waren und miteinander flachsten.

Das Flachsen versteht der Gute auch heute noch. Erst kürzlich sagte er zu mir: »Ich hätte ja gern eine von euch beiden geheiratet, aber ihr habt ja nur Blödsinn mit mir angestellt. Und ehrlich gesagt, wart ihr auch noch arg jung, da hätte ich mit der Heirat zu lange warten müssen. Außerdem wart ihr ja nach drei Jahren von der Bildfläche verschwunden, da kamen keine kleinen blondbezopften Mädchen mehr mit ihrem Roggen zur Mühle.«

»Ja«, bestätigte ich. »Nach drei Jahren war meine Karriere als Bauernmagd beendet. Da warteten andere Aufgaben auf mich.«

Seufzend fügte Walter hinzu: »Wie das Leben eben so spielt ... Von euch beiden hätte ich sowieso keine heiraten können, ich musste ja die dritte Bedingung meines Herrn und Meisters erfüllen, damit ich Müller auf der Haidmühle werden konnte. Diesen Schritt habe ich aber nie bereut. Mit meiner Frau war ich glücklich und habe mit ihr eine prachtvolle Familie gegründet, auf die ich richtig stolz bin.«

Heute lebt Walter, der ehemalige Müller, allein auf der Mühle, die schon lange nicht mehr in Betrieb ist. Aber jeden Tag kommt eine seiner Töchter vorbei und schaut nach dem Rechten. Am Sonntag fährt sie ihn im Rollstuhl zur Kirche, was ihm sehr wichtig zu sein scheint. Nicht nur, weil er ein gläubiger Mensch ist, sondern auch, weil er da vertraute Menschen trifft. Denn Walter ist längst einer von uns geworden.

Aber zurück zum »Fehrhof«. Als uns klar war, dass wir auch das Weihnachtsfest mit Onkel und Tante würden verbringen müssen, wollten wir dort auch ein bisschen feiern, wie wir das von zu Hause gewöhnt waren. Wie man an einen Christbaum kommt, hatten wir bereits vom Vater gelernt.

Also machten wir uns bei Einbruch der Dämmerung, mit Beil und Säge bewaffnet, auf in das Wäldchen des Onkels. Im Sommer hatte er uns bereits gezeigt, wo es lag und wie die Grenzen verliefen. Jetzt im Winter sah der Wald allerdings ein bisschen anders aus. Der Boden war mit etwa zehn Zentimetern Schnee bedeckt, und alle Bäume sahen aus, als wären sie mit Puderzucker bestäubt worden. Trotzdem waren Größe und Form der Bäume gut zu erkennen.

Kritisch schauten wir jeden kleineren Baum an, fanden jedoch nicht den idealen. Also überschritten wir die Grenze und suchten im Wald des Nachbarn weiter. Auch dort fanden wir nichts Gescheites, nichts, das unserem erlesenen Geschmack entsprochen hätte. Kurz entschlossen marschierten wir in einen dritten Wald, wo wir endlich fündig wurden. Höchste Zeit, denn inzwischen war es bereits so dunkel geworden, dass man kaum noch unterscheiden konnte, ob ein Baum schön oder nicht schön war.

Ein Bäumchen, etwa achtzig Zentimeter hoch, schön und regelmäßig gewachsen, stach uns ins Auge. Mit der Säge ging es *ritsch, ratsch*, ziemlich dicht über den Boden, und bald hatten wir das, was wir uns vorgestellt hatten. Mit dem Beil hieben wir auf den Stumpf im Boden ein, bis er dem Erdboden gleich war. Niemand sollte erkennen, dass hier mal ein Baum gestanden hatte. Es konnte ja leicht sein, dass uns jemand beobachtete, wie wir einen Baum heimtrugen. Hätte danach der Waldbesitzer den Stumpf entdeckt, wäre der Verdacht unweigerlich auf uns gefallen. Zur Sicherheit scharrten wir noch etwas Schnee über die bewusste Stelle und stapften noch um etliche andere Bäume herum, um unsere Spuren zu verwischen. Dann trugen wir die kleine Fichte wie eine Siegestrophäe zum »Fehrhof«. Zu unserem Glück setzte bald ein leichter Schneefall ein, der würde ein Übriges tun, um unsere Spuren restlos zu beseitigen.

Zu Hause hatte der Onkel schon den Kasten mit Christbaumschmuck in die Stube gestellt. Wie zwei Englein machten wir uns an die Arbeit, hängten die bunten Glaskugeln auf, klemmten Kerzenhalter an die Zweige, steckten Kerzen hinein und hängten Lamettafäden auf. Prächtig sah er aus, wir waren mächtig stolz auf unser Werk.

Damit Tante Josefa auch etwas von dem Weihnachtsfest hatte, legten wir ein Leintuch über das Sofa, holten ihre Kissen aus dem Bett und dann sie selbst. Zu dritt zogen und schoben und stützten wir sie, bis wir sie auf dem Sofa hatten. Dann las der Onkel aus der alten Bibel die Weihnachtsgeschichte vor, der wir andächtig lauschten. Mit hellen Stimmen sangen wir Jüngeren »Ihr Kinderlein kommet« und »Stille Nacht«.

Da traten der Tante Tränen in die Augen und sie versicherte, ein schöneres Weihnachtsfest habe sie noch nie erlebt. »Stimmt's, Christof?«

Der wischte sich verstohlen über die Augen und nickte.

Als »Festessen« gab es Schweinsbraten mit Semmelknödeln und Sauerkraut, das wir im Herbst selbst eingemacht hatten. Von dem Fleisch konnte Josefa leider nichts essen, aber einen Knödel aß sie mit Appetit, und auch ein bisschen Sauerkraut. Nachdem wir sie zu dritt wieder in ihr Bett geschafft hatten, begaben wir Kinder uns ins Elternhaus, um zu sehen, ob uns das Christkind etwas gebracht hatte. Für jede von uns gab es ein Paar wollene Strümpfe, welche Mutter extra für uns gestrickt hatte.

Die Pflege der Großtante erwies sich als wesentlich einfacher als befürchtet. Sie war eine liebe und anspruchslose Patientin. Für jeden Handgriff bedankte sie sich und betonte immer wieder: »Ja, wenn ich euch nicht hätte!« Einmal fügte sie sogar hinzu: »Leider hat mir das Schicksal eigene Kinder versagt. Wenn ich solche Kinder wie euch gehabt hätte, wäre mein Leben glücklicher verlaufen.«

Mit der Zeit wurde Tante Josefa immer schwächer. Als ich ihr Anfang Februar das Frühstück brachte, fand ich sie leblos in ihrem Bett vor. Aufgeregt lief ich zum Onkel hinunter.

Der kam mit mir hoch und stellte fest: »Sie hat ausgelitten.« So unauffällig, wie sie gelebt hatte, war sie über Nacht entschlafen.

Liesl und ich vergossen einige Tränen. Doch mit unserer Trauer konnten wir uns nicht lange aufhalten. Wir mussten den Onkel trösten und unsere Mutter benachrichtigen. Diese kümmerte sich um die Bestattung, weil der Onkel dazu nicht mehr in der Lage war.

Es wurde eine traurige Beerdigung. Bei Eiseskälte, eine dichte Schneedecke überzog alles, folgten nur wenige Menschen dem Sarg. Diesen hatte man auf den eigenen Leiterwagen geladen, den die eigenen Kühe zum Friedhof zogen. Nach der Beisetzung ging das Leben auf dem »Fehrhof« weiter, ohne Tante Josefa, was für uns doch eine Arbeitserleichterung bedeutete.

Der Fehrvater besaß zwei Schweine, die zweimal am Tag gefüttert werden mussten. Die Tiere wussten genau, wann das Futter kam. Immer um dieselbe Zeit wurden sie unruhig, liefen hin und her und grunzten ungeduldig. Mittlerweile war ich auch aus dem Stadium heraus, dass ich ihnen ihr Futter weggegessen hätte. Jedes Jahr im Herbst wurde eines der Schweine verkauft, damit Geld in die Haushaltskasse wanderte. Das andere Schwein wurde von einem Metzger, der ins Haus kam, geschlachtet. Diesen Tag, an dem es uns wirklich gut ging, obwohl besonders viel Arbeit anfiel, nannten wir Schlachtfest. Frische Innereien gab es, direkt aus dem Kessel! Ach, war das gut! Und anschließend genossen wir die gute Wurstsuppe, in die wir Brot brockten, damit sie gehaltvoller war.

Der Metzger machte Blut- und Leberwürste, Speck- und Streichwürste. Einige der Würstchen wurden frisch verzehrt, andere in den Rauchfang gehängt, der sich in der Küche über dem großen Herd befand – damit sie länger hielten. Der größte Teil des Fleisches wurde in einem großen Fass eingesalzen, der Rest in Gläser eingeweckt. Nach einigen Wochen räucherten wir einen Teil des eingesalzenen

Fleisches zusätzlich, um es haltbarer zu machen. So hatten wir, da wir nur an Sonn- und Feiertagen davon aßen, Fleischvorräte für das ganze Jahr.

Im Frühjahr wurden neue Ferkel gekauft. Diese musste man in den ersten Wochen alle drei Stunden mit Milch füttern – aber nicht mit der Flasche, nein, die Kleinen nuckelten aus dem Trog, bis sie groß genug waren, normales Futter zu fressen.

Der Sommer war für uns kleine Bauernmägde besonders hart. Da mussten wir manchmal sogar die Schule schwänzen, beispielsweise, wenn die Heuernte anstand. Sobald das Heu trocken war, musste es eingefahren werden. Hätte man einen Tag gewartet, hätte leicht ein Gewitterregen das Heu verderben können.

Bei der Heu- und Getreideernte halfen meine Eltern regelmäßig mit. Vater schnitt das Korn mit der Sense, Mutter band es zu Garben und stellte diese mit Vaters Hilfe zu Kornhäuschen auf. Wir Mädchen hatten die Aufgabe, die schräg stehenden Halme, die nicht von der Sense erfasst worden waren, mit der Sichel abzuschneiden, was man »Kornhauen« nannte. Es war egal, ob es sich dabei um Roggen, Weizen oder Hafer handelte.

Auch bei der Kartoffel- und Rübenernte packten unsere Eltern mit an. Sie hackten die Kartoffeln aus, welche wir Kinder in Körben sammelten. Da man dauernd in gebückter Haltung arbeitete, kannte man am Abend seinen Rücken kaum wieder.

Die Rübenernte erwies sich als besonders anstrengend, aber auf andere Art; hilfreiche Maschinen gab es ja noch nicht. Mit beiden Händen zogen wir die

Rüben aus der Erde, um sie mit einem scharfen Messer zu köpfen, die Blätter auf einen Haufen zu werfen und die Runkeln auf den Wagen zu laden. In einem tiefen, kalten Keller wurden sie eingelagert, wo sie sich den ganze Winter über hielten. Die Blätter dagegen verfütterten wir sofort an die Rindviecher.

Neben unserer Arbeit in Haushalt und Stall waren wir also voll auf Feld und Wiesen eingesetzt: Im Frühjahr kam die Aussaat, im Sommer die Heuernte und das Getreidehauen, im Herbst klaubten wir die Kartoffeln und brachten die Rüben ein. Dieser Rhythmus wiederholte sich Jahr für Jahr.

Pferde besaß der Onkel nicht. Wir mussten die Kühe einspannen, um aufs Feld zu fahren. Das konnte sehr beschwerlich werden, denn die Kühe hatten ihren eigenen Kopf. Mal zogen sie auf die rechte Seite, mal auf die linke, wenn wir aber geradeaus wollten. Es bedurfte einer großen Kraftanstrengung, sie zu zügeln.

Durch unser Dorf führte nur eine einzige, mit kleinen Granitsteinen gepflasterte Straße. Da die Wagenräder noch mit Stahl beschlagen waren, schepperten die Erntewagen ganz schön laut.

Das Jahr 1948 brachte große Veränderungen für unsere ganze Familie. Im Juli sollte meine Schulzeit zu Ende sein. Dann würde ich für die Arbeiten bei Onkel Christof mehr Zeit haben. Darauf freute ich mich regelrecht, zumal ich inzwischen kräftiger zupacken konnte und mit sämtlichen Arbeitsgängen bestens vertraut war. Doch bereits einige Wochen vor meiner Schulentlassung erschien mein Vater überraschend auf dem »Fehrhof«. Er zog sich mit dem Onkel in die Stube zu einer längeren Unterredung zurück. Als die Männer wieder zum Vorschein kamen, wirkten beide sehr zufrieden. Mein Vater teilte mir mit, dass mit dem Tage der Schulentlassung auch mein Dienst im »Fehrhaus« beendet sei.

»Wieso das?«, fragte ich enttäuscht. »Allein schafft die Liesl das nicht, zumal der Onkel immer weniger mithelfen kann.«

»Mach dir deswegen keine Sorgen. Die Mutter wird in Zukunft deine Aufgaben übernehmen.«

»Wie soll das gehen? Dann müsste sie ja jeden Morgen in der Frühe hier antreten und bis spät am Abend bleiben. Was wäre dann mit ihrer Arbeit daheim?«

»Auch das ist geklärt. Wir werden ins ›Fehrhaus‹ einziehen.«

»Wer – *wir*?«, wollte ich wissen.

»Nun, die ganze Familie, außer der Lina. Sie wird heiraten und im Haus am Buchsteig wohnen.«

»Die Lina will heiraten? Wann? Wen denn? Was macht der?« Vor lauter Neugier und Aufregung überschlugen sich meine Fragen. Da ich in den letzten drei Jahren kaum zu Hause gewesen war, hatte ich so manches nicht mitbekommen. Der Vater gab mir ausführlich Antwort: »Lina wird Ende August heiraten, und zwar ihren Freund Ludwig, der ein Baggergeschäft betreibt.«

Das waren ja erfreuliche Neuigkeiten, endlich mal eine Hochzeit in der Familie! Darauf freute ich mich narrisch. Gewiss würden Liesl und ich dann Brautjungfern werden. Es würde ein großes Fest mit vielen Verwandten und einem wahnsinnig guten Essen geben.

Ehe ich mir aber diese Hochzeit weiter ausmalen konnte, teilte mir der Vater eine zusätzliche Veränderung mit, die ins Haus stand: »Hier im ›Fehrhaus‹ werde ich eine Poststelle eröffnen, deren Postmeister ich werde.«

Auch das war eine gute Neuigkeit. Postbeamter zu sein bedeutete, eine sichere Stelle zu haben, und außerdem eine angesehene.

»Und was soll aus mir werden?«, erkundigte ich mich schließlich in aller Bescheidenheit.

»Du musst Geld verdienen.«

»Wo und wie?«, lautete meine nächste Frage.

»Erna, das wirst du noch früh genug erfahren.«

Als der Vater gegangen war, weilten meine Gedanken noch lange bei meiner Schwester Lina. Es erschien mir mit einem Mal mehr als verdächtig, dass sie so plötzlich heiraten wollte, noch dazu, wo sie gerade erst achtzehn Lenze zählte. Zwar war ich nie aufgeklärt worden – das bisschen, was ich über die Beziehung zwischen Mann und Frau und über das Entstehen neuen Lebens wusste, hatte ich in der letzten Klasse von tuschelnden Mitschülerinnen aufgeschnappt –, aber so viel war mir klar: Man musste heiraten, wenn man ein Kind erwartete. Es stand also nicht nur eine Hochzeit ins Haus, ich würde auch bald Tante werden. Darauf freute ich mich ebenfalls unbändig. Mit vierzehn Jahren Tante sein, das war doch was!

Die letzten Wochen vor meiner Schulentlassung arbeitete ich weiterhin als Magd beim Onkel, während im Haus kleine Umbauarbeiten für den neuen

Poststellenbetrieb vorgenommen wurden. Um das Melken brauchte ich mich fortan nicht mehr zu kümmern, das tat mein Bruder Felix, der inzwischen einen Melkkurs besucht hatte.

Was die Hochzeit von Lina betraf, so war das eine herbe Enttäuschung für mich. Nichts wurde aus der großen Feier, nichts aus den Brautjungfern. Man vollzog eine kleine bescheidene Hochzeit, nur mit den Brautleuten und deren beiden Trauzeugen. Noch nicht einmal davon bekam ich etwas mit. Mir wurde nur davon berichtet.

Dass diese Hochzeit in aller Bescheidenheit stattfand, ohne Feier und ohne jeglichen Pomp, war für mich allerdings ein weiteres Indiz dafür, dass meine Schwester in anderen Umständen sein musste. Nun ja, mir blieb wenigstens die Freude, bald die Tante einer Nichte oder eines Neffen zu sein.

Jedes Mal, wenn ich meiner Schwester begegnete, was nur selten vorkam, betrachtete ich unauffällig, wenngleich mit größter Aufmerksamkeit, ihren Bauch. Eigenartig, da war selbst nach Monaten noch keine Rundung zu erkennen. Nach dem, was ich von meinen Mitschülerinnen mitbekommen hatte, brauchte ein Kind zu seiner Entstehung um die neun Monate, aber bei sehr plötzlich geschlossenen Ehen kämen die Kinder meist schon nach sieben zur Welt.

Doch sieben Monate nach Linas Hochzeit tat sich noch immer nichts. Selbst nach einem ganzen Jahr war meine große Schwester noch immer gertenschlank. Alles Schwindel, dachte ich, was habe ich da nur für einen Schmarrn aufgeschnappt!

Schön ist die Jugendzeit

Mein Vater legte großen Wert darauf, dass ich Geld verdiente. Deshalb hatte er rechtzeitig dafür gesorgt, dass ich sofort nach meiner Schulentlassung eine Arbeitsstelle antreten konnte. Da es auch zur damaligen Zeit nicht ganz einfach war, in Lohn und Brot zu kommen, erwies es sich als äußerst vorteilhaft, dass mein Vater gute Beziehungen aus seiner Zeit als Bürgermeister spielen lassen konnte.

Wenn man in der Oberpfalz lebte, war es naheliegend, dass man irgendetwas mit Glas zu tun hatte. Meinem Vater war es gelungen, für mich einen Arbeitsplatz in einer namhaften Glasfabrik zu finden, in der zwischen 250 und 300 Leute beschäftigt waren. Es war bereits eine besprochene Sache, als mein Vater mich dem Chef vorstellte. Dieser hatte zwar noch ein paar Fragen an mich, aber nur pro forma, dann wurde ich eingestellt.

Ein großer Vorteil, dass ich in diesem Werk arbeiten durfte, bestand darin, dass es nur ein paar hundert Meter vom »Fehrhaus« entfernt lag. So konnte ich es in wenigen Minuten zu Fuß erreichen, was mir Zeit und Kosten ersparte, und mir ermöglichte, weiterhin zu Hause zu wohnen.

Als Glaswäscherin fing ich an – nicht gerade mein Traumberuf, aber es war mir wichtig, dass ich etwas verdiente, wenn der Stundenlohn auch sehr gering ausfiel. Wenn ich mich recht entsinne, bekam ich 1,17 DM pro Stunde, also einen Lohn, der mit heutigen Verhältnissen nicht zu vergleichen ist. Zwar wäre ich am liebsten Schneiderin geworden, aber danach wurde ich gar nicht gefragt. Hätte ich eine Schneiderlehre gemacht, wäre mein Verdienst wesentlich geringer ausgefallen: Im ersten Lehrjahr hätte es dann nur 10 DM im Monat gegeben, im zweiten 15 und im dritten 30.

Wenn mein Lohn wie bei allen Arbeitnehmern zur damaligen Zeit auch bescheiden ausfiel, so verfügte ich nun doch immerhin über eigenes Geld. Gut, ganz gehörte das Geld mir nicht, der Vater hatte mir nämlich zur Auflage gemacht: »Weil du in die Arbeit gehen *darfst*, musst du deiner Schwester Liesl das Gleiche kaufen wie dir.«

Das sah ich ein, denn Liesl war noch ein Schulmädel und musste, weil ich nun tagsüber in der Fabrik sein konnte, weiterhin im »Fehrhaus« arbeiten, allerdings von der Mutter unterstützt. Dennoch befand ich mich in einer Zwickmühle. Von all den schönen Sachen, die nach der Währungsreform in den Schaufenstern lagen, konnte ich mir nicht alles kaufen, was das Herz begehrte. Denn erstens war durch die Regelung meines Vaters mein Geld halbiert, und zweitens sah ich nicht ein, dass ich meine Schwester einkleiden sollte wie eine Prinzessin. Lieber wollte ich von meinem sauer verdienten Lohn etwas für später sparen, also schränkte ich meine Kaufwünsche ein.

Allerdings brauchte ich dringend einen Wintermantel. Gemeinsam zogen Liesl und ich los und kauften zwei gleich aussehende Mäntel. Wenn ich ein Kleid, einen Rock oder eine Bluse brauchte, kauften wir auch immer zwei Stücke derselben Machart. Glücklicherweise hatte sie den gleichen Geschmack wie ich, denn ich achtete streng darauf, dass ihre Kleidung nicht teurer ausfiel als die meine. Weil wir also immer gleich gekleidet waren, hielten die Leute uns oft für Zwillinge. Obwohl Liesl die Jüngere von uns beiden war, war sie zu der Zeit doch die Kräftigere von uns. Heute ist es mit den Körperproportionen umgekehrt.

Ab und zu kaufte ich mir auch Bettwäsche, also musste ich für meine Schwester ebenfalls welche anschaffen. Der Vater legte großen Wert darauf, dass wir uns frühzeitig etwas für die Aussteuer zulegten.

Aber zurück zu meiner Arbeit in der Glasfabrik. Es dauerte nicht lange, da stieg ich von der Glaswäscherin zur Glaspackerin auf. Im Packraum bestand meine Aufgabe darin, jedes Glasteil in Papier zu wickeln und in Kartons zu legen. Mit einiger Übung arbeitete ich wie der Teufel: In einer Stunde wickelte ich hundert Stück von der jeweiligen Sorte ein. Weil man mit meiner Arbeit sehr zufrieden war, erklomm ich schon bald die nächste Sprosse der »Karriereleiter«: Man versetzte mich in die Auftragsabteilung, wo mein Stundenlohn auf 1,37 DM stieg. Dort musste ich die großen Aufträge herrichten, die meist nach Amerika gingen. Manchmal fehlten für einen solchen Auftrag aber einige Stücke. Deshalb musste ich mich immer wieder mal in die Produktion bemühen und dort Druck machen, damit man mir das Benötigte baldmöglichst lieferte. Diese Tätigkeit war schöner und weniger stressig als zuvor, weil ich ja wegen der fehlenden Teile immer wieder eine Zwangspause einlegen musste.

Der Vereinbarung, für meine Schwester mit einzukaufen, musste ich zum Glück nur ein Jahr nachkommen, dann trat sie ebenfalls in die Glasfabrik ein. Nun konnte jede wirklich über ihr eigenes Geld verfügen, allerdings mussten wir zu Hause Kostgeld zahlen.

Allmählich kamen wir in das Alter, wo man sich für die Burschen zu interessieren begann. In diesem Punkt gingen unsere Geschmäcker weit auseinander, aber das war auch gut so, um sich nicht »ins Gehege« zu kommen. Zu der Zeit drifteten auch unsere Ansichten in Sachen Kleidung auseinander, was ebenfalls mit den Burschen zusammenhing, für die wir uns interessierten.

Als es nach dem Krieg wirtschaftlich aufwärts ging, kam auch die Jugend endlich zu ihrem Recht. Hier und da fanden Tanzveranstaltungen statt. Damals war es unmöglich, dass man als Mädchen eine solche allein besuchte. Deshalb »rotteten« wir uns immer zu vier oder fünf Kolleginnen zusammen, zu denen auch bald meine Schwester Liesl gehörte. Im April 1952 fiel uns auf dem Heimweg von der Firma ein Plakat für *Tanz in den Mai* ins Auge. Dieser Tanz sollte in Altenstadt in der Bahnhofswirtschaft stattfinden.

»Da gehen wir hin!«, riefen wir Schwestern gleichzeitig aus.

An besagtem Abend warfen wir uns in Schale. Jede von uns zog ihr schönstes Dirndl an, das die

Mutter vor einiger Zeit bei einer Schneiderin für uns hatte nähen lassen.

Kaum hatten wir im Tanzsaal Platz genommen, erblickte ich einen gut aussehenden Jüngling, der auf mich zusteuerte. Das war mir gerade recht. Er deutete eine Verbeugung an, verbunden mit der Frage: »Darf ich bitten?«

Oh, er hat Manieren, dachte ich. Huldvoll nickte ich und hauchte: »Du darfst.« Zwar hatte ich nie tanzen gelernt, und er offensichtlich auch nicht, denn er schob mich im Takt der Musik nur hin und her. Doch bei dem Gewühle und Gewoge fiel das nicht weiter auf. In diesem Gedränge von »vergnügungssüchtigen« jungen Leuten, von denen anscheinend niemand exakte Tanzschritte beherrschte, wären wohl alle Versuche untergegangen, sich nach gelernten Schritten zu bewegen.

Mein Tänzer drückte mich fest an sich, damit er mich in der Menschenmenge nicht verlor. Das war mir nicht unangenehm. Im Gegenteil, in seinen starken Armen fühlte ich mich richtig geborgen, und ich verstieg mich zu dem Gedanken, es müsste herrlich sein, wenn er mich für den Rest meines Lebens in den Armen halten würde.

Viel zu schnell war der Tanz zu Ende. Der Fremde brachte mich auf meinen Platz zurück, verbeugte sich leicht und murmelte ein kurzes »Danke sehr«.

Da wir so intensiv mit dem Tanzen beschäftigt gewesen waren und da die Musik recht laut gespielt hatte, waren wir gar nicht dazu gekommen, miteinander zu reden. Doch als die Blaskapelle erneut einsetzte, stand er wieder vor mir, und zwar so schnell, dass kein anderer eine Chance gehabt hätte, dazwischenzufunken. Diesmal wurde etwas Langsames gespielt, und das auch nicht so laut. Daher konnten wir uns ganz gut unterhalten. Der Unbekannte stellte sich mir als Josef Amann vor, und wir wussten uns einiges zu erzählen.

Damit er für die folgenden Tänze schnell genug bei mir sein konnte, bat er darum, sich an unseren Tisch setzen zu dürfen. Er durfte. Den ganzen Abend schaute er keine andere mehr an, und ich schwebte in seinen Armen auf Wolke sieben. Am Ende des Abends gestand er mir, dass er sich heftig in mich verliebt habe. Da hielt auch ich mit meinen Gefühlen nicht mehr hinter dem Berg, und wir vereinbarten gleich ein Treffen für die nächsten Tage.

An besagtem Tanzabend war ich dermaßen mit mir selbst und meiner Eroberung beschäftigt gewesen, dass ich gar nicht mitbekam, was meine Schwester in dieser Zeit tat. Bei ihr hatte der Blitz ebenfalls eingeschlagen. Bei dem Tanz in den Mai hatte sie den feschen Bauernsohn Oswald kennengelernt, der nebenher noch Jäger war. Deshalb stand sie fortan kleidungsmäßig völlig auf Trachten.

Damit war es für uns beide endgültig aus mit dem Zwillingslook. Mein Verehrer – von Beruf Schneider, wie sich beim zweiten Tanz herausgestellt hatte – liebte es nämlich, mich in moderner Kleidung zu sehen, was auch meinem Geschmack entsprach.

Da wir Schwestern mittlerweile in dieser Hinsicht so weit auseinanderdrifteten, blieb nicht mehr viel an Gemeinsamkeit. Ja, es zeigten sich bald noch mehr Unterschiede. Während der Verehrer von Liesl einen guten finanziellen Hintergrund hatte, war mein Freund arm wie eine Kirchenmaus.

Sein Vater litt an Multipler Sklerose. Als bei ihm im Alter von achtundzwanzig Jahren die ersten Beschwerden auftraten, so berichtete mir Josef, schickte der Hausarzt ihn in eine Klinik, wo der Arme jedoch sehr schlecht und grob behandelt wurde. Man unterstellte ihm, seine Beschwerden seien darauf zurückzuführen, dass er zu viel Alkohol trinke, dabei rührte er das Zeug noch nicht mal an. Weil Alkoholsucht alsbald als Ursache ausschied und man trotz eingehender Untersuchung nichts fand, erklärte man Josefs Vater für verrückt. Deshalb floh er bei Nacht und Nebel aus der Klinik und fuhr mit dem Zug nach Hause. Als wenig später der Zweite Weltkrieg ausbrach, zog man ihn tatsächlich ein, obwohl er immer wieder über Beschwerden klagte. Weil er ob seiner körperlichen Beeinträchtigungen nicht so konnte, wie die wollten, litt er unter besonders hartem Drill. Seine Vorgesetzten dachten, er markiere nur, damit er nicht an die Front müsse. Da also lange Zeit nichts gegen seine Krankheit unternommen wurde – abgesehen davon, dass man damals noch über keine wirkungsvollen Medikamente verfügte – verschlechterte sich sein Zustand zusehends. Irgendwann erkannte einer der Stabsärzte dann doch, dass der Mann ernstlich krank war, und schickte ihn lange vor Kriegsende nach Hause.

Wenn ich schon meinen »Traumberuf« Schneiderin nicht hatte ergreifen dürfen, sah ich doch eine Art ausgleichende Gerechtigkeit darin, dass mein

Zukünftiger ein Schneider war. Denn darüber, dass er mein Ehemann werden würde, bestanden bei mir schon am Abend unseres Kennenlernens keine Zweifel.

In der Folgezeit trafen wir uns oft: Mal gingen wir ins Kino, mal gingen wir zum Tanz, meist aber machten wir lange Spaziergänge, die wir beide sehr liebten. Meinen Eltern stellte ich ihn erst vor, nachdem sie dahintergekommen waren, dass ich einen festen Freund hatte. Vom ersten Tag an waren sie von ihm begeistert.

Machen wir's den Schwalben nach

Wie bereits erwähnt, war ich in sexueller Hinsicht nie aufgeklärt worden. Aber wie das so geht, wenn man jung und verliebt ist, blieben im April 1954 meine Tage aus. Mir war sofort klar, was das zu bedeuten hatte.

Bevor ich Josef davon berichtete, wollte ich erst mit meiner Mutter darüber sprechen. Dennoch zögerte ich es einige Tage heraus, bis ich mich ihr anvertraute. Das Donnerwetter, das ich erwartet hatte, blieb jedoch aus.

Zu meiner Überraschung redete sie mir gut zu: »Sei doch froh. Das sehe ich eher als gute Nachricht an. Schau, Lina wünscht sich so sehr ein Kind, aber es klappt nicht. Wenn ihr euch liebt und wenn ihr euch versteht, solltet ihr so bald wie möglich heiraten. Denn wie ich deinen Josef kenne, wird er dich nicht sitzen lassen. Er ist ein fleißiger Mann, und verantwortungsbewusst dazu. Bei dem wirst du es nicht schlecht haben.«

Jetzt hieß es also, alles schnell organisieren, damit das Kind nicht unehelich zur Welt kam, denn das galt damals noch als Makel. Damit wir einen eigenen Hausstand gründen konnten, brauchten wir dringend eine Wohnung. Aber wo sollte man die auftreiben?

In der Operette *Die Csardasfürstin*, die ich mal im Kino gesehen hatte, sang das Pärchen fröhlich:

»Machen wir's den Schwalben nach, bau'n wir uns ein Nest.« In der Wirklichkeit ging das nicht so einfach, denn auch neun Jahre nach Ende des Zweiten Weltkrieges war Wohnraum in Deutschland noch immer sehr knapp. Das Wenige, das nach der Zerstörung durch die Bombenangriffe an Wohnungen angeboten wurde, war für uns unerschwinglich. Nicht nur, dass die Mieten schwindelerregend hoch waren, man hätte auch noch einen verlorenen Baukostenzuschuss von 5.000 bis 10.000 DM hinblättern müssen. Dieses Geld hatten wir einfach nicht.

Daher griff mein Vater ein. Eingedenk dessen, dass mein Großvater für jedes seiner heiratswilligen Kinder im eigenen Haus Wohnraum geschaffen hatte, indem er unter finanziellen Opfern stets um- oder angebaut oder aufgestockt hatte, bot uns mein Vater in seinem Haus ein Zimmer an. Nun brauchten wir dieses nur mit den notwendigsten Möbeln, mit Geschirr, Töpfen und Besteck einzurichten. Damit war unser ganzes Erspartes aufgebraucht. Für Bettwäsche hatte ich dank der weisen Voraussicht meines Vaters schon gesorgt.

Für ein weißes Brautkleid – auf das ich größten Wert legte – blieb nichts mehr übrig. Ein Jahr zuvor hatte mein Bruder Sepp geheiratet. Seine Frau Gisela hatte ein schönes Brautkleid getragen. Dieses lieh ich mir aus, und es passte, als sei es eigens für mich angefertigt worden. Brautschuhe konnte ich mir gerade noch leisten: einfache weiße Leinenschuhe für 6,50 DM. Der Bräutigam nähte sich seinen Hochzeitsanzug selbstverständlich selbst. Richtig schick sah er darin aus.

Damit wir die Hochzeit gebührend feiern konnten – zwar nur mit den engsten Verwandten, aber das waren auch nicht wenige –, räumte mein Vater eigens sein Wohnzimmer aus. Der Schrank sowie der Esstisch und die Stühle verblieben im Raum, aber die Polstermöbel, die Anrichte und ein paar Kleinmöbel wurden ins Schlafzimmer verfrachtet. Damit es für alle Gäste einen Platz gab, wurden zusätzlich Tische und Stühle ins Wohnzimmer gestellt, die wir uns aus der Nachbarschaft geliehen hatten.

Am 7. August 1954 morgens um zehn gaben wir uns auf dem Standesamt zu Altenstadt das weltliche Ja-Wort. Anschließend fand in der Pfarrkirche die feierliche Trauung statt, an der außer vielen Schaulustigen auch unsere achtundvierzig Hochzeitsgäste teilnahmen. Zum Glück passten alle gerade so in das ausgeräumte Wohnzimmer des Vaters.

Tante Anna, die Schwester meines Vaters, die in ihrer Jugend bei besseren Herrschaften gedient hatte, brachte genügend Erfahrung mit, um uns ein erstklassiges Hochzeitsmahl zuzubereiten. Wie sie das in der kleinen Küche meiner Eltern geschafft hat, ist mir bis heute ein Rätsel, und ihr gilt meine ganze Bewunderung dafür.

Unsere Hochzeitsfeier war wunderschön und erstreckte sich bis weit in die Nacht. Tante Anna ließ es sich nicht nehmen, uns zu Ehren ein selbst verfasstes humorvolles Gedicht vorzutragen. Bis in die frühen Morgenstunden gab es Gesang und Tanz im Hausgang.

Am Sonntagmorgen konnten dann alle ausschlafen, am Montag aber musste ich – wie üblich – in der

Früh mit den anderen ins Feld zum Kornhauen. Eine Hochzeitsreise oder Flitterwochen gab es also nicht, was wir aber auch gar nicht vermissten. Für uns war es schon Glück genug, dass wir uns angehören durften.

Die einzige Tatsache, die unsere Freude am Hochzeitstag ein wenig trübte, bestand darin, dass mein armer Schwiegervater weder an der weltlichen noch an der kirchlichen Trauung oder unserer Hochzeitsfeier teilnehmen konnte. Er war ja schon seit Langem nicht mehr in der Lage zu gehen. Damals gab es noch keinen Rollstuhl, zumindest hatte er keinen.

Noch im selben Jahr, kurz vor Weihnachten, traf uns ein schwerer Schlag. Mein Schwiegervater wurde von seinem langen Leiden erlöst. Er starb im Alter von vierundfünfzig Jahren, nachdem er über zwölf Jahre ans Bett gefesselt gewesen war. Am Vormittag des Heiligen Abends fand die Beerdigung statt, und am Abend kam das Christkind.

Es war für uns und meine Schwiegermutter wirklich ein trauriges Weihnachten. Da ihr Mann bereits im Alter von achtundzwanzig Jahren an MS erkrankt war, hatte er als Sägewerkangestellter nur noch zeitweilig arbeiten können, bis auch das gar nicht mehr ging. Daher hatte er nur wenig in die Rentenkasse einzahlen können und bekam entsprechend wenig ausgezahlt.

Damit die Familie über die Runden kam, war seine Frau zu einigen Bauern arbeiten gegangen, vornehmlich zu Verwandten, die sie ob ihrer Tüchtigkeit sehr schätzten. Nach dem Tod ihres Mannes ging es bei Josefs Mutter noch knapper zu, die

Witwenrente betrug keine 30 DM im Monat. Um sich über Wasser halten zu können, reichte es nicht mehr aus, nur gelegentlich bei den Bauern zu arbeiten, eine feste Anstellung musste her. Meine Schwiegermutter hatte Glück. In einem nahe gelegenen Mönchs-Kloster suchte man eine Waschfrau. Sie bewarb sich und bekam die Stelle. Dort wusch sie viele Jahre lang die Wäsche der Patres und Brüder. Nun hatte sie wenigstens ein geregeltes, wenngleich sehr bescheidenes Einkommen.

Einige Jahre später lernte sie einen Witwer kennen und heiratete ihn. Damit waren ihre finanziellen Sorgen behoben.

Am 22. Januar 1955 bekam ich um die Mittagszeit leichte Bauchschmerzen. Weil sie bald wieder vergingen, dachte ich mir nichts dabei. Als sie aber nach einer Stunde umso heftiger wiederkamen, schöpfte ich Verdacht und begab mich in die Küche zu meiner Mutter.

»Jaja«, bestätigte sie, »das sind die Wehen. Wasch dich unten herum und leg dich ins Bett. Ich gehe jetzt zur Telefonzelle und bestelle die Hebamme.«

Weg war sie, und ich befolgte ihren Rat. Wenig später kam sie zurück, mit der Hebamme im Schlepptau. Diese erkundigte sich, in welchem Abstand die Wehen kämen und untersuchte mich eingehend. Mit der Lage des Kindes und mit meinen anatomischen Gegebenheiten war sie zufrieden.

Dann dauerte es noch einige Stunden, und unsere zierliche Tochter war da. Sie wog noch keine sechs Pfund und bekam den Namen »Erika«.

Nun wurde es in unserem einen Zimmer noch enger. Anfangs konnte keiner von uns durchschlafen, deshalb sehnten wir uns nicht nur nach einer größeren Wohnung, wir suchten auch eifrig danach.

Im Herbst desselben Jahres wurde uns eine bezahlbare Drei-Zimmer-Wohnung angeboten. Mit beiden Händen griffen wir zu. Wie glücklich waren wir über unser eigenes Reich! Außer über Küche und Bad verfügten wir nun über ein Elternschlafzimmer, ein eigenes Kinderzimmer und eine Wohnstube. Wir kamen uns vor wie im Paradies.

Im Jahr darauf legte mein Mann seine Meisterprüfung ab und wollte sich selbstständig machen. Dazu brauchte er aber mindestens einen Raum. Da wir es uns nicht leisten konnten, weitere Räumlichkeiten anzumieten, musste unser Wohnzimmer dran glauben. Obwohl ich das sehr bedauerte, sah ich doch ein, dass die Selbstständigkeit nicht nur für ihn, sondern für die ganze Familie wichtig war, schließlich musste Josef uns über seinen Beruf ernähren. Das Wohnzimmer wurde also zum Schneideratelier umfunktioniert.

Meine Schwester Liesl heiratete übrigens zwei Jahre nach mir ihren Oswald. Im Gegensatz zu uns hatten sie keine Wohnungsprobleme, da sein Vater den beiden ein Einfamilienhaus hinstellte.

Unsere Mietwohnung lag im dritten Stock. Den Kunden schien das nichts auszumachen, denn ob der Mund-zu-Mund-Propaganda konnte sich mein Mann bald vor Aufträgen kaum noch retten. Deshalb sah ich mich genötigt, helfend einzuspringen und einfachere Näharbeiten zu übernehmen.

Den Kunden machte es zwar nichts aus, bis in den dritten Stock zu steigen, mir aber schon. Der Kinderwagen, den wir gebraucht erstanden hatten, musste für jede Ausfahrt drei Treppen hinab- und wieder hinaufgetragen werden. Unten gab es keinerlei Möglichkeit, ihn abzustellen. Aber alles geht, wenn man nur recht motiviert ist. Nach acht Monaten hatte sich das Problem von selbst gelöst, weil das Kind diesem Wagen entwachsen war. Das Sportwägelchen, ebenfalls gebraucht gekauft, war wesentlich handlicher als die »Staatskarosse«. Aber auch dieses brauchten wir nach weiteren zwei Jahren nicht mehr, weil unsere Tochter tapfer auf eigenen Beinchen lief. Insgesamt wohnten wir fünf Jahre in diesem Haus.

Inzwischen hatte mein Vater sein Haus aufgestockt, damit bot es Platz genug für uns. Begeistert sagten wir zu, als er uns die Wohnung anbot. Dort zu wohnen ersparte uns eine Menge Geld, denn bei ihm brauchten wir keine Miete zu zahlen. Daher blieb uns vom eigenen Einkommen mehr zum Leben und zum Sparen, denn irgendwann wollten wir es auch mal zu eigenen vier Wänden bringen. Den Umzug in mein Vaterhaus brachten wir ganz gut über die Bühne, obwohl ich mich wieder in anderen Umständen befand.

Wir wohnten noch nicht lange im Haus meines Vaters, da setzten bei mir die Wehen ein. Schon wenige Stunden nach der ersten Wehe tat unsere Tochter Andrea ihren ersten Schrei. Das war am 7. August 1960, einem Sonntag – genau an unserem sechsten Hochzeitstag. Ein Glückstag für uns, wie sich bald herausstellen sollte. Denn aus Anlass der Geburt dieses Kindes schenkte uns mein Vater ein kleines Grundstück. Das umfasste zwar nur 250 Quadratmeter, sie grenzten aber unmittelbar an mein Elternhaus, wodurch es für uns direkt ab Grenze bebaubar war.

Diese Schenkung war für uns also der Auslöser zum Bauen. Von meinen Geschwistern und von einigen meiner Onkel bekam ich die spontane Zusage, uns dabei zu helfen. Dass wir neben meinem Elternhaus bauen konnten, bot auch den Vorteil, dass die Oma immer »griffbereit« sein würde, wenn ich mal einen Babysitter brauchte.

Lina, meine älteste Schwester, bot uns an, die Baugrube auszuheben. Ihr Ehemann Ludwig besaß ja ein Baggergeschäft. Gleich zu Beginn der jungen Ehe hatte er ihr alles beigebracht, was man in diesem Geschäft können musste: baggern, Lastwagen fahren, den Aushub aufladen und wieder abkippen. So war sie schon immer in aller Herrgottsfrühe bei den Kunden, während ihr Ehemann noch Stunde um Stunde an der Matratze horchte.

Anfang September machte sie bereits bei uns den Aushub. Das war gut so, denn zwei Monate später hätten ihr die entsprechenden Baufahrzeuge nicht mehr zur Verfügung gestanden. Hierauf werde ich aber noch zurückkommen.

Mein Bruder Sepp, als gelernter Schreiner, würde erst zum Zuge kommen, wenn es galt, Fenster und Türen zu fertigen und einzusetzen. Mein Vater und seine Brüder erledigten die Maurerarbeiten und hatten den Rohbau bis Anfang November hochgezogen.

Ein Onkel, gelernter Zimmerer, setzte anschließend das Dachgebälk.

Zum Richtfest gab es einen Kasten Bier und jede Menge belegte Semmeln. Der Zimmermann setzte die kleine, mit bunten Bändern verzierte Fichte auf den First und sagte sein Sprüchlein auf. Gefeiert wurde im Haus meiner Eltern, im Freien wäre es wegen der Temperaturen zu ungemütlich gewesen. Wir hatten Glück: Über Nacht blieb es trocken, schon am folgenden Tag rückte der Dachdecker mit seinen Mannen an und legte die Dachziegel. Danach ließen wir den Rohbau – nach guter alter Tradition – über den Winter stehen, damit er gründlich austrockne. Weil meine Familienmitglieder so selbstlos mitgeholfen hatten, hielten sich die Baukosten für uns in Grenzen. Im Mai und Juni des neuen Jahres erfolgte der Innenausbau. Bevor der jedoch beendet war, trug sich eine komische Geschichte zu.

Am ersten Juniwochenende bekamen wir Besuch aus Österreich. Wie in jedem Jahr besuchte uns ein Cousin meines Mannes mit Frau und beiden Kindern. Im Gegenzug statteten wir dieser Familie ebenfalls alljährlich einen Besuch in Österreich ab. Wir beiden Ehepaare verstanden uns bestens, und für die Kinder bot diese Familienfreundschaft ebenfalls tolle Abwechslung. So waren wir alle jedes Mal begeistert, egal ob der Besuch hüben oder drüben erfolgte.

Kurz nachdem unsere Gäste im Juni 1961 angekommen waren, führten wir sie voller Stolz durch unseren Neubau. Überall lagen Bretter und Schalungen herum, das störte jedoch niemanden. Natürlich durfte man nur über die Bretter gehen, damit man nicht plötzlich in der Versenkung verschwand. Mein Mann erklärte unseren Besuchern die Zimmereinteilung und so manches, das geplant war, was wir vorher nicht gehabt hatten: Ein richtiges Badezimmer mit WC, eine Gäste-Toilette, ein Abstellraum, ja sogar ein separates Esszimmer waren vorgesehen. Unsere Verwandten bewunderten alles gebührend.

Da ich selbst beim Bau tatkräftig mitgeholfen hatte, wusste ich genau, wo jedes Brett zu liegen hatte. Daher fiel mir beim Zurückgehen auf, dass ein breites Schalbrett von seiner Stelle verschwunden war. Auf diese Tatsache wies ich meinen Mann hin.

»Ach, was«, lachte er mich aus. »Das bildest du dir bloß ein.«

Beim Weitergehen entdeckte ich dieses Brett dann, schräg an eine Wand gelehnt. »Hier, schau«, machte ich Josef aufmerksam. »Hier ist das Brett, vorher hat es dort gelegen.« Dabei deutete ich auf die bewusste Stelle.

»Ach, Unsinn, du täuschst dich bestimmt. Wie sollte das Brett denn von dort an diese Wand kommen?«

Er ging auf das Brett zu, doch noch ehe er es anfasste, wurde er leichenblass. Das Brett fiel nämlich unerwartet – wie von Geisterhand bewegt – direkt vor ihn hin. Er konnte von Glück sagen, dass es nicht auf ihn fiel, so groß und schwer, wie es war.

Eine Gestalt, die sich offensichtlich dahinter versteckt gehalten hatte, sprang hervor und versuchte zu entkommen. Aber ohne mich! Mit einem Satz verstellte ich den Weg, während alle anderen wie erstarrt dastanden.

Vom Sehen kannte ich den jungen Mann. Er mochte etwa zwanzig sein. »Was hast du hinter unserem Schalbrett zu suchen?«, nahm ich ihn ins Verhör.

»I-ich ... i-ich ...«, begann er zu stottern.

Es dauerte eine Weile, bis er uns erklärt hatte, wie er in diese Situation geraten war. Mit Freunden hatte er ganz in der Nähe ein Richtfest gefeiert, sich zu lange an der Bierflasche festgehalten und schließlich einen Mordsrausch gehabt, berichtete er. Weil er sich bei seinem Heimweg kaum noch auf den Beinen halten konnte, hatte er befürchtet, nicht mehr heil nach Hause zu gelangen. Deshalb kam ihm unser Rohbau wohl wie gerufen.

Da die Türen noch fehlten, hatte er überall freien Zutritt, und da der Vollmond so freundlich war, sein Licht durch die Fensteröffnungen ins Innere des Neubaus zu werfen, fand er sich ganz gut zurecht. Als der junge Kerl im Bad die Wanne entdeckte, schien ihm diese der geeignete Ort, seinen Rausch auszuschlafen. Doch als er uns plötzlich durch das Haus poltern hörte, geriet er in Panik. So schnell, wie es ihm sein Zustand erlaubt hatte, war der Schlaftrunkene aus der Wanne gekrabbelt, um zu flüchten. Er merkte aber, dass er das nicht mehr schaffen würde, und lehnte in seiner Bedrängnis das Schalbrett an die Wand, um sich für uns unsichtbar zu machen.

Nun lachten wir alle herzhaft, und er ging seiner Wege.

»Wenn dir nicht das verschwundene Schalbrett aufgefallen wäre«, gab mein Mann lachend zu, »hätten wir nie erfahren, dass wir in der Wanne einen nächtlichen Gast beherbergt haben.«

Nachdem wir den Rohbau weitgehend in Eigenleistung hochgezogen hatten, holte mein Mann Kostenvoranschläge für den Einbau von Zentralheizung und Rollläden ein. Beides wollten wir installieren lassen, aber von Fachleuten.

Nachdem wir die Kalkulationen der Meisterbetriebe in Händen hielten, traf uns fast der Schlag. Die Heizungsinstallation wäre, nur fürs Parterre und den ersten Stock – zu mehr hatten wir uns eh nicht verstiegen – auf 10.000 DM gekommen, und die Rollläden sollten gar noch zwei Tausender mehr kosten.

Ziemlich deprimiert von diesen Zahlen, überließ mein Mann mir die Wahl: »Du kannst dir aussuchen, was du lieber haben möchtest, beides geht nicht.«

Nach kurzem Überlegen erklärte ich: »Ich wähle die Rollläden, damit uns am Abend niemand in die Fenster schauen kann. Eine Zentralheizung ist mir nicht so wichtig. Bisher sind wir auch ohne ausgekommen. Das Holz- und Kohleschleppen hat uns nicht umgebracht. Außerdem gibt es jetzt die modernen Ölöfen mit automatischem Öl-Zulauf. Im Vergleich zu vorher ist das eine super bequeme Sache.«

Als wir die Heizung im Jahre 1987 nachträglich einbauen ließen, allerdings für alle drei Etagen, kostete uns der Spaß fast das Vierfache.

Im September 1961 zogen wir in unser Haus ein. Hatte ich mich in unserer ersten Mietwohnung mit den drei Zimmern schon wie im Paradies gefühlt, so fühlte ich mich jetzt wie im Himmel. Ich war rundum glücklich. Nun waren wir eine perfekte Familie, mit zwei Kindern und Eigenheim.

Meine Mutter hatte sich bereit erklärt, stundenweise auf unsere Kinder aufzupassen, deshalb ging ich immer wieder mal in meine alte Firma, die Glasfabrik, zum Arbeiten. Das zusätzliche Geld konnten wir ganz gut brauchen.

Im Souterrain hatten wir eine kleine Zwei-Zimmer-Wohnung mit Küche und Duschbad eingerichtet. In diese zog meine Schwiegermutter, damit sie nach dem Tod ihres Mannes nicht allein leben musste.

Unsere Schneiderei war im Erdgeschoss untergebracht. Neben dieser befand sich ein großer freier Raum. Daraus ließe sich doch etwas machen, sinnierte ich. Sobald mir die richtige Idee gekommen war, besprach ich sie mit meinem Mann. Er hatte nichts dagegen.

Waren die Mütter früher froh und dankbar gewesen, wenn sie abgelegte Baby- und Kindersachen von Verwandten erbten, so war mir aufgefallen, dass den Müttern zu Beginn der Sechzigerjahre für ihre Kleinen das Beste gerade gut genug war. Es wurden nicht nur die Kleinkinder herausgeputzt, sondern auch schon die kleinsten Babys. Offenbar war den jungen Müttern für ihre kleinen Lieblinge nichts zu teuer. Warum sollte ich nicht von diesem Boom profitieren?

Also richtete ich einen Laden für Kinder- und Babykleidung ein. Außerdem gab es bei mir auch Damen- und Herrenunterwäsche sowie Knöpfe, Nähseiden und Durchziehgummis. Denn, so dachte ich, wenn die Mütter schon mal bei mir im Laden waren, um ihre Kinder auszustatten und auch das restliche Angebot ins Auge fassten, würden sie gewiss auch davon etwas mitnehmen. Meine Rechnung ging auf. Das Geschäft lief erfreulich gut.

Weil bei meiner neuen Tätigkeit, ebenso wie in der Schneiderei, auch Büroarbeit anfiel, mein Mann und ich davon aber keine Ahnung hatten, belegten wir einen Buchführungskurs. Nach kurzer Zeit waren wir topfit auf diesem Gebiet. Wir waren stolz und zufrieden über das, was wir uns in so kurzer Zeit geschaffen hatten. Da meldete sich das dritte Kind an.

Laut der Berechnung des Arztes würde der Geburtstermin Ende Januar 1963 sein.

Für den 21. Januar – erst kurz vorher hatten wir uns ein Fernsehgerät angeschafft – war ein Krimi von Edgar Wallace angekündigt, auf den ich mich schon die ganze Woche freute. An besagtem Abend steckte ich die Kinder rechtzeitig ins Bett und machte es mir mit meinem Mann vor dem Fernseher gemütlich. Für Josef hatte ich ein Bier hingestellt und für mich einen Orangensaft, wegen der Vitamine für das Ungeborene. Dazu gab es ein bisschen Knabbereien.

Der Film hatte kaum angefangen, als ich dieses verdächtige Ziehen im Bauch spürte. Oh nein, dachte ich und versuchte, es zu ignorieren. Als die zweite Wehe schon ziemlich bald kam, flüsterte ich meinem Kind zu: »Lass dir Zeit, ich will den Film gern zu Ende sehen.«

Aber es gehorchte mir nicht. Die dritte Wehe rollte nach erschreckend kurzer Zeit heran, und zwar so heftig, dass ich mir sicher war, das bis zum Ende des Films gewiss nicht durchzuhalten. Also musste ich meinen Mann informieren, die Hebamme zu holen.

»Was? Jetzt, wo es gerade so spannend ist? Kannst du nicht warten, bis der Krimi zu Ende ist?«, rief er.

»Ich schon«, stöhnte ich, »aber das Kind nicht. Glaub mir, ich würde den Film auch lieber bis zum Schluss schauen.«

Knurrend begab er sich zur nächsten Telefonzelle, während ich weiter in die Röhre starrte. Bis die Hebamme hier ist, kannst du noch ein bisschen schauen, dachte ich. Die Wehen folgten aber so dicht auf dicht, dass ich keinen Genuss mehr bei dem Krimi empfand. Daher zog ich es vor, mich zu waschen und mich in mein Bett zu begeben. Das tat ich keine Sekunde zu früh. Denn kaum lag ich, setzten die Presswehen ein. Zum Glück betrat im selben Moment die Hebamme meine Kammer. Sie stürzte auf mich zu, und dann ging alles rasend schnell.

Mein Mann war unten zu seiner Mutter gegangen, um sich ungestört noch den Rest des Films anzuschauen. Das war auch gut so, denn ein Mann würde bei einer Entbindung doch nur stören. Einen Assistenten brauchte die Hebamme nicht, das benötigte warme Wasser konnte sie sich aus dem angrenzenden Bad selbst holen.

Als alles vorbei war, die Entbindung und der Edgar Wallace, und das Kind schon gebadet und gewickelt in der Wiege schlummerte, begab sich die Hebamme nach unten, um meinem Mann die freudige Nachricht zu überbringen.

»Du hast einen Sohn«, verkündete sie voller Stolz.

»Veräppeln kann ich mich selber«, war seine Reaktion auf diese Mitteilung. Ungläubig folgte er ihr nach oben.

Als Erstes trat er an mein Bett und gab mir einen herzhaften Kuss zur Belohnung, weil ich alles so schnell und problemlos hingekriegt hatte.

Dann führte ihn die Hebamme an das Babybett: »Da, schau dir deinen Sohn an! Sieht er nicht süß aus?«

»Du brauchst mir keinen Bären aufzubinden«, kommentierte er. »Das sieht doch ein Blinder, dass das wieder ein Mädchen ist. Für einen Buben ist das Kind viel zu schön.«

»Aber, geh, Josef«, beteuerte ich, »es ist wirklich ein Bub.«

»Wieso magst du das nicht glauben?«, schaltete sich die Hebamme wieder ein. »Was hätten wir davon, wenn wir dir was vormachten?«

»Auspacken!«, befahl mein Mann.

»Tut mir leid, mein Kleiner, dass ich dich im Schlaf stören muss«, entschuldigte sich die weise Frau bei dem kleinen Bündel, als sie es aus der Wiege nahm. »Aber dein Papa glaubt uns ja nicht.« Lachend wickelte sie das Neugeborene wieder aus, während der frischgebackene Vater jeden Handgriff aufmerksam verfolgte.

Als der neue Erdenbürger halb nackt auf dem Wickeltisch lag, trat mein Mann ganz dicht vor ihn hin, um alles genau in Augenschein zu nehmen. In diesem Augenblick hob das Kerlchen sein Zipfelchen und zielte genau auf seinen Vater. Nur durch einen kühnen Sprung zur Seite konnte Josef verhindern, dass seine Kleidung den Segen abbekam. »Herr Sohn, so übertreiben musst du auch wieder nicht«, rügte er ihn.

Unser Sohn sollte Herbert heißen.

»Wieso das?«, wollten später die Verwandten wissen. »Der Name kommt doch gar nicht in eurer Familie vor.«

»Man muss nicht immer wieder dieselben Namen nehmen«, verteidigte ich meine Entscheidung. »Das führt doch nur zu Verwechslungen. Ich finde, es muss mal was Neues her. Außerdem gefällt mir der Name. Eine Bekannte von mir hat einen kleinen Herbert, und das ist ein ganz lieber Kerl.«

Da ich wegen meines Geschäftes öfter mal nach Nürnberg musste, um im Großhandel einzukaufen, und weil das mit der Bahn sehr umständlich und zeitaufwendig war, sah ich mich gezwungen, den Führerschein zu machen. Das war im Jahre 1965, ich war gerade einunddreißig Jahre alt und voll Energie.

Als ich den begehrten Schein in der Tasche hatte, musste natürlich ein Auto her. Aber welches? Und wo sollten wir es kaufen? Noch bevor wir ein Auto unser Eigen nannten, gefiel meinem Mann der Gedanke nicht, dass er sich künftig von mir chauffieren lassen sollte. Also machte auch er den Führerschein, genau vier Wochen nach mir. Gemeinsam begaben wir uns auf Autosuche. Ein neues, das erkannten wir sehr schnell, wäre für uns unerschwinglich gewesen.

Nun hatte Josef einen Bekannten, der sich mit gebrauchten Autos bestens auskannte. Mit diesem fuhren wir mal kurz über die holländische Grenze, um an ein preiswertes Auto zu kommen. Bei unserer Wahl war zu berücksichtigen, dass der Wagen noch gut in Schuss sein musste, denn wir wollten nicht dauernd Reparaturen haben. Und er sollte genügend Platz für unsere fünfköpfige Familie bieten.

Nachdem wir uns so einige Wagen angeschaut hatten, einigten wir uns auf einen alten Mercedes. Mit diesem waren wir viele Jahre zufrieden. Für unsere Familie war das Auto auch dann noch groß genug, als am 26. Juli 1966 ein weiterer Sohn unsere Familie komplettierte. Stefans Geburt verlief zur Abwechslung völlig unspektakulär.

In der Folgezeit war ich so eingespannt in Haushalt und Geschäft, dass ich kaum mitbekam, wie die Kinder groß wurden.

Veränderungen

Die Zeit verging, die Kinder wuchsen heran, und der wirtschaftliche Fortschritt im Lande, insbesondere zu Beginn der Siebzigerjahre, war nicht mehr aufzuhalten. Viele profitierten von dem Aufschwung, wir leider nicht. Im Gegenteil, uns ruinierte er die Existenz. Immer mehr Kaufhäuser wuchsen aus dem Boden, in denen sich jeder, ob Mann oder Frau, ob dick oder schlank, ob groß oder klein, die passende Kleidung kaufen konnte. Sogar Zwischengrößen gab es. Also hatte es bald niemand mehr nötig, einen Schneider aufzusuchen. Außerdem wurden die Kleidungsstücke in den Kaufhäusern zu einem so günstigen Preis angeboten, mit dem kein Schneider konkurrieren konnte.

Bis zu der Zeit war unsere Werkstatt so gut gelaufen, dass wir drei Lehrmädchen und einen Gesellen beschäftigen konnten. Als die Leute aber nur noch Konfektion kauften, konnten wir zumachen. Bei allem hatten wir noch Glück. In Weiden, einer Stadt, die zu jener Zeit 40.000 Einwohner zählte und nur sechs Kilometer von uns entfernt lag, eröffnete ein Großhandel für Bekleidung. Mutig bewarb sich mein Mann und bekam auf Anhieb eine Position als Abteilungsleiter und Einkäufer. Für ihn war es eine interessante Aufgabe, und für den Betrieb war er der richtige Mann. Als Schneidermeister konnte er notwendige Änderungen an Kleidungsstücken vornehmen.

Nachdem unser Schneideratelier geschlossen war, fühlte ich mich mit meinem Geschäft überfordert. Bisher war, wenn ich mal zum Einkaufen ging oder wenn ich zum Arzt oder zu einer Behörde musste, Josef oder eine seiner Angestellten kurzfristig in meinem Laden eingesprungen. Das fiel nun weg. Ständig musste ich anwesend sein, das wurde mir einfach zu viel. Deshalb entschloss ich mich, das Geschäft aufzugeben, was ich mit einem lachenden und einem weinenden Auge tat.

Wieder hatte ich Glück. Ein großes Kaufhaus in Weiden suchte Mitarbeiter. Kurz entschlossen schickte ich meine Bewerbung hin, hatte bald darauf ein Gespräch mit dem Personalchef und wurde sofort eingestellt. Mit viel Freude arbeitete ich dort halbtags als Telefonistin, bis ich 1994 in Rente ging.

In den Jahren, in denen ich zum Personalstab gehörte, durfte ich auf Kosten der Firma, die im Schwarzwald ein Erholungsheim für ihre Mitarbeiter besaß, mehrmals zur Erholung fahren. Alle vier Jahre konnte man einen entsprechenden Antrag stellen. Damit war aber noch nicht gesagt, dass man auch berücksichtigt wurde. Jährlich wurde unter allen Antragstellern ausgelost, wer an die Reihe kam, dreimal war ich unter den Glücklichen. So ein Erholungsaufenthalt dauerte zwei Wochen und kostete mich keinen Pfennig. Allerdings musste ich dazu zwei Wochen meiner Urlaubstage »opfern«. Das machte ich aber gern, denn in diesem Kurheim war es wunderbar.

Einmal verbrachte ich im Mai dort zwei Wochen. In diese Zeit fiel gerade der Muttertag. Obwohl der immer auf einen Sonntag fällt, kam der Briefträger und brachte mir ein winziges Päckchen – per Einschreiben. Einschreibesendungen mussten damals noch täglich zugestellt werden. An diesem Tag war ich die Einzige, die Post erhielt, deshalb staunten alle anderen. Neugierig umringten sie mich, als ich mein Päckchen auspackte. Was kam zum Vorschein? – Ein feines goldenes Kettchen mit einem lieben Begleitbrief:

Liebe Mutti,
alle guten Wünsche zum Muttertag. Dieses Kettchen soll Dir Freude machen und Dich an Deine dankbaren Kinder erinnern. Liebe Grüße aus Altenstadt,
Erika, Andrea, Herbert und Stefan.

Darüber freute ich mich riesig und war gerührt, weil meine »Kleinen« ihr Gespartes zusammengelegt hatten, um mich auf diese Weise zu überraschen. Das war ihnen wirklich geglückt.

Nachdem mein Mann seine Schneiderwerkstatt mangels Kundschaft hatte schließen müssen und ich meinen Laden für Kinderbekleidung freiwillig aufgegeben hatte, standen die schönen praktischen Räume im Parterre unseres Hauses leer. Das fand ich sehr schade, weil sie nichts einbrachten. Doch ich hatte eine Idee, und als ich Josef von meinem

Plan berichtete, ließ er mir freie Hand. Also hing am nächsten Morgen ein Schild in meinem Schaufenster: *Laden zu vermieten!*

Innerhalb kurzer Zeit meldeten sich einige Interessenten, darunter eine Friseurmeisterin. Sie wollte sich selbstständig machen und suchte geeignete Räumlichkeiten. Wir wurden schnell handelseinig. Sie war froh, einen Laden in so günstiger Lage zu bekommen, und wir konnten die Mieteinnahmen gut brauchen. So beherbergten wir einige Jahre einen Friseursalon, bis die Inhaberin diesen aus gesundheitlichen Gründen aufgab. Was nun? Sollten wir uns nach neuen Pächtern umschauen?

Noch ehe ich dazu kam, überraschte unser Sohn Herbert uns zu Weihnachten mit einem Vorschlag. Er, der den Beruf des Schreiners gelernt und sich kurz nach Ablegen der Meisterprüfung selbstständig gemacht hatte, verfolgte höhere Ziele.

»Mutti«, eröffnete er mir, als wir nach der Bescherung einen Moment unter uns waren. »Mit der Schreinerei allein komme ich auf keinen grünen Zweig. Deshalb will ich zusätzlich ein Küchenstudio eröffnen.«

»Wie und wo stellst du dir das vor?«, war meine berechtigte Frage.

Seine Idee, die Räumlichkeiten, die ab April frei werden würden, ein wenig umzubauen, gefiel nicht nur mir, sondern auch meinem Mann, also gaben wir grünes Licht. Einzig die Verantwortlichen in Herberts Bank äußerten Bedenken, aber es gelang ihm, diese in kurzer Zeit zu überzeugen. Im Frühjahr begannen die Umbauten, und Anfang Juli konnte er bereits sein Geschäft eröffnen, in dem ihm eine Angestellte zur Hand gehen sollte. Mehr als drei Küchen hatten in dem Laden keinen Platz.

Das Geschäft lief so gut, dass Herberts Frau, die in einem Steuerbüro angestellt war, nach zwei Jahren ihre Arbeit aufgab und bei ihm einstieg. Aber nicht nur das, er dachte bereits an eine Erweiterung. Dazu musste natürlich ein anderes Gelände her, welches sich bald in dem nahen Gewerbegebiet fand. So kam es, dass er bereits 1990 ein neues Küchenstudio feierlich eröffnete.

Dass er 1987 den richtigen Schritt wagte, beweist die Tatsache, dass er inzwischen längst sein fünfundzwanzigjähriges Geschäftsjubiläum feiern konnte und heute über dreißig Angestellte beschäftigt.

Bei meiner Schwester Lina gab es auch große Veränderungen. Sie, die – für meine Begriffe zu überstürzt – 1948 im Alter von achtzehn Jahren geheiratet hatte, war mit ihrem Ludwig nicht besonders glücklich gewesen. Im Jahre 1960, kurz nachdem sie unsere Baugrube ausgehoben hatte, zog Lina die Konsequenzen. Sie reichte die Scheidung ein und wurde bald darauf sang- und klanglos geschieden. Das war insofern nicht tragisch, als dass keine Kinder da waren. Es sind bekanntlich die Kinder, die unter einer Scheidung am meisten leiden.

Im Jahr darauf begegnete meine große Schwester endlich ihrem Glück. In Friedrich fand sie einen zuverlässigen und fleißigen Ehemann. Aber irgendwie blieb sie doch der Baubranche treu: Friedrich handelte mit Baumaterial. Leider blieb auch diese Ehe kinderlos. Das tat mir für meine Schwester sehr leid, denn sie war eine ausgesprochen kinderliebe Person und wünschte sich nichts sehnlicher als einen Sohn oder eine Tochter. Ihr Mann hätte ebenfalls gern Kinder gehabt. Nachdem sich einige Jahre lang auf diesem Gebiet nichts getan hatte, sprach sie ihn auf eine Adoption an.

Nach kurzem Überlegen stimmte er zu, schließlich sprach nichts gegen einen solchen Schritt. »Es gibt so viele arme Kinder, die ein gutes Elternhaus suchen, und wir hätten eines zu bieten.«

»Und was soll es sein? Bei einer Adoption kann man sich das Geschlecht des Kindes aussuchen, bei leiblichen Kindern muss man nehmen, was man kriegt«, scherzte Lina.

»Ach, das ist mir gleich. Da wir weder einen Bauernhof noch einen Handwerksbetrieb zu vererben haben, sind wir nicht auf einen Stammhalter angewiesen.«

Über seine Zustimmung und diese Aussage freute sich meine Schwester. Doch den Besuch auf dem Jugendamt verschob sie von Woche zu Woche. Sie konnte sich einfach noch nicht dazu durchringen, den entsprechenden Antrag zu stellen. So gingen einige Monate ins Land.

Es war an einem Januarabend 1964, als sich Lina mit dem Auto auf dem Heimweg befand. Weil es stürmte und schneite, musste sie sehr langsam fahren. Kein Wunder, dass bei solch einem Wetter weit und breit kein Mensch unterwegs war. Doch als sie die Brücke erreichte, die über die Waldnaab führt, glaubte sie, im Lichtkegel der Scheinwerfer eine Gestalt zu erkennen. Unbeweglich stand diese da, leicht über das Geländer gebeugt, in den Fluss starrend, als gäbe es dort etwas Interessantes zu beobachten. Beim Näherkommen erkannte Lina, dass es sich um eine weibliche Person handelte, die noch relativ jung sein mochte. Was will die hier bei diesem Wetter?, schoss es meiner Schwester durch den Kopf. Einem Impuls folgend, hielt sie an, stieg aus und näherte sich langsam der Unbekannten.

Als diese sie gewahrte, wendete sie Lina das tränennasse Gesicht zu. Behutsam legte Lina den Arm um die Fremde und führte sie zu ihrem Wagen, was diese willenlos mit sich geschehen ließ. Erst als sie beide im Auto saßen, wagte meine Schwester die Frage: »Was macht ein junges Menschenkind wie du bei Nacht und Schneegestöber auf einer einsamen Brücke?«

Die Antwort war ein haltloses Schluchzen. Lina steuerte den Wagen von der Brücke herunter und blieb wenig später im Lichtschein einer Straßenlaterne stehen.

Da endlich sprudelte es stoßweise aus dem Mädchen heraus, dass es hatte in den Fluss springen wollen, ihm aber der Mut gefehlt habe.

»Aber, geh, wenn man so jung ist und so hübsch wie du, springt man doch nicht ins Wasser!«

»Doch! Ich weiß nicht mehr weiter«, schluchzte sie erneut. »Ich erwarte ein Kind und weiß nicht wohin damit.«

»Man sieht ja noch gar nichts«, stellte meine Schwester mit sachkundigem Seitenblick fest.

»Zum Glück«, antwortete die junge Person. »Ich bin ja auch erst im vierten Monat. Die ganze Zeit hatte ich gehofft, dass es von selbst abgeht, wenn ich nur recht schwer arbeite. Aber bis jetzt hat sich nichts getan. Deshalb sehe ich den Fluss als einzigen Ausweg.«

Lina schloss die Weinende impulsiv in die Arme, um ihr zu zeigen, dass sie nicht allein auf der Welt sei. Nach und nach erfuhr meine Schwester dann, dass das Mädchen seit seiner Schulentlassung als Magd auf einem größeren Bauernhof in einem Nachbardorf arbeitete.

Ihre Erzählung gipfelte in der verzweifelten Aussage: »Sobald meine Bauersleute erfahren, dass ich in anderen Umständen bin, werden sie mich rausschmeißen. Und was dann? Nach Hause brauche ich erst gar nicht zu gehen. Mein Vater erschlägt mich. Das hat er mir schon prophezeit, als ich in Dienst ging.«

Wortlos hatte sich Lina angehört, was die Verzweifelte von sich gab. Zwischendurch hatte sie ihr nur immer wieder liebevoll den Rücken getätschelt. »Sei nicht mutlos. Es gibt immer einen Ausweg.«

»Ich sehe keinen«, schluchzte die Unglückliche.

»Ich sehr wohl«, entgegnete Lina. »Schau, du bist unglücklich, weil du ein Kind erwartest, das du nicht willst. Und ich bin unglücklich, weil ich kein Kind bekomme, obwohl ich mir sehnlichst eines wünsche.«

Verwundert hob das Mädchen den Blick. Da sie nichts sagte, fuhr Lina fort: »Glaube mir, es ist kein Zufall, dass wir beide uns begegnet sind. Der liebe

Gott hat sich gewiss etwas dabei gedacht. Heute Abend noch werde ich mit meinem Mann reden. Er wird sich bestimmt freuen, wenn wir dein Kind zu uns nehmen.«

Nach diesen Worten trat ein kleiner Hoffnungsschimmer in die Augen der Bauernmagd, und die beiden stellten sich einander vor. Christl hieß die Magd.

»Ich bringe dich jetzt nach Hause, und morgen Abend rede ich mit deinen Bauersleuten. Die haben gewiss nichts dagegen, dass du noch bis zu deiner Niederkunft bei ihnen arbeitest, wenn ich ihnen versichere, dass ich mich um die Entbindung kümmern und das Kind danach zu mir nehmen werde.«

So geschah es dann auch. Lina kümmerte sich um alles, aber sie fragte nicht nach dem Kindsvater und nicht nach dem Wie und dem Warum. Ihr war es nur wichtig, diesem armen Menschenkind zu helfen und sich selbst einen sehnlichen Wunsch zu erfüllen – sah sie doch in der Fügung des Schicksals die Möglichkeit, bald an ein Kind zu kommen. Immerhin war sie schon vierunddreißig, da wurde es allmählich Zeit.

Da Friedrich sich spontan einverstanden erklärt hatte, Christls Kind zu adoptieren, besuchte Lina die werdende Mutter in regelmäßigen Abständen. Einerseits wollte sie ihr zeigen, dass sie nicht von aller Welt verlassen war, und sich andererseits davon überzeugen, dass die Schwangerschaft Fortschritte machte und dass es Mutter und Kind gut gehe.

Am 3. Juni 1964, Lina hatte sich gerade an den Frühstückstisch gesetzt, kam von der Bäuerin der

Anruf, dass die Wehen zwei Stunden zuvor eingesetzt hätten. Meine Schwester ließ alles stehen und liegen und schwang sich in ihr Auto. Wie sie mir später erzählte, war sie so aufgeregt, als ob sie selbst in Wehen läge.

Mithilfe der Bäuerin packte sie die werdende Mutter in den Wagen und chauffierte sie behutsam nach Neustadt zum Krankenhaus. Während die Gebärende im Kreißsaal verschwand, marschierte Lina aufgeregt vor diesem auf und ab, wie das sonst die werdenden Väter zu tun pflegen. Nach einiger Zeit erbarmte sich ihrer eine Schwester und empfahl ihr, doch noch für ein paar Stunden nach Hause zu fahren, so schnell täte sich hier noch nichts.

Lina fuhr dann wirklich heim. Aber außer einer Tasse Kaffee konnte sie nichts zu sich nehmen, vor lauter Aufregung war ihr Magen wie zugeschnürt. Vor allem machte sie sich jetzt Gedanken darüber, wie die junge Mutter wohl auf das Kind reagieren würde. Man hatte schon von Fällen gehört, dass bei schwangeren Mädchen, die ihr Kind erst voll und ganz abgelehnt hatten, mit der Geburt schlagartig so etwas wie Mutterliebe erwachte. Was, wenn das bei Christl der Fall sein sollte? Dann hatte sie sich fünf Monate umsonst gefreut, stand wieder ganz am Anfang und musste doch noch den Gang zum Jugendamt antreten. Gewiss, das hatte den Vorteil, dass sie sich ein Kind aussuchen konnte. Dieses würde ihr aber immer fremd bleiben, befürchtete sie. Das würde nicht so sein wie in diesem Fall, wo sie einen Großteil der Schwangerschaft miterlebt, mitgehofft und gebangt hatte.

Mit Christl hatte sie zwar bereits abgesprochen, dass diese das Kind nicht stillen sollte – zum einen, um bald wieder voll auf dem Hof einsatzfähig zu sein, zum anderen, um erst gar keine Bindung zu dem Kind aufzubauen. Aber wer konnte wissen, wie die Sache wirklich ausging? Niemand konnte vorhersagen, wie die junge Mutter reagierte, wenn die Hormone ins Spiel kamen.

Lustlos und unkonzentriert verrichtete Lina einige Hausarbeiten. Doch gegen vier Uhr am Nachmittag hielt sie es daheim nicht mehr aus. Die Grübelei machte sie wahnsinnig. Sie setzte sich abermals ins Auto und fuhr zur Klinik. Dort würde sie den Lauf der Dinge zwar auch nicht beeinflussen können, aber sie fühlte sich am Ort des Geschehens doch etwas sicherer.

Endlich, gegen 19.00 Uhr kam die erlösende Nachricht: Christl hatte ein gesundes Töchterchen zur Welt gebracht. Im Geburtsregister trug man es auf Linas Wunsch hin unter dem Namen »Elisabeth« ein, denn als Taufpatin war unsere Schwester Liesl vorgesehen.

Wenig später durfte Lina durch eine Glasscheibe einen Blick ins Kinderzimmer werfen. Dort hielt ihr eine junge Schwester ein kleines weißes Bündel vor die Scheibe. Das ist also mein Kind, dachte die Wunschmutter selig. Augenblicke später meldeten sich jedoch erneut bohrende Zweifel an: *Und wenn Christl es doch behalten will?*

Um endlich Gewissheit zu erlangen, lenkte meine Schwester ihre Schritte zum Zimmer der Wöchnerin. Diese lag blass, aber mit erleichtertem Gesichtsausdruck in den Kissen und freute sich über ihren ersten Besuch. »Morgen bringe ich dir Blumen mit«, versprach Lina. »Jetzt war es schon zu spät dazu und vorher habe ich mich nicht getraut, welche zu besorgen.«

»Ist schon recht«, wehrte die junge Mutter ab. »Das braucht's doch gar nicht. Wer bin ich denn schon, dass ich Blumen kriege? Eine einfache Bauernmagd kriegt keine Blumen. In meinem ganzen Leben habe ich noch keine Blumen bekommen.«

»Doch, heute stehen dir Blumen zu. Denn wie jede andere Mutter hast du heute etwas Großartiges geleistet.« Im selben Moment bereute meine Schwester diese Aussage schon wieder, denn diese konnte die junge Magd womöglich auf die Idee bringen, das Kind behalten zu wollen.

Die Frage aber, die Lina wirklich auf den Nägeln brannte, traute sie sich erst gar nicht zu stellen, aus Angst, die Antwort könnte nicht in ihrem Sinne ausfallen. Auch die Wöchnerin bewegte sich um die entscheidende Frage herum wie die Katze um den heißen Brei. Aber aus einem anderen Grund, wie Lina bald erkennen sollte.

Man sprach zunächst über alles Mögliche, das Wetter, die bevorstehende Heuernte, über Christls Bauersleute. Nur das Neugeborene erwähnten die beiden ungleichen Frauen mit keiner Silbe.

Die junge Magd war es endlich, die ungeduldig die erlösende Frage stellte: »Und was ist, Lina? Willst du das Kind wirklich zu dir nehmen?«

»Freilich«, lautete Linas schlichte Antwort. Nur keine Überschwänglichkeit zeigen, dachte sie im

Stillen, sonst bereut Christl ihren Schritt womöglich noch.

Die angehende Adoptivmutter hatte mit der Schwester vom Kinderzimmer vereinbart, dass Christl vorerst die Milch abpumpen und dass damit die kleine Elisabeth per Flasche gefüttert werden sollte. Diese Maßnahme diente dazu, nur ja keine Beziehung zwischen Mutter und Kind aufkommen zu lassen. Auch war vereinbart, dass Lina das Kind erst am neunten Tag abholen werde. Es sollte noch gesundheitlich überwacht werden, außerdem traute Lina sich nicht zu, mit einem Neugeborenen richtig umgehen zu können.

Auf der Heimfahrt von der Klinik war meine Schwester so fröhlich, dass sie im Auto laut vor sich hin sang. Danach rief sie mich sofort an und berichtete mir von ihrem großen Glück. Vorsorglich bat sie mich, am 12. Juni nach dem Mittagessen zu ihr zu kommen, um ihr aus meinem reichen Erfahrungsschatz heraus – immerhin hatte ich zu dem Zeitpunkt bereits drei Kinder – Hilfestellung zu leisten. Erfreut sagte ich zu.

Am Morgen des neunten Tages holte Lina die junge Mutter ab und brachte sie zu ihrem Dienstherrn zurück, wo diese umgehend wieder ihre volle Arbeit aufnahm. Die angehende Adoptivmutter kehrte zum Krankenhaus zurück, um »ihr Kind« abzuholen.

Als ich am frühen Nachmittag bei ihr eintraf, saß sie verzückt vor der Wiege und schaute ihre kleine Tochter unentwegt an. Als diese aber das Stimmchen erhob, reagierte die junge Wunschmutter völlig ratlos: »Was mach ich denn jetzt? Was ist los? Was fehlt ihr?«

»Vermutlich hat sie Hunger«, äußerte ich. »Und eine frische Windel wird sie auch brauchen.«

Zum Glück hatte Lina die Monate »ihrer« Schwangerschaft nicht ungenutzt verstreichen lassen. Außer der Wiege, einem alten Erbstück, das innerhalb der Familie immer weitergereicht wurde, wenn ein freudiges Ereignis anstand, hatte sie Windeln, Babywäsche, Fläschchen, Sauger und Pulvermilch besorgt, und natürlich alles, was man für die Babypflege brauchte.

Ich zeigte meiner Schwester, wie man die Mullwindeln wechselte – Wegwerfwindeln gab es zwar schon, aber die wären wesentlich teurer gekommen –, wie man das Fläschchen zubereitete und mit geschlossenen Augen testete, ob die Temperatur stimmte. Selig nahm sie kurz darauf ihr Kleinchen auf den Arm, und wir beide erfreuten uns daran, wie kräftig es saugte. Danach zeigte ich Lina, wie man das Kind hochhielt, damit es sein »Kopperl« – oder »Bäuerchen«, wie man das anderswo nennt – machen konnte, und blieb bis sechs, um zu beobachten, ob Lina mit der nächsten Mahlzeit und dem Wickeln zurechtkomme.

Als Friedrich am Abend nach Hause kam, schloss er sein Kind ebenfalls gleich ins Herz.

Für einige Tage war Lina die glücklichste Mutter der Welt. Sie dachte, nun sei alles sicher, nun könne ihr niemand mehr das Kind streitig machen. Doch als sie nach einer Woche auf dem Amt vorsprach, um die Adoption in die Wege zu leiten, belehrte man sie darüber, dass noch gar nichts sicher sei. Der leiblichen Mutter stehe laut Gesetz eine zweimonatige Einspruchsfrist zu. Da sank Linas Freude auf den Nullpunkt.

Jedes Mal, wenn sie ihr Töchterchen wickelte oder fütterte, hielt sie stille Zwiesprache mit ihm: »Wie lange werde ich dich noch behalten dürfen? Vielleicht fällt deiner Mutter doch noch ein, dass sie dich zurückhaben möchte. Vielleicht überlegt sich das dein Erzeuger auch und heiratet deine leibliche Mutter, dann wollen sie dich natürlich bei sich haben.«

Die sechs Wochen Wartezeit, die noch vor Lina lagen, kamen ihr vor wie eine Ewigkeit. Endlich konnte sie mit Christl zum Notar gehen, wie man ihr das vom Jugendamt erklärt hatte, wo die leibliche Mutter mittels Unterschrift unwiderruflich auf die Rechte an ihrem Kind verzichtete.

Dann konnte die Adoption ohne Schwierigkeiten über die Bühne gehen. Vor lauter Freude veranstaltete meine Schwester in ihrem Haus ein Fest. Zu diesem waren unsere Eltern mit sämtlichen Kindern und Kindeskindern eingeladen, und natürlich die Eltern von Friedrich mitsamt Nachkommen. Alle waren glücklich, dass Lina und Friedrich endlich Eltern waren.

Das kleine Mädchen war wirklich ein ausgesprochen braves und freundliches Kind. Es lächelte jeden an, der sich über sein Bettchen beugte oder es auf die Arme nahm. Unter Linas fürsorglicher Pflege gedieh es prächtig, und die Adoptiveltern bereuten es keine Sekunde, dieses Kind zu sich genommen zu haben. Das junge Paar ging regelrecht auf in der Elternrolle.

Etwa drei Jahre später, Elisabeth wurde mittlerweile »Lisa« gerufen, war flink wie ein Wiesel und verfügte über einen erstaunlichen Wortschatz, stand meine Schwester überraschend mit der Kleinen vor meiner Tür.

Während sich meine Tochter Erika liebevoll der Kleinen annahm – da typisches Aprilwetter herrschte, spielten alle im Kinderzimmer –, machten wir Schwestern es uns in der Küche am Kaffeetisch gemütlich. Zunächst unterhielten wir uns über den alltäglichen Kleinkram, wobei mir Lina etwas unkonzentriert schien.

Unvermittelt stellte sie die Frage: »Erna, woran erkennt man, dass man schwanger ist?«

Ohne darauf zu antworten, gab ich zurück: »Wieso willst du das wissen?«

»Nun ja, bei mir sind seit drei Monaten die Tage ausgeblieben.«

»Ach, das gibt's ja gar nicht! Achtzehn Jahre lang hat sich bei dir nichts getan, und nun meinst du …? Warst du schon beim Arzt?«

»Nein, ich will keinen blinden Alarm schlagen. Deshalb wollte ich mir erst von einer erfahrenen Mutter Rat einholen.«

Mit dieser Bezeichnung hatte sie recht, gerade neun Monate zuvor hatte ich mein viertes Kind zur Welt gebracht. Als Lina so früh geheiratet hatte, war mir nicht im Traum der Gedanke gekommen, dass ich sie, die um vier Jahre Ältere, eines Tages in dieser Hinsicht würde beraten müssen. »Ja, außer dass die Periode wegbleibt, gibt es tatsächlich noch andere Schwangerschaftsanzeichen«, kramte ich mein Wissen hervor und klärte sie über alles auf, was ich in dieser Hinsicht wusste.

»Von all dem habe ich noch nichts bemerkt«, gestand mir meine Schwester mit enttäuschter Miene, doch ich beruhigte sie und riet ihr, abzuwarten.

In der Folgezeit blieben wir in telefonischem Kontakt, und voller Stolz berichtete mir Lina nach und nach von ihren körperlichen Veränderungen. Nach zwei Monaten rief sie ganz aufgeregt an und schilderte mir, sie hätte Kindsbewegungen gespürt.

Meinen Rat, nun endlich einen Arzt aufzusuchen, befolgte sie in den nächsten Tagen. Freudestrahlend kam sie anschließend zu mir. »Anfang Oktober ist es so weit! Ich bekomme tatsächlich ein Kind«, jubelte sie. »Friedrich freut sich auch ganz narrisch.«

Wenige Tage später stand Christl, die leibliche Mutter von Elisabeth, vor der Tür.

Lina bekam einen riesigen Schreck. Die wird doch jetzt nicht auf die Idee kommen, ihr Kind wiederhaben zu wollen, jagte es ihr durch den Kopf. Aber nein, das konnte ja gar nicht sein, Christl hatte ja im Beisein des Notars alles unterschrieben. Trotzdem blieb ein ungutes Gefühl, als sie die junge Frau hereinbat.

Doch schnell stellte sich heraus, dass Christl nicht ihr Kind wiederhaben wollte, sondern im Gegenteil, sie wollte Lina noch eines geben. Erneut war sie ungewollt schwanger geworden. Als Rettung in der Not war ihr Lina eingefallen. Sie dachte, wo das eine ist, hat auch noch ein zweites Platz.

Doch meine Schwester erklärte ihr, dass sie selbst schwanger sei und dass es ihr zu viel würde mit zwei Säuglingen, was die andere einsah.

Im September brachte Christl eine zweite Tochter zur Welt und fand für diese sehr schnell eine andere Adoptivmutter. Da sie meiner Schwester die Adresse gab, besteht bis auf den heutigen Tag Kontakt zwischen den beiden Schwestern.

Im Oktober 1967 kam Linas Stammhalter Thomas zur Welt, völlig problemlos, obwohl Lina eine ältere Erstgebärende war. Niemand hatte eine Erklärung dafür, wieso meine Schwester endlich ein Kind bekam, nachdem sich achtzehn Jahre lang nichts getan hatte. Ich vermute, dass sie, da sie inzwischen ja stolze Mama von Elisabeth war, die Sache im Bett völlig unverkrampft anging und es deshalb klappte.

Was soll ich sagen, etwa anderthalb Jahre nach Thomas' Geburt vertraute mir Lina wieder ein süßes Geheimnis an. Anfang September 1969 lag der zweite Sohn in der alten Familienwiege, sie gaben ihm den schönen Namen Andreas.

»Zwei Stammhalter hätten wir eigentlich nicht gebraucht«, soll Friedrich augenzwinkernd geäußert haben. »Aber zurück schicken wir ihn auch nicht.« In der Folgezeit war er mächtig stolz auf seine beiden Buben.

Die »große Schwester« Lisa kümmerte sich liebevoll um die beiden kleinen Brüder. Während die Mutter Klein-Andreas stillte, gab sie Thomas gekonnt das Fläschchen.

Zu Beginn der Siebzigerjahre wurde viel darüber geredet, dass der Abschnitt der Autobahn A 93, der von Regensburg bis nach Hof führen sollte, gebaut werden müsse. Es war das noch fehlende Teilstück, das die Autobahnstrecken von München und Berlin verbinden sollte. Zu der Zeit wollte jedoch niemand diese Autobahn, heute ist sie nicht mehr wegzudenken.

Einige Jahre nach den ersten Diskussionen über diese Autobahn erschienen zwei Herren bei uns im Haus, die uns das »Projekt A 93« vorstellten.

»Was haben wir damit zu tun?«, fragte ich naiv.

»Nun, Sie besitzen einen Acker, der genau in dem Gebiet liegt, durch das der Autobahnabschnitt geführt werden soll.«

Nun wurde die Sache interessant für uns, denn das konnte einen guten Verdienst bedeuten. Da der Acker ein Ausmaß von 10.000 Quadratmetern hatte, würde für uns gewiss ein ganz schönes Sümmchen herausspringen. Und dieses würden wir gut brauchen können. Was aber sagten die Herren? – Sie machten uns das lächerliche Angebot von 2,69 DM pro Quadratmeter.

Als ich ablehnte, erwiderten sie nur, mehr könnten sie nicht bieten, ihnen wären die Hände gebunden. Wir könnten ja einen Anwalt einschalten, sie ließen uns einige Tage Bedenkzeit.

In diesen Tagen ließen wir uns das alles gründlich durch den Kopf gehen. Einen Anwalt nehmen – in einem Streit mit der Bundesrepublik? Das schien uns zu riskant. Der würde von vornherein einen Haufen Geld kosten, und dann sprang am Ende doch nicht mehr heraus als zuvor, das würde unsere Einnahme ganz schön schmälern.

Als die beiden Herren uns das zweite Mal aufsuchten, erklärte ich ihnen, auf einen Prozess würden wir verzichten, wenn sie von sich aus den Betrag ein wenig aufstocken würden.

»Dazu haben wir keine Befugnis«, bedauerten sie. »Aber wenn Sie nicht zustimmen, können Sie auch enteignet werden. Hier steht das Gemeinwohl im Vordergrund. Da kann auf den einzelnen Bürger keine Rücksicht genommen werden.«

Das waren harte Worte. Mein Mann und ich schauten uns fragend an. Im Grunde genommen hatte er zwar nicht mitzureden, der bewusste Acker gehörte meiner Schwester Liesl und mir. Wir hatten ihn von Onkel Christof geerbt, sozusagen als Lohn für die drei Jahre, die wir in seinen Diensten als Mägde gestanden hatten.

»Diesen Sachverhalt muss ich erst mit meiner Schwester, der Miteigentümerin dieses Areals, besprechen.« In zwei Tagen würde ich mich bei ihnen melden, versicherte ich. Damit waren die Herren einverstanden.

Am folgenden Abend besuchten Josef und ich Liesl und ihren Mann. Wir vier waren uns ganz schnell einig, dass ein Streit gegen die BRD aussichtslos sei, dabei würden wir auf jeden Fall den Kürzeren ziehen. Also beschlossen wir, bei dem gebotenen Betrag schnell zuzugreifen, ehe wir leer ausgingen.

Als uns die genannte Summe ausbezahlt wurde, gab ich meiner Schwester die Hälfte davon. Mein

Anteil reichte gerade mal für einen schönen Schrank, ein Prachtstück, das heute noch in meinem Wohnzimmer steht.

An dieser Stelle möchte ich eine Geschichte einfügen, die auch mit Veränderung zu tun hat, nämlich mit der Veränderung in meinem Verhalten. Diese Geschichte ist mir zwar äußerst peinlich und ich habe sie schon oft bereut, aber sie gehört zu meinem Leben. Deshalb möchte ich sie nicht verschweigen.

Mein Bruder Sepp hatte einen hohen Posten bei der Feuerwehr. Als Kreisbrandrat hatte er 120 Feuerwehren unter sich. Weil mein Mann auch Mitglied bei der Feuerwehr war, nahmen wir eines Abends in Weiden, wo wir ins Feuerwehrhaus eingeladen worden waren, an einem Filmvortrag über Teneriffa teil. Da Josef und ich mit meinem Bruder und dessen Frau schon einige gemeinsame Urlaube unternommen hatten, wollten wir uns diesen Film nicht entgehen lassen. Vielleicht würde der uns ja animieren, den nächsten Urlaub gemeinsam auf Teneriffa zu verbringen.

Nach der Filmvorführung saß man noch gemütlich beisammen, wie in einer großen Familie. Wir waren so etwa dreißig Personen, die Kameraden von der Weidener Feuerwehr hatten selbstverständlich die Bewirtung übernommen. Da Feuerwehrleute bekanntlich nicht nur äußere Brände löschen, sondern auch innere zu bekämpfen wissen, wurde bei deren Veranstaltungen immer fleißig eingeschenkt.

Ich trank Wein, meine Begleiter Bier. So wurde es spät und später, bis mein Mann zum Aufbruch drängte. Mein Glas war aber noch nicht leer. Also wartete er geduldig, bis ich ausgetrunken hatte.

Nachdem ich meinen Mantel angezogen hatte, wandte ich mich wieder dem Tisch zu, um mich von jedem per Handschlag zu verabschieden. Da entdeckte ich, dass mein Glas schon wieder gefüllt war. »Du musst noch austrinken!«, erscholl es im Chor. Folgsam, wie ich war, trank ich es hastig aus, während meine Leute bereits an der Tür warteten. Kaum hatte ich mich wieder zum Gehen umgedreht, rief man hinter mir mehrstimmig: »Dein Glas ist noch nicht leer!«

Die Burschen von der Feuerwehr hatten es tatsächlich blitzschnell wieder aufgefüllt. Anstandshalber trank ich auch dieses leer, allerdings mit zweimaligem Absetzen. Was damals in mich gefahren ist, kann ich mir heute nicht mehr erklären, denn diese Prozedur wiederholte sich noch einige Male. Heute würde ich so ein volles Glas einfach stehen lassen, und es wäre mir egal, was die anderen von mir denken. Aber an jenem Abend war ich so unbedarft, dass ich einen Wein nach dem anderen in mich hineinschüttete, weil ich nicht als Spielverderberin gelten wollte. Damals war ich auch noch gut vierzig Jahre jünger als heute.

Mein Bruder, seine Frau und Josef, die noch immer an der Tür warteten, begannen zu schimpfen: »Wenn du nicht sofort kommst, fahren wir ohne dich.«

»Das ist kein Problem«, mischte sich ein Feuerwehrmann ein. »Du kannst später mit uns fahren.«

Ja, das schien mir wirklich kein Problem, denn wir waren wie gesagt wie eine große Familie. Auch die Frauen hielten untereinander guten Kontakt. Wir trafen uns alle acht Wochen zu einem Kaffeekränzchen, reihum mal bei der einen, mal bei der anderen.

Während also meine Leute abdampften, setzte ich mich wieder zu den anderen an den Tisch und becherte weiter. Diesmal aber langsamer, weil mich nun keiner mehr antrieb. Endlich war es aber Zeit zum Heimfahren.

Als wir ins Freie traten, deutete die Frau des Kameraden, der mir angeboten hatte, mich heimzubringen, auf einen schicken knallroten Wagen. »Den haben wir heute erst bekommen, der ist völlig neu.«

»Toll!«, bewunderte ich das Auto und ließ mich schwerfällig auf den Rücksitz fallen, froh, bald endlich zu Hause zu sein.

Kaum war der Wagen losgefahren, wurde mir schwindlig. Ich kam gerade noch dazu zu lallen: »Halt mal an, ich –«, dann ging es auch schon los. Ich entleerte den Mageninhalt in das schöne brandneue Auto!

So war es von mir auf besondere Weise »eingeweiht« worden. Das war mir furchtbar peinlich, und ich beteuerte immer wieder, wie leid mir das tat. Aber es war nicht mehr rückgängig zu machen. Nun ja, eine Mitschuld trug dieser Feuerwehrkamerad auch. Er war einer von denen gewesen, die mit mir das Spiel »Gläschen voll – Gläschen leer«, gemacht hatten. Über dieses unrühmliche Ende des Filmabends haben wir später noch oft geredet und konnten sogar darüber lachen. An bewusstem Abend aber war niemandem nach Lachen zumute gewesen.

Aus der Reise nach Teneriffa mit Bruder und Schwägerin wurde auch nichts, das hatte aber nichts mit meinem Besäufnis zu tun. Wenn ich mich recht erinnere, lag das vielmehr an terminlichen Schwierigkeiten.

Schrecken ohne Ende

Unsere Töchter Erika und Andrea wuchsen still und unauffällig heran. Die beiden Söhne aber versetzten uns immer wieder mal in Angst und Schrecken, so beispielsweise im Sommer 1968.

Das Eisentor

Stefan war noch nicht ganz zwei Jahre alt, da spielten er und sein Bruder im Hof meiner Eltern, die gleich nebenan wohnten. Deren Hof war mit einem Lattenzaun von etwa einem Meter Höhe umgeben, der mit einem schweren eisernen Gittertor geschlossen werden konnte. Also wähnten wir die Kinder dort immer in Sicherheit. Meist wurde das Hoftor noch nicht mal abgeschlossen; es genügte uns, wenn man es zuzog.

War es nicht abgeschlossen, ließ es sich in einer Schiene leicht hin und her bewegen. Den Dreh hatte der kleine Stefan bald heraus. Es machte ihm riesigen Spaß, das Tor wieder und wieder vor und zurück zu schieben. Dabei jauchzte er vor Vergnügen und schob immer schneller und immer öfter.

Eine Weile hatte ich ihm zugeschaut, um mich davon zu überzeugen, dass dabei nichts passieren konnte. Vor allem war ich beruhigt, dass er nicht auf die Idee kam, aus dem Tor zu entwischen und auf die Straße zu rennen. Inzwischen waren am

Buchsteig viele neue Häuser entstanden, und mit ihnen hatte der Straßenverkehr erheblich zugenommen. Zusätzlich beruhigte mich, dass mein Vater vor dem Haus auf der Bank saß und ein Auge auf die Kinder hatte. Unbesorgt kehrte ich also ins Haus zurück und wandte mich meiner Arbeit zu.

Plötzlich vernahm ich einen markerschütternden Schrei. Wie von Furien gehetzt, stürzte ich ins Freie und fand meinen Sohn unter dem Eisentor liegend vor. Was war geschehen? Das Tor war aus der Verankerung geflogen und auf das Kind gefallen. Mein Vater war ebenfalls sofort zur Unglücksstelle geeilt. Und Lina, die gerade bei unserer Mutter weilte, war auf den Schrei hin ebenfalls aus dem Haus gerannt. Zu dritt gelang es uns, das schwere Tor von dem Buben herunterzuheben. Sofort schloss ich meinen Sohn in die Arme und redete begütigend auf ihn ein, um ihn zu beruhigen. Er aber schrie umso schlimmer.

»Wahrscheinlich tust du ihm weh«, vermutete meine Schwester. »Am besten bringen wir ihn in die Klinik.«

Da sich ihr Wagen startklar vor dem Hof befand, setzte sie sich ans Steuer, und ich nahm mit meinem schreienden Kind auf dem Rücksitz Platz. Im Neustadter Krankenhaus stellte man durch Röntgen einen Oberschenkelhalsbruch fest. Schlimm genug, dennoch waren wir froh, dass nichts noch Schlimmeres passiert war. Wenn ich mir vorstelle, das schwere Eisentor wäre ihm auf den Kopf gefallen! Das hatte wohl sein Schutzengel verhindert.

Stefan bekam einen Streckverband. Er musste auf dem Rücken liegen, und sein verletztes Bein wurde, mit einem Gewicht am Fuß, hochgelagert. Eine sehr unbequeme Position, aber was sollte man machen? Das war die einzige Möglichkeit, dass der gebrochene Knochen wieder normal verheilte.

Fünf Wochen musste der Kleine im Krankenhaus verbringen. In dieser Zeit machte ich täglich zweimal Besuche, einen morgens und einen abends. Diese dienten nur dazu, mich zu beruhigen, mein Sohn selbst hatte nichts davon. Er durfte noch nicht einmal sehen, dass ich da war, damit er nicht aus dem seelischen Gleichgewicht komme. Damit er mich nicht bemerkte, dass ich ihn schweigend beobachtete, durfte ich ihn nur durch eine einseitig durchsichtige Glasscheibe anschauen.

An seinem zweiten Geburtstag, dem 26. Juli, backte ich eine kleine Torte und übergab sie der Schwester, die gerade aus seinem Krankenzimmer kam. Offensichtlich hörte Stefan uns reden und erkannte meine Stimme. Denn augenblicklich fing er an zu schreien. Die Schwester ging zu ihm und versuchte, ihn zu beruhigen. Er aber schrie nur umso heftiger. Dann kam die Schwester zu mir und redete mir gut zu: »Machen Sie sich keine Sorgen. Der beruhigt sich schon wieder. Das Beste für Sie beide ist, wenn Sie jetzt heimfahren.«

Das leuchtete mir irgendwie ein. Trotzdem zerriss es mir fast das Herz, meinen armen Liebling so schreien zu hören. Es war kurz vor sieben, als ich abends das Krankenhaus verließ.

Am nächsten Morgen rief ich dort an und erreichte glücklicherweise die Schwester, der ich am Vorabend den Kuchen gegeben hatte. Sie gab mir die

Auskunft, dass Stefan bis 22 Uhr geschrien habe. Dann sei er vor Erschöpfung eingeschlafen. »Übrigens«, ergänzte sie ihren Bericht. »Der Stefan sagt zu mir immer Oma.«

Trotz meines Kummers musste ich darüber ein wenig lachen. Wie kam der Bub nur dazu, sie Oma zu nennen? Sie war mit Sicherheit sogar einige Jahre jünger als ich.

Der verschwundene Herbert

Die folgende Geschichte ereignete sich ebenfalls im Jahre 1968 und verursachte bei uns große Aufregung. Mit unseren Kindern fuhren wir eines Sonntags nach Saalbach-Hinterglemm und machten auch einen Ausflug nach Zell am See. Zu sechst bummelten wir gemütlich um den See. Plötzlich sah ich unseren kleinen Herbert nicht mehr, er war gerade mal fünf Jahre alt. War er in den See gefallen? Ich war außer mir.

Unsere Andrea verdonnerten wir dazu, sich mit dem zweijährigen Stefan auf die nächste Ruhebank zu setzen und sich nicht vom Fleck zu rühren. Dann rannten wir anderen aufgeregt los, jeder in eine andere Richtung. Hinter jeden Busch schaute ich, vor allem aber immer wieder hinunter zum See, ob ich da nicht einen kleinen Körper im Wasser treibend entdeckte.

Als ich in der Nähe unseres Ausgangspunktes angelangt war, einem Kiosk, kam mir Herbert quietschvergnügt entgegen. Ich riss ihn in die Arme und presste ihn fest an mich. »Bub, wo hast du nur gesteckt?«, fragte ich erleichtert.

»Ach, ich bin noch mal zurückgegangen und hab mir die Tafel mit dem Eis angeschaut. Ich wollte sehen, was für Sorten die haben.«

Gott sei Dank, wir hatten unseren Herbert wieder!

Der Hundeknochen

Eine andere Schreckensgeschichte ist mir in Erinnerung geblieben. Es war einige Wochen nach Stefans viertem Geburtstag, wir weilten bei meiner Schwester Lina. Dort spielte er mit ihrem kleinen Buben, dem Thomas, der etwa ein Jahr jünger war als er. Lina besaß einen Dackel. Das war für unseren Stefan etwas ganz Neues. Er fand es toll, mit dem Hund zu spielen. Eine Weile beobachteten wir, wie er sich mit dem Hund vergnügte, dann begaben wir Erwachsenen uns ins Haus.

Der Dackel hatte einen Hundeknochen, mit dem er sich eifrig beschäftigte. Wahrscheinlich wollte Stefan ihm diesen abnehmen, um ihn irgendwo hinzuwerfen, damit der Hund ihm nachjagen sollte. Als das Kind nach dem Knochen griff, verstand der Hund aber keinen Spaß. Er schnappte zu und biss dem Jungen mit aller Wucht in die Oberlippe.

Wir beiden Schwestern, gerade gemütlich beim Kaffeetrinken, vernahmen das Wehgeschrei des Kindes. Sofort stürzten wir aus dem Haus und entdeckten, was geschehen war. Als der Bub losschrie wie am Spieß, hat der Hund wohl einen Schreck gekriegt, er zog den Schwanz ein und verkroch sich in eine Ecke. Vielleicht bekam er aber auch ein schlechtes Gewissen, nachdem er sah, was er angerichtet hatte. Wer weiß schon, was in einem Hundehirn vor sich geht?

Wieder war es Lina, die mich und meinen Sohn ins Krankenhaus brachte. Dort wurde die Wunde genäht. Der Arzt verstand seine Sache so gut, dass man heute kaum noch etwas von der Narbe sieht. Wieder hatte ein Schutzengel seine Hand über das Kind gehalten. Ich schickte ein heißes Dankgebet zum Himmel.

Der fliegende Ball

Einmal passierte etwas, das hätte schlimm ausgehen können. Unser Herbert, gerade mal vier Jahre alt, spielte mit einigen Nachbarsbuben in unserem Hof Fußball. Das Hoftor war zwar geschlossen – wie immer, wenn die Kinder draußen spielten –, aber weder das Tor noch der Zaun waren hoch genug, um für einen heftig getretenen Fußball ein wirkliches Hindernis darzustellen.

Zufällig sah ich vom Küchenfenster aus, wie der Ball über das Hoftor flog. Vor Schreck blieb mir fast das Herz stehen. Der Bub lief, ohne sich zu besinnen, nur die Sorge um sein geliebtes Spielzeug im Kopf, auf das Hoftor zu. Mit Schwung schob er es auf und rannte mit seinen kleinen Beinchen, so schnell er konnte, dem Ball nach, um ihn einzufangen, bevor er auf die Straße rollte. Doch das runde Ding lief schneller, da das Gelände ganz schön abschüssig war.

Im Nu war ich draußen und hastete Herbert nach. Aus dem Augenwinkel gewahrte ich, dass ein

Lkw direkt auf das Kind zufuhr. Noch ehe ich den Buben erreicht hatte, um ihn aus der Gefahrenzone ziehen zu können, blieb der Wagen mit quietschenden Bremsen stehen, nur wenige Zentimeter von meinem Sohn entfernt.

Verwundert schaute der Bub auf das große Gefährt, sich der Gefahr wahrscheinlich noch nicht einmal bewusst. Kinder in diesem Alter haben offenbar noch kein Gespür für Risiken, dafür aber oft einen hervorragend arbeitenden Schutzengel.

»Gott sei Dank«, entwich es mir aus tiefstem Herzen. Das war noch mal gut gegangen.

Das rollende Fass

Eines Nachmittags, ich war auf der Arbeit, befand sich meine Mutter, welche die Betreuung des inzwischen vier oder fünf Jahre alten Stefans übernommen hatte, mit ihm bei Nachbarn auf dem Hof. Sie hatten auch kleine Kinder, von denen zwei Buben etwas älter waren als mein Sohn. Diese Nachbarn wohnten etwas weiter entfernt von uns und führten einen landwirtschaftlichen Betrieb.

Auf einem Bauernhof steht oder liegt immer irgendetwas herum, das für kleine Buben interessant ist. Tatsächlich dauerte es nicht lange, da entdeckten sie ein leeres eisernes Fass in einer Ecke. Da niemand in der Nähe war, der sie daran hindern konnte, hatten sie nichts Besseres zu tun, als es mit vereinten Kräften umzukippen.

Die beiden Bauernbuben hätten sich vielleicht damit begnügt, das Fass im Hof herumzurollen. Mein

Stefan aber, unternehmungslustig, wie er war, musste natürlich in das Fass kriechen. Da der Hof etwas abschüssig war, begann das Fass sogleich zu rollen. Es wurde schneller und schneller, und der Bub darin wurde gehörig durchgeschüttelt. Er bekam Angst und begann zu schreien.

Die beiden älteren Jungen wollten das Fass aufhalten, schafften es aber nicht. Zum Glück hörten auch meine Mutter und die Bäuerin das Wehgeschrei des Kindes und rannten herbei. Aber noch ehe sie das rollende Ungetüm aufhalten konnten, versuchte Stefan in seiner Panik, aus dem Fass zu springen. Dabei verletzte er sich am Kopf. Die Wunde, es war eigentlich nur eine Schramme, war Gott sei Dank nicht so schlimm, dass es ärztlicher Behandlung bedurft hätte.

Dennoch war der Schreck groß, zunächst für meinen Sohn und nachher, als ich von der Sache erfuhr, auch für mich. Man kann verstehen, dass meine Mutter ebenfalls gehörig erschrocken war. Immer wieder beteuerte sie, wie leid es ihr tue, dass sie dieses Abenteuer nicht habe verhindern können.

Der spitze Stein

Eines Tages bekam ich auf der Arbeit einen Anruf von zu Hause. Meine Mutter beschwor mich, sofort heimzukommen, Stefan habe ein Loch im Kopf. Den Hausarzt habe sie schon verständigt. Außer mir vor Aufregung, erzählte ich das meinem Chef. Der organisierte sogleich eine Vertretung für mich.

Wie von Hunden gehetzt, rannte ich zu meinem Auto und gab Gas. Auf halber Strecke etwa tat es einen furchtbaren Schlag. Instinktiv trat ich auf die Bremse und hielt mit quietschenden Reifen an. Hastig stieg ich aus und schaute mich um. Da sah ich weiter hinten etwas Unförmiges auf der Straße liegen. Mein Hintermann hatte glücklicherweise rechtzeitig gebremst, sonst wäre er glatt über meinen Auspuff gefahren. So aber war das Teil noch in Ordnung. Schnell packte ich den dreckigen Auspuff in meinen Kofferraum und fuhr laut donnernd weiter.

Zu Hause empfing mich unser Hausarzt mit den Worten: »Frau Amann, Sie müssen das Kind sofort ins Krankenhaus bringen, die Wunde muss schnellstens genäht werden. Wenn das Blut erst mal verkrustet, wird es schwieriger.«

Also verfrachtete ich mein weinendes Kind auf den Rücksitz meines Wagens und donnerte los in Richtung Krankenhaus. Dort bekam der Kleine eine Tetanusspritze, am Kopf eine örtliche Betäubung, und die Wunde wurde fachmännisch genäht. Erst auf dem Heimweg erfuhr ich von Stefan, was eigentlich passiert war. Er, mittlerweile sechs Jahre alt und schon ein ziemlich geschickter Radfahrer, war über einen spitzen Stein gefahren, gestürzt und mit dem Kopf genau auf diesem Stein gelandet. Ich konnte mir zwar nicht genau vorstellen, wie das passiert sein sollte, doch ich war dankbar, dass die Sache noch mal so glimpflich abgelaufen war.

Anschließend brachte ich mein Fahrzeug in die Werkstatt, damit mein Auspuff wieder dahin kam, wo er hingehörte, und man nicht mehr auf hundert Meter gegen den Wind hören konnte, dass ich angepresct kam.

Zweimal Amann

Eine andere Geschichte ereignete sich in Österreich, allerdings eine erfreuliche. Wir fuhren mit unseren Kindern nach Bayerisch-Gmain, einer Gemeinde direkt an der Deutsch-Österreichischen Grenze. Dort gibt es ein Erholungsheim von der Feuerwehr, in dem Feuerwehrleute mit ihren Familien günstig Urlaub machen konnten. Mein Mann war ja bei der Feuerwehr, und so nutzten wir diese Gelegenheit ab und zu. Mein Bruder Sepp, der ja bei der Feuerwehr arbeitete, hatte uns auf diese Möglichkeit aufmerksam gemacht.

Am Abend unserer Ankunft saßen wir mit mehreren Leuten beim Nachtessen an einem Tisch. Wir waren noch gar nicht dazu gekommen, uns einander vorzustellen, da rief die Dame von der Rezeption laut durch den Speisesaal: »Frau Amann, bitte zum Telefon!«

Sofort sprang ich auf. Aus den Augenwinkeln sah ich, dass gleichzeitig eine andere Frau von unserem Tisch aufstand. Die will bestimmt zur Toilette, dachte ich in Sekundenschnelle. Wir beide eilten nebeneinander in Richtung Rezeption und kamen gleichzeitig dort an.

»Wer ist nun Frau Amann?«, wollte die Rezeptionistin wissen.

»Ich!«, kam die zweistimmige Antwort.

Überrascht schauten wir uns an.

»Sie heißen auch –?«, fragten wir wie aus einem Munde. Wir nickten beide.

»Für wen von uns mag der Anruf sein?«, fragte ich irritiert.

Die Dame an der Rezeption lachte. »Damit nicht die falsche Frau Amann ans Telefon geht, frage ich lieber noch mal nach.« Wenig später sagte sie, eine Frau Füßl sei am Apparat.

Meine Mutter. Das hätte ich mir eigentlich denken können. Wenn wir unterwegs waren, rief sie schon immer am ersten Tag an, damit sie »ruhig schlafen« könne.

Auch an diesem Abend konnte ich sie beruhigen: »Die Fahrt ist ohne Zwischenfälle verlaufen, wir sind gut untergebracht. Gerade wird mein leckeres Nachtessen kalt. Aber durch deinen Anruf habe ich eine andere Frau Amann kennengelernt, die mit uns am Tisch sitzt.«

Nach dem Telefonat lernte ich diese dann wirklich kennen, ebenso ihren Mann und den kleinen Sohn. Es entwickelte sich eine richtige Freundschaft daraus, die nicht nur über die vierzehn Tage Urlaub Bestand hatte. Diese Freundschaft besteht heute nach fast fünfzig Jahren immer noch.

Die unsichtbaren Buben

Als Erika, unsere Älteste, bereits ein großes Zelt besaß, das auf Dauer auf einem idyllisch gelegenen Campingplatz aufgestellt war, der zwischen einem kleinen See und einem Wald lag, verbrachten wir dort immer wieder mal ein Wochenende. Wir genossen das sehr. Nicht nur, dass man in dem sauberen See wunderbar baden und schwimmen konnte, wir trafen auch immer wieder neue Leute, mit denen wir uns gut verstanden.

Eines Tages in den Sommerferien äußerten unsere beiden Söhne den Wunsch, mal ganz allein dort zu campen, so wie das andere Kinder auch taten. Am Wochenende waren immer die Eltern dabei, aber für die eine oder andere Nacht blieben manche Kinder allein auf dem Campingplatz zurück. »Also gut, eine Nacht dürft ihr hierbleiben«, erlaubte ich großmütig, obwohl ich innerlich vor Angst starb. »Aber macht mir keinen Unsinn.«

»Aber i wo, Mama, wir doch nicht«, beteuerten die beiden.

»Geht mir nicht mehr in den See. Das ist am Abend zu gefährlich, dann ist niemand da, der euch helfen kann. Seid brav und geht früh zu Bett«, gab ich ihnen noch als Ermahnung mit, nachdem ich sie mit Lebensmitteln versehen hatte, damit sie uns an diesem Abend und am nächsten Tag nicht verhungern sollten.

Wie üblich kehrte die ganze Familie am Abend nach Hause zurück, bis auf unsere beiden Buben. Diese winkten uns fröhlich nach, als wir – ich mit schwerem Herzen – davonfuhren. Noch hatten sie gut lachen. Wie aber mochte ihnen zumute sein, wenn sie auf einmal merkten, dass sie völlig verlassen waren? Sie waren ja erst acht und elf Jahre alt. Keine Mama und kein Papa mehr da, an die sie sich klammern konnten, wenn die Angst aufkam. Daran hatten sie in ihrer Abenteurerlaune bestimmt nicht gedacht.

Je näher wir unserem Haus kamen, desto unruhiger wurde ich. Kaum hatten wir den Hausgang betreten, flehte ich meinen Mann an: »Komm, Josef, wir fahren zum Campingplatz zurück und schauen nach, wie es unseren Buben geht.«

»Ach, wie soll es denen schon gehen? Nach dem ganzen Tag im Wasser werden die schlafen wie die Murmeltiere.«

»Nein, nein, ich habe keine Ruhe. Ich möchte nachschauen, ob alles in Ordnung ist.«

Von meiner Besorgnis ließ er sich schließlich anstecken und setzte sich erneut ans Steuer. Es war schon neun, als wir losfuhren, und es lagen noch etwa zwanzig Kilometer vor uns.

Sofort nach der Ankunft warfen wir einen Blick ins Zelt. Mir stockte der Atem. Das Zelt war leer! Nichts von unseren Kindern zu sehen. In größter Besorgnis gingen wir von Lagerfeuer zu Lagerfeuer, überall fragten wir nach unseren Söhnen. Nichts! Niemand hatte die kleinen Abenteurer gesehen. Mir wurde richtig schlecht. Meine Nervosität stieg von Sekunde zu Sekunde.

»Wir können doch so nicht heimfahren«, lamentierte ich. »Wir müssen doch etwas unternehmen! Sie sind vielleicht doch noch mal zum See gegangen.«

Nachdem ich dieses böse Wort in den Mund genommen hatte, begann ich vor Besorgnis zu zittern. Hastig liefen wir zum See hinunter und suchten mit den Augen das Ufer und die Wasseroberfläche ab.

Nichts zu sehen, alles war ruhig, die Wasseroberfläche spiegelglatt. Ich wagte gar nicht auszusprechen, was ich dachte: Womöglich waren die Kleinen schon längst ertrunken. Aber doch nicht beide auf einmal, versuchte ich, mich zu beruhigen. Nein, nein, wenn einer von ihnen in Schwierigkeiten geraten wäre, hätte der andere loslaufen können, um Hilfe zu holen. Außerdem hätten die Leute von solch einem aufregenden Ereignis etwas mitbekommen und uns davon berichtet. Schließlich hatten wir ja bei vielen angefragt.

»Weißt du was?«, fragte mein Mann. »Jetzt gehen wir zum Zelt zurück. Womöglich sind sie inzwischen eingetrudelt.«

Dieser Gedanke hielt mich für den Augenblick aufrecht. Diesmal warfen wir nicht nur einen Blick ins Zelt, wir begaben uns auch hinein. Mit einer Taschenlampe leuchteten wir die Schlafsäcke ab. Da war doch etwas! Die Schlafsäcke waren nicht so flach, wie wir sie am Nachmittag hingelegt hatten. Und da, am Kopfende schauten doch tatsächlich Haarschöpfe hervor. Mein Herz begann freudiger zu schlagen. Ich kniete mich hin, um zu horchen, ob die Jungen noch atmeten und um festzustellen, ob sie schliefen. Das taten sie, und zwar so tief und fest, dass sie gar nicht merkten, dass wir da waren. Sie mussten also schon lange in ihren Kojen gelegen haben.

Vorsichtig schlichen wir wieder aus dem Zelt. Am Ausgang warfen wir jeder einen Blick zurück. Von da aus war wirklich nicht zu erkennen, dass dort zwei Buben lagen. Erleichterten Herzens fuhren wir wieder heim.

Unterwegs fragte ich meinen Mann, obwohl ich die Antwort längst kannte: »Wieso bloß haben wir sie bei unserem ersten Besuch am Zelt nicht gesehen?«

»Weil sie sich so tief in ihre Schlafsäcke verkrochen hatten und weil wir zu flüchtig geschaut haben.«

»Damit hast du recht. Hätten wir gleich gescheit nachgeschaut, wäre uns viel Aufregung erspart geblieben.«

»Und wären wir gar nicht erst hingefahren, hätten wir uns erst recht nicht aufzuregen brauchen.«

»Doch, das Hinfahren war schon nötig«, widersprach ich. »Nachdem ich sehen konnte, was wir für brave Buben haben, bin ich wirklich beruhigt. Hätte ich sie aber nicht so friedlich im Zelt schlafen sehen, ich hätte vor Sorge die ganze Nacht kein Auge zugemacht.«

»Bist halt doch eine rechte Glucke.« Er lächelte liebevoll und tätschelte mir mit der freien Hand den Oberschenkel.

Auf dem Sprungbrett

Wasser ist ein Element, was hin und wieder für Aufregung sorgt. Wir waren mit unseren Kindern in ein schönes Freizeitzentrum mit Bad gefahren. Mein Mann und ich lagen schon eine Weile auf der Wiese und unterhielten uns. Zwischendurch warfen wir immer wieder mal einen Blick zu den Kindern, die sich so fröhlich im Wasser tummelten, dass es eine Freude war.

Nach einiger Zeit klagte mein Mann über Bauchschmerzen. Diese wurden zunehmend heftiger, daher hielt ich es für ratsam, ihn zum Auto zu bringen. Sorgsam bettete ich ihn auf die Rückbank und begab mich wieder in Richtung meines Liegeplatzes. Doch ehe ich diesen erreicht hatte, blieb mir fast das Herz stehen. Vor mir entdeckte ich unseren Herbert auf dem Fünf-Meter-Brett. Es gab auch ein Drei-Meter-Brett, aber nein, er musste auf dem höheren stehen.

Er wird doch nicht springen, redete ich mir ein. In seinem ganzen Leben war er noch nicht ins Wasser gesprungen! Mit seinen neun Jahren konnte er noch nicht mal gescheit schwimmen. Wie gebannt schaute ich ihn an, als ob ich ihn mit meinen Blicken davon abbringen konnte, den Sprung zu wagen. Tatsächlich, er ließ einige Kameraden an sich vorbeigehen und schaute interessiert zu, wie diese sich herunterstürzten.

Geh zurück, geh zurück!, flehte ich in Gedanken. Um ihm das zuzurufen, war ich zu weit entfernt. Meine Gedanken erreichten ihn anscheinend nicht. Plötzlich lief er zur Vorderkante des Sprungbrettes, und – hops! – stürzte er sich kopfüber in die Tiefe. Wenn der jetzt ertrinkt!, jagte es mir durch den Kopf. Ich war nahe an einer Ohnmacht. Jetzt nur nicht ohnmächtig werden, befahl ich mir, du musst dich zusammenreißen. Du musst doch in der Lage sein, den Bademeister zu verständigen, damit der den Buben retten kann.

Doch was soll ich sagen? Ich hatte mich völlig umsonst aufgeregt. Nach wenigen Sekunden tauchte

Herbert an der Wasseroberfläche auf, und zwar quietschvergnügt. Er war mächtig stolz auf seine Leistung. Dafür musste ich ihn auch noch entsprechend loben, obwohl mir gar nicht danach zumute war. Innerlich dankte ich Gott und allen Heiligen, dass nichts passiert war.

Der Partykeller

Die Zeit verging, unsere Kinder kamen allmählich ins Teenageralter. Da gab es natürlich auch öfter mal etwas zu feiern. Mithilfe unseres Sohnes Herbert, der inzwischen eine Schreinerlehre begonnen hatte, bauten wir einen Partykeller aus. Darin wurde Silvester gefeiert, bestandene Prüfungen und Geburtstage. Zu solchen Festlichkeiten luden unsere Kinder auch Freunde ein, die stets gerne kamen. Es gab immer etwas Leckeres zu essen und reichlich zu trinken, wenn auch wenig Alkohol. So wussten wir immer, wo unsere Kinder steckten und dass sie keine Dummheiten machten. Dennoch nahmen die Aufregungen, selbst als unsere Kinder allmählich ins Erwachsenenalter kamen, kein Ende.

Hindernisse für Herbert

Das erste Auto

Kurz nach seinem achtzehnten Geburtstag machte Herbert den Führerschein und begab sich auf die Suche nach einem Gebrauchtwagen. Endlich hatte er das Richtige gefunden: einen schicken Matra, für ihn ein echtes Traumauto. Es bestand nicht aus Metall, sondern aus dem kohlenstofffaserverstärkten Kunststoff Carbon, einer Innovation zu damaliger Zeit.

»Die Farbe des Wagens ist Goldmetallic, und es hat Klappaugen«, schwärmte mir mein Sohn vor, nachdem er das Auto in Augenschein genommen hatte.

»Was soll denn das sein?«, fragte ich, unbedarft, wie Mütter eben sind.

»Aber Mama! Das sind Scheinwerfer, die man einklappen kann, wenn sie nicht gebraucht werden.«

Aha! Welchen Nutzen das haben sollte, war mir nicht ganz klar.

Das Interessante an dem Auto seien die Sitze, beschrieb er mir sein Fahrzeug weiter, hinten habe es gar keine, dafür vorne aber drei.

»Also nur ein halbes Auto«, spöttelte ich. Aber egal, wenn dem Bub der Wagen gefiel, mir sollte es recht sein. Er kostete 5.000 DM, für ihn viel Geld. Dafür hatte Herbert drei Jahre lang seinen ganzen Lehrlingslohn gespart. Erst seit einigen Monaten, nachdem er seine Gesellenprüfung abgelegt hatte, verdiente er richtig.

An einem Samstag Anfang Februar hatte er das Prachtstück erstanden, am Montag sollte ich es für ihn anmelden. Er konnte das nicht selbst tun, er musste ja in seine Werkstatt. Während er mit unserem Auto also zu seinem Meister fuhr, war ich am Montagvormittag mit Herberts Traumauto unterwegs, um es bei der Zulassungsstelle anzumelden. Zum Mittagessen kam unser Sohn heim. Danach fuhr er, stolz wie Oskar, zum ersten Mal mit seinem eigenen Wagen zur Arbeit.

Nach Feierabend bot er gönnerhaft einem Lehrling an: »Willst du mal mitfahren?«

Natürlich wollte der. Welcher Lehrling ohne Führerschein wäre nicht beeindruckt, wenn er in solch einem Fahrzeug mitfahren dürfte! Für die Fahrt nutzte Herbert einen Waldweg, der als Unfallstrecke bekannt war.

Zu dieser Zeit befand ich mich noch im Dienst. Plötzlich tauchte mein Mann an meinem Arbeitsplatz auf. »Nanu? Was ist denn jetzt los?«, fragte ich überrascht.

»Ich hatte heute schon früher Feierabend, und während ich zu dir auf dem Weg war, traf ich einen Bekannten.«

»Um mir das zu sagen, kommst du extra hier herein?« Er pflegte sonst immer draußen zu warten, bis ich Büroschluss hatte.

»Nicht deswegen«, druckste er herum.

»Also, was ist los?« Nun wollte ich es genau wissen.

»Du darfst dich aber nicht aufregen«, beschwor er mich.

»Das kommt ganz drauf an, was du mir zu sagen hast.«

»Also der Bekannte behauptete, er habe vorhin unseren Herbert in einem Sanka sitzen sehen, mit blutverschmiertem Gesicht.«

Bei dieser Nachricht muss ich kreidebleich geworden sein. Nach dem ersten Schreck besaß ich jedoch Geistesgegenwart genug, meinen Chef anzurufen, damit er mir eine Vertretung schickte. Dann fuhren wir sofort ins Krankenhaus.

Wir wurden aber nicht gleich zu unserem Sohn vorgelassen. Nach einer Wartezeit, die mir wie eine Ewigkeit vorkam, wurde von einem Sanitäter eine Liege an uns vorbeigeschoben. Auf dieser erkannte ich Herbert, obwohl sein Gesicht stark mit Blut verschmiert war. Dass ich bei diesem Anblick nicht ohnmächtig wurde, wundert mich noch heute.

Man schob ihn in einen Raum, wo man die Platzwunde, die er sich oben auf dem Kopf zugezogen hatte, nähte, wie wir später erfuhren. Nachdem die eingehende Untersuchung ergeben hatte, dass ihm sonst nichts fehlte, durften wir Herbert sogar mit nach Hause nehmen. Dort ließen wir uns von ihm den Unfallhergang schildern.

»Wir waren noch keine fünf Kilometer gefahren, da hat es gekracht.«

»Ja, wieso das?«, fragte mein Mann.

»Ich bin wohl zu schnell in die scharfe Linkskurve gefahren«, gestand er ziemlich zerknirscht. »Irgendwie schleuderte es mich plötzlich nach rechts, und wir wären unweigerlich im Graben gelandet, wenn da nicht ein Baum gestanden und uns aufgehalten hätte. Der Wagen hatte aber so viel Schwung, dass er sich nach vorn überschlug. Deshalb zeigte das Wagendach plötzlich nach unten. Daher rührt auch meine Platzwunde am Kopf.«

Weiter erzählte er uns, er habe das Fenster heruntergekurbelt und sei aus diesem herausgekrabbelt. Dann habe er seinem Arbeitskollegen aus dem Fahrzeug helfen wollen. Kaum habe er den aber bei den Armen gepackt, habe der aufgeschrien und über Schmerzen im rechten Arm geklagt.

»Ja, wieso hattest du einen Arbeitskollegen dabei?«, fragten wir überrascht.

»Nun ja, ich wollte ihn mit meinem Auto ein bisschen beeindrucken«, gestand Herbert verlegen.

»Und was ist aus ihm geworden?«

»Den haben sie mit mir eingeliefert. Dann hab ich ihn aus den Augen verloren. Morgen muss ich mal nachfragen, was mit ihm los ist.«

Nun ja, der Rest war schnell erzählt. Da die Strecke ziemlich befahren war, hatte bald jemand angehalten, der sich erbot, Krankenwagen und Polizei zu benachrichtigen. Handys waren damals noch nicht üblich.

Der Anruf am nächsten Morgen im Krankenhaus ergab, dass der Lehrling den rechten Arm gebrochen hatte, der schnell eingegipst war. Da aber der Verdacht bestand, sein Brustkorb könne geprellt sein, hatte man ihn zur Beobachtung über Nacht in der Klinik behalten. Was diesen jungen Mann vor Schlimmerem bewahrt hatte, war wohl die Tatsache, dass er in dem Moment, als das Auto gegen den Baum krachte, vom rechten Sitz auf den mittleren geschleudert worden war. Daher traf ihn nicht die volle Wucht des Aufpralls. Nun war mir endlich klar, welchen Vorteil es hatte, dass dieses Auto mit drei Vordersitzen ausgestattet war!

Noch am Abend des Unfalltages brachte der Abschleppdienst das kaputte Auto zu uns. Gut, dass ich es nicht eher gesehen hatte, mich hätte bestimmt der Schlag getroffen. Denn so übel, wie der Wagen zugerichtet war, hätte ich mir nicht vorstellen können, dass jemand diesen Unfall überlebt hat. Das Auto, so erfuhren wir von der abschleppenden Werkstatt, war ein Totalschaden. Das bedeutete natürlich einen erheblichen finanziellen Verlust für unseren Sohn. Die Hauptsache aber war, dass er selbst ohne ernstliche Verletzungen davongekommen war. Allerdings konnte er gleich damit beginnen, auf ein neues Fahrzeug zu sparen.

Herberts Chef tat mir bei der Geschichte auch leid: Mit einem Schlag musste er auf zwei Mitarbeiter verzichten. Unser Sohn war zum Glück nach wenigen Tagen wieder auf dem Damm, der Lehrling aber fiel für über sechs Wochen aus.

Am Abend dieses aufregenden Tages dankte ich dem lieben Gott innig dafür, dass alles so glimpflich ausgegangen war.

Der Abschleppdienst

Damit aber waren die Schrecken um Herbert noch nicht zu Ende. In unserer unmittelbaren Nachbarschaft befand sich eine Autowerkstatt mit Abschleppdienst. Daher war es für mich kein ungewöhnlicher Anblick, Unfallautos huckepack auf einem Abschleppwagen zu sehen. An einem Samstagvormittag im März 1984 hatte ich schon zweimal beobachtet, wie der Inhaber der Werkstatt Unfallwagen auf seinem Abschleppauto hergebracht hatte.

Am frühen Nachmittag saßen mein Mann und ich am Kaffeetisch gemütlich beisammen. Zufällig fiel mein Blick aus dem Fenster. »Schau mal«, machte ich Josef lachend auf das, was ich erblickte, aufmerksam. »Jetzt hat der ja schon wieder einen Wagen am Haken. Das ist mindestens der dritte für heute. Den hat es aber bös' erwischt. Die rechte Seite ist total eingedrückt. Heute scheint ein unfallträchtiger Tag zu sein.« Noch immer lächelnd, fügte ich hinzu: »Da laufen die Geschäfte unseres Nachbarn gut. Du, Josef, sieht das Auto nicht aus wie das vom Herbert?«

Kaum hatte ich diesen Satz ausgesprochen, verging mir das Lachen. Siedend heiß fiel mir ein, dass unser Sohn vor etwa einer Stunde losgefahren war, mit seinem neu erworbenen Gebrauchtwagen. Mit seiner Freundin wollte er ins etwa fünfzig Kilometer entfernte Amberg. Die beiden beabsichtigten, bald zu heiraten, und hatten in Weiden mit anderen heiratswilligen Paaren bereits an einem Brautseminar teilgenommen. An diesem Samstag sollte nun in Amberg das Brautexamen stattfinden.

»Klar, das ist Herberts Auto«, bestätigte mein Mann nach einem kurzen Blick aus dem Fenster. »Das ist eindeutig sein BMW, hellgrünmetallic. Von der Sorte gibt es nicht viele.«

»Um Gottes willen!«, schrie ich in Panik. »Hoffentlich leben sie noch!« Dann stürzte ich aus dem Haus, mein Mann mir nach. In der Autowerkstatt hofften wir, Näheres zu erfahren. Als wir das Gelände erreicht hatten, stiegen Gudrun und Herbert gerade aus der Fahrerkabine des Abschleppwagens, beide heil und offenbar wohlbehalten.

»Gott sei Dank«, waren meine ersten Worte. Vor Erleichterung umarmte ich einen nach dem anderen, während mir Freudentränen über die Wangen liefen.

»Was ist passiert?«, wollten wir dann aber wissen.

Mein Sohn erzählte: »Nichts Böses ahnend, befanden wir uns auf der Vorfahrtstraße. Wir waren noch keine zwanzig Kilometer gefahren, da schoss plötzlich ein Ami-Schlitten von rechts aus der Seitenstraße. Zum Glück war ich schon so weit an ihm vorbei, dass er nur noch die rechte Hintertür erwischte. Nicht auszudenken, was passiert wäre, wenn er eine Sekunde früher in uns hineingeknallt wäre! So sind wir mit dem Schrecken davongekommen. Mein schönes Auto hat allerdings einen wirtschaftlichen Totalschaden erlitten, wie der Meister mir schon versichert hat. Dabei ist der Wagen doch erst fünf Jahre alt!«

»Ja, und das Brautexamen für heute können wir auch vergessen«, fügte Gudrun enttäuscht hinzu.

Nun ja, dieses holten sie in einer der nächsten Wochen in Weiden nach und konnten wie geplant im Wonnemonat Mai ihre Hochzeit in großem Rahmen feiern.

Der Unfallschaden wurde von der Versicherung des Unfallverursachers bezahlt. So war alles noch mal gut ausgegangen.

Meisterprüfung mit Hürden

1985 wollte Herbert seine Meisterprüfung ablegen. Dafür begann er in den letzten Monaten des vorhergehenden Jahres schon eifrig zu lernen. Die theoretische Prüfung fand bereits Anfang des neuen Jahres statt, was natürlich eine stressige Zeit für ihn bedeutete. Bevor es an die praktische Prüfung ging, so glaubte er, bliebe ihm noch genügend Zeit für ein bisschen Erholung. Da er und seine Frau begeisterte Skifahrer waren, sah er für sich im Skifahren die beste Möglichkeit, mal auszuspannen. Um in die Alpen zu fahren, reichte die Zeit aber nicht aus, doch in unserer Nähe konnte man auch ganz gut Wintersport treiben.

In Flossenbürg, nur etwa fünfzehn Kilometer von Altenstadt entfernt, befand sich ein alter Steinbruch, den man zu einem Abfahrtsgebiet umfunktioniert hatte, sogar mit Lift. An mehreren Tagen in der Woche, vor allem aber an den Wochenenden, konnte man dort zwischen 17 und 22 Uhr bei Flutlicht prima seiner Skileidenschaft frönen. Das nutzten unsere jungen Leute hin und wieder.

Herbert pflegte immer vorneweg zu wedeln, Gudrun düste in gebührendem Abstand hinterher.

So auch an einem Samstag Ende Februar. Es ist verständlich, dass in diesen wenigen Stunden immer ein ziemliches Gewühl auf der Piste herrschte. Mein Sohn liebte es aber nicht, mitten im Pulk zu fahren. Er zog es vor, sich seitlich von der Masse zu halten. Deshalb machte er seine Abfahrten meist nur einen Meter vom Rand entfernt. Wie es dann genau geschah, konnte er mir später nicht erklären. Jedenfalls blieb mir nachträglich noch fast das Herz stehen, als ich seine Schilderung vernahm.

Gegen neun am Abend war es passiert: Einer seiner Skier musste sich verkantet haben, sodass Herbert über den Rand der Piste hinausschoss, direkt in den Wald hinein. Dabei hatte er noch riesiges Glück. Vermutlich wäre er den Abhang hinuntergestürzt, wenn ihn nicht wieder ein Baum aufgehalten hätte, obgleich es mit diesem auch zu einem unsanften Zusammenstoß kam.

Als Gudrun ihren Mann am Boden liegen sah, bremste sie scharf und eilte zu ihm. Sie registrierte, dass er bei Bewusstsein war. Er schien jedoch nicht in der Lage, aufzustehen. Bei jeder Bewegung klagte er über starke Schmerzen im linken Oberschenkel. Also fuhr sie zur Talstation und meldete den Unfall. Von dort bestellte man gleich einen Sanka und einen Arzt. Eine Bergwacht gab es dort ja nicht, dazu war das Skigebiet zu winzig.

Der Arzt war als Erster bei dem Verunglückten. Nach kurzer Untersuchung tippte er auf Oberschenkelbruch. Wenig später erreichten die zwei Sanitäter vom Krankenwagen die Unfallstelle und hoben Herbert vorsichtig auf eine Trage. Mit viel Mühe brachten sie ihn zu Tal und luden ihn in den Sanka. Als dieser davonbrauste, folgte ihm Gudrun mit dem eigenen Pkw.

Durch eine Röntgenaufnahme bestätigte man im Krankenhaus sehr schnell die Diagnose des Arztes. »O mein Gott«, klagte Herbert, als er dies erfuhr. »Dann kann ich die Meisterprüfung wohl vergessen.«

»Wann soll die denn sein?«, erkundigte sich der mitfühlende Arzt.

»Im Mai«, lautete die Antwort des Patienten.

»Keine Sorge, das kriegen wir auf jeden Fall hin«, zeigte sich der Doktor optimistisch.

»Aber vorher müsste ich noch einen Schweißkurs absolvieren«, jammerte Herbert, »sonst werde ich nicht zugelassen.«

»Und wann soll dieser sein?«

»Der beginnt am 10. März.«

Der Mediziner warf einen Blick auf den Kalender. »Auch das kriegen wir hin.«

»Wie? Was?«, fragte Herbert ungläubig. »Meines Wissens dauert die Heilung eines Bruches mindestens sechs Wochen, wenn alles gut geht. Sie können doch auch keine Wunder vollbringen.«

»Das nicht. Zugegeben, auch heutzutage dauert die Heilung eines Bruches noch sechs Wochen. Die moderne Medizin hat aber Möglichkeiten entwickelt, die Ihnen schon ziemlich schnell wieder auf die Beine helfen, auch wenn der Bruch noch nicht geheilt ist. Dazu müssen wir Sie allerdings operieren.«

Am nächsten Morgen erfolgte der Eingriff, in welchem die gebrochenen Knochenteile des Oberschenkels mit einem Metallstift von dreißig Zentimetern Länge verbunden wurden. Dieser sollte ein Jahr im Körper verbleiben und in einer neuerlichen Operation entfernt werden.

Der Stift verlieh dem lädierten Knochen tatsächlich so viel Festigkeit, dass der Verunfallte bereits nach zehn Tagen entlassen werden konnte, ohne dass der Oberschenkel eingegipst war. Allerdings durfte sich Herbert nur mit zwei Krücken fortbewegen. Dabei hatte man ihm genau vorgeschrieben, mit wie viel Kilogramm das kranke Bein höchstens belastet werden dürfe.

Auf seine Krücken gestützt, begab sich der Schreinergeselle also zu seinem Schweißkurs und konnte ihn tatsächlich absolvieren, nicht zuletzt dank des sehr verständnisvollen und hilfreichen Kursleiters. Der praktischen Prüfung stand nun nichts mehr im Wege. Diese fand Anfang Mai statt, da war Herberts Bein schon wieder voll belastbar.

Er bestand die Prüfung mit Bravour. Sein Meisterstück war ein Schreibtisch aus Eiche, klassisch massiv, ein wahres Prachtstück. An diesem erledigt er heute noch alle Schreibarbeiten, die in seinem Privathaus anfallen.

Gott sei Dank war also auch das gut gegangen. Doch die Aufregungen nahmen noch immer kein Ende.

Der Testurlaub

Anfang Januar 2013 hatte Herbert sich mit seiner Frau für vier Tage in Südtirol im Grödnertal angemeldet. Sie wollten testen, ob diese Region und das gewählte Hotel für einen zweiwöchigen Familienurlaub geeignet seien. In dieser Zeit waren die beiden Söhne gut versorgt. Lars, fünfzehn Jahre alt, nahm an einer Ski-Freizeit in Saalbach/Österreich teil, und Florian, der Große, befand sich in Würzburg, wo er Physik studierte.

Doch schon einen Tag später stand meine Schwiegertochter vor meiner Tür. Bei ihrem Anblick blieb mir fast das Herz stehen, denn mir war klar, dass das nichts Gutes zu bedeuten hatte. »Gudrun, wieso bist du nicht in Südtirol? Was ist passiert? Wo ist Herbert?«, überschlugen sich meine Fragen. Dann erfuhr ich Folgendes:

Die Hinreise war problemlos verlaufen, die gewählte Unterkunft super. Kaum, dass sie ihr Gepäck aufs Zimmer getragen hatten, begaben sich die beiden auf die Piste, obwohl es schneite. Wenn man nur vier Tage hat, muss man jede Stunde nutzen, war ihre Devise. Der Schneefall wurde zusehends heftiger, und die Sicht war denkbar schlecht. Aber egal, Augen zu und durch. Da Herbert auch hier – um dem Gewimmel auf der Piste zu entgehen – scharf am Rande fuhr, geriet er mit einem Ski in einen Schneehaufen, der beim Präparieren der Piste entstanden war. Trotz der schlechten Sichtverhältnisse hatte mein Sohn ein ziemliches Tempo drauf, deshalb sauste er weiter, obwohl einer seiner Skier stecken geblieben war.

Auf dem verbliebenen Ski konnte er sich einigermaßen aufrecht halten. Doch mit diesem landete er plötzlich in einem anderen Schneehaufen. Es haute ihn um, es tat einen Knacks, gefolgt von einem stechenden Schmerz. Ein Glück, dass seine Frau, wie immer, in gebührendem Abstand hinter ihm hergefahren war, sonst hätte man ihn womöglich lange nicht gefunden. Als Gudrun etwas Dunkles im Schnee zu erkennen glaubte, begann sie sofort zu bremsen und kam genau vor ihrem Mann zum Stehen. »Schon wieder du?«, fragte sie halb belustigt, halb erschrocken. »Was fehlt dir diesmal?«

»Also, der Oberschenkel ist es nicht. Den Knacks habe ich wesentlich weiter unten verspürt. Ich kann nicht aufstehen.«

»Aha! Wir brauchen also die Bergrettung«, konstatierte sie, und weg war sie. An der Talstation meldete sie den Unfall.

Man schickte sofort zwei Männer von der Bergwacht mit einem Akia, einem metallenen Wannenschlitten, der von einer Person geschoben und von einer anderen gezogen wurde, hinauf. Die beiden brachten den Verletzten, warm zugedeckt, vorsichtig zu Tal. Dort wartete bereits der Krankenwagen auf ihn.

Herbert hatte erneut Glück gehabt. Da trotz des Schneefalls das Grödnerjoch für Zufahrten offen war, hatten sie ihn nach St. Ulrich in die Sportklinik bringen können. Auch diesmal war Gudrun mit dem privaten Pkw hinterhergefahren. Sie wollte ja sehen, was mit ihrem Mann geschah.

Es dauerte sehr lange, bis man sich des Verletzten endlich annehmen konnte, denn es herrschte reger Betrieb in der Notaufnahme. Nachdem der linke Unterschenkel endlich geröntgt worden war, lautete die Diagnose: »Ein komplizierter Bruch des Waden- und des Schienbeines. Das können wir hier nicht operieren. Sie müssen weiter nach Brixen.« Also hieß es: Wieder rein in den Sanka, und ab die Post.

Meine Schwiegertochter fuhr abermals hinterher.

»Wir können Sie heute leider nicht mehr operieren und morgen vermutlich auch nicht«, erklärte man in Brixen. »Sie sehen ja, was hier los ist.« In der Tat muss es dort zugegangen sein wie in einem Taubenschlag. Einen richtigen Stau von Verletzten sah Herbert vor sich, und ständig wurden neue Patienten eingeliefert. »Wir behalten Sie für eine Nacht hier, und morgen bringen wir Sie in ein heimatnahes Krankenhaus Ihrer Wahl. Die sollten Sie operieren, bevor das Bein anschwillt. Denn wenn das geschieht, müsste man den Eingriff verschieben, bis das Bein wieder abgeschwollen ist.«

Mit diesem Vorschlag waren Herbert und seine Frau einverstanden. Wenn er in ein Krankenhaus in der Nähe seines Wohnortes kam, hatte das auch den Vorteil, dass man ihn dort öfter würde besuchen können. Während man Herbert in Brixen ein Zimmer zuwies, fuhr meine Schwiegertochter zurück zum Hotel, wo der Koffer noch unausgepackt stand. Für eine Nacht quartierte sie sich ein und bezahlte am nächsten Morgen die Rechnung. Für die Nächte, die sie nicht in Anspruch genommen hatten, brauchte sie glücklicherweise nichts zu zahlen.

Man war überzeugt davon, bei dem Andrang, der in diesem Skigebiet herrschte, leicht Hotelgäste zu finden, die froh wären, dass sie noch ein Zimmer bekamen.

Passiert war Herberts Unfall am frühen Nachmittag, bei seiner ersten Abfahrt. Gegen 16 Uhr war er im Krankenhaus von St. Ulrich angekommen. Anderthalb Stunden später hatte man Brixen erreicht, und am nächsten Morgen hatte man ihn schon sehr früh in den Sanka geladen, der ihn zurück nach Deutschland bringen sollte.

Nachdem Gudrun im Hotel alles geregelt hatte, war sie gegen acht losgefahren, direkt in Richtung Heimat. Der erste Teil der Fahrt sei sehr schwierig gewesen, erzählte sie mir. Streckenweise hatte sie nur im Schneckentempo fahren können, weil die Straßen nicht so schnell geräumt werden konnten, wie es nachschneite. Auf der Autobahn aber lief es zügig. Fast sieben Stunden hatte sie für die Heimfahrt gebraucht. Etwa eine Stunde nach dem Patienten war sie im Krankenhaus eingetroffen. Sie konnte sich davon überzeugen, dass er gut untergebracht war und dass man alles Notwendige für ihn tun würde. Die Operation hatte man für den nächsten Morgen vorgesehen.

Als das alles geklärt war, hatte sie sich auf den Weg zu mir begeben. Sie meinte, es sei besser, wenn sie mir diese Schreckensnachricht persönlich überbringe, als wenn sie mir diese durch einen kurzen Anruf mit dem Handy kundtun würde.

Damit hatte sie zweifellos recht, und ich war ihr wirklich dankbar. Stehenden Fußes begab ich mich zu meinem Sohn. Ich hatte das Bedürfnis, mit eigenen Augen zu sehen, dass es ihm gut ging.

Am nächsten Morgen erfolgte die Operation. Bei dieser hatte man nicht nur die Knochen in die ursprüngliche Lage geschoben, sondern auch zwei Metallplatten eingesetzt, eine fürs Schienbein, eine fürs Wadenbein. Diese sollten den Knochen Halt verleihen. Nach einem Jahr wollte man diese Platten wieder operativ entfernen. Auch in diesem Fall verwendete man keinen Gips. Erfreulicherweise konnte Herbert bereits nach vier Tagen entlassen werden, nachdem er noch einen Termin bei einem Physiotherapeuten wahrgenommen hatte. Damit war sein neuestes Abenteuer aber noch nicht ausgestanden.

Kaum war er zu Hause, brach ihm der Schweiß aus. Das herbeigeholte Thermometer zeigte beträchtliches Fieber an. Noch am selben Abend bestellte man den Hausarzt.

Der besah sich das Bein. Es war rot und der Verband durchgeblutet. »Das sieht gar nicht gut aus«, stellte er kopfschüttelnd fest. »Ich verschreibe Ihnen jetzt ein Antibiotikum. Entweder wird Ihr Bein bis morgen besser oder schlimmer. In letzterem Fall müssen Sie sofort ins Krankenhaus.«

Leider musste Gudrun ihren Mann am folgenden Morgen tatsächlich wieder ins Krankenhaus bringen.

»Sie sind aber spät dran«, rügte ihn der Arzt in der Notaufnahme.

»Was heißt hier spät dran?«, wehrte sich Herbert. »Gestern bin ich erst entlassen worden und war vorher noch beim Physiotherapeuten, der hat nichts Auffälliges festgestellt.«

Nun ja, die Untersuchungen wurden sofort eingeleitet und zogen sich bis in die Nachmittagsstunden hin. Das Blutbild ergab die Diagnose: Krankenhauskeim. »Wir müssen heute noch operieren«, teilte man meinem Sohn mit.

Zum Glück hatte er zum Frühstück so gut wie nichts gegessen, aufgrund des Fiebers hatte er eh keinen Appetit. Am Abend erfolgte endlich die Operation, unter Vollnarkose. Die Platten kamen wieder raus, die Wunde wurde kräftig durchgespült, neue Platten durften rein, ein Verband wurde angelegt. Diesmal blieb der Arme eine Woche. Nach einigen Tagen zu Hause ging es wieder los: Schwitzen, Fieber, Blutbild. Da es noch immer schlechte Werte anzeigte, erneute Operation. Wieder Vollnarkose, wieder Durchspülen, wieder neue Platten. Wieder eine Woche Krankenhausaufenthalt. Dieses Spielchen wiederholte sich noch einige Male.

Als Herbert Mitte März endlich wieder nach Hause durfte, war er noch lange nicht arbeitsfähig. In der Firma aber staute sich die Arbeit. Deshalb ließ er sich von seiner Frau abends immer Arbeit mitbringen, die er bis zum nächsten Abend erledigte.

Gesundheitlich machte er scheinbar Fortschritte, aber es blieb eine Stelle am Bein, die wollte und wollte nicht zuheilen. Deshalb musste er noch einige Male in die Klinik. Sechs Nachoperationen musste der arme Bub insgesamt über sich ergehen lassen, die letzten neuen Platten hatte man ihm im Juni 2013 eingesetzt. Diese hätten ein Jahr im Bein bleiben sollen. Irgendwie machten sie ihm aber Beschwerden, deshalb wurden sie auf seinen Wunsch hin schon im März 2014 entfernt. Danach hatte der Ärmste endlich Ruhe.

Wer denkt, mein Sohn habe nun das Skifahren aufgegeben, der irrt. Im letzten Winter war er schon wieder auf der Piste. Und was den Testurlaub im Grödnertal angeht, so beabsichtigt er immer noch, mit seiner Familie dort einen Urlaub zu verbringen.

Liebe auf den zweiten Blick

Andrea, exakt an unserem 6. Hochzeitstag geboren, erwies sich schon bald als rechtes Glückskind. Nicht nur, dass uns mein Vater aus Anlass ihrer Geburt ein Grundstück geschenkt hatte, nein, sie hatte auch persönlich immer wieder außergewöhnliches Glück. Selbst als die Kinder noch klein waren, besuchten wir mit ihnen so manchen Kirmesplatz. Außer dass sie einige Runden mit dem Karussell fahren konnten, durfte sich auch jeder von ihnen ein Los kaufen.

Schon mit ihrem ersten Los gewann Andrea einen Ball, während die Geschwister Nieten gezogen hatten. Wo immer wir danach hinkamen, wo es etwas zu gewinnen gab, heimste sie ansehnliche Preise ein. So etwas gibt es doch gar nicht, dachte ich immer wieder. Das Gewinn-Glück müsste sie doch auch mal verlassen und sich einem unserer anderen Kinder zuwenden. Dem war aber nicht so. Immer wieder war es Andrea, die auf ihre Lose etwas gewann, und die anderen gingen – sehr zu deren Leidwesen – leer aus. Wir kamen von keiner Kirmes nach Hause, von der unsere zweite Tochter nicht einen Gewinn heimtrug. Waren es anfangs nur Kleinigkeiten, die sie gewann, so zog sie bald das große Los: Man überreichte ihr an der Losbude einen riesigen schwarz-weißen Teddybären, den Hauptgewinn. Da er größer als sie selbst war, musste sie sich ganz schön damit abplagen. Mein Mann oder ich hätten ihr diesen ja nach Hause getragen, aber das ließ ihr Ehrgeiz nicht zu. Glücklich, wie ein Sportler seinen Pokal nach Hause trägt, schleppte sie ihren Teddy heim, natürlich vom Neid ihrer Geschwister begleitet. Damals wagte ich noch zu prophezeien: »Diesmal ist Andrea die Glückliche, das nächste Mal ist gewiss eines von euch anderen an der Reihe.« Da waren die Übrigen zufrieden.

Bei den folgenden Rummelplatzbesuchen heimste doch wieder Andrea etwas ein: mal ein Püppchen, hier einen Plüschhasen, dort ein Malbuch oder eine Mundharmonika, während ihre Geschwister allenfalls einen Trostpreis in Form eines Kaugummis oder eines Dauerlutschers erhielten.

Im Übrigen wuchs unsere zweite Tochter recht unauffällig heran. Nur an eine Szene kann ich mich erinnern, die hätte bös ausgehen können. Andrea musste etwa zwölf gewesen sein, ihr Bruder Herbert neun. Die beiden hatten sich gestritten.

Um seinen Fäusten zu entgehen, rannte sie in ihr Zimmer und konnte gerade noch rechtzeitig die Tür zuschlagen, denn er war ihr dicht auf den Fersen. Einige Sekunden – oder waren es Minuten? – später wollte sie sich etwas aus dem Wohnzimmer holen, das sie vergessen hatte. Vorsichtig öffnete sie die Tür einen Spaltbreit, um zu sehen, ob die Luft rein sei.

In dem Augenblick kam ein hölzerner Kleiderbügel geflogen, genau senkrecht durch den Spalt und ihr mitten auf den Mund. Der Bub muss also auf der Lauer gelegen und gut gezielt haben. Noch heute wundert es mich, dass sich der Bügel nicht am

Türrahmen verkantet oder verhakt hatte. Auch in dieser Situation erwies sich Andrea als Glückskind. Sie trug weder eine Wunde noch eine Schramme davon. Für den Moment schwoll die Oberlippe zwar etwas an, aber sie war nicht aufgeplatzt. Was, wenn das Metallteil des Kleiderbügels ins Auge gegangen wäre? Ich darf mir gar nicht vorstellen, was dann hätte passieren können!

Ein oft zitiertes Sprichwort besagt, entweder hat man Glück in der Liebe oder Glück im Spiel. Nachdem Andrea allmählich auf die zwanzig zuging und noch immer keinen festen Verehrer hatte, begann ich allmählich, an die Wahrheit dieser Redensart zu glauben. Sollte diesem Mädchen, das so viel »Glück im Spiel« hatte, dieses in der Liebe versagt bleiben? Das wäre doch ein gar zu hoher Preis, den sie für ihre meist bescheidenen Gewinne zu zahlen hätte.

Um ihrem Glück in der Liebe nachzuhelfen, drängte ich sie immer wieder, Tanzveranstaltungen zu besuchen. Wenn sie zu Hause hocken blieb, waren die Chancen äußerst gering, einem Mann zu begegnen. Sie zeigte aber wenig Lust, auszugehen. Als sie ihr zwanzigstes Lebensjahr vollendet hatte, gelang es mir endlich, sie zu einem Besuch des Faschingsballes zu überreden, der im Bahnhofsrestaurant stattfand. Diesen besuchte sie mit einer Freundin. Bisher hatten Freundinnen und auch Verwandte ihr schon einige Mannsbilder vorgeschlagen, von denen sie wussten, dass sie Singles waren.

Kaum hatten die beiden Mädchen an besagtem Abend den Tanzsaal betreten, deutete Regina, die Freundin, auf einen Mann und flüsterte: »Das ist der Dieter. Soviel ich weiß, sucht der nach einer festen Freundin.« Nachdem meine Tochter einen kurzen Blick auf diesen Dieter geworfen hatte, flüsterte sie zurück: »Den Eindruck hab ich aber nicht.«

In der Tat saß bei diesem Mann ein Mädchen auf dem Schoß. Zudem erweckte er den Eindruck, als ob er schon ziemlich viel intus hätte, wie sie mir später berichtete. Sein Dreitagebart und die wahllos zusammengewürfelte Verkleidung machten ihn auch nicht besonders attraktiv.

»Nein, so einen brauch ich auch nicht«, stellte Andrea entschieden fest.

Nach ihrer Aussage hat sie an diesem Abend viel und fleißig getanzt, aber letztlich ohne Erfolg. Sie ging wieder »unbemannt« nach Hause.

Es dauerte einige Monate, bis sich unsere jüngere Tochter dazu aufraffen konnte, erneut ein Tanzvergnügen zu besuchen: ein Waldfest, was mitten im Sommer stattfand. Am Waldrand hatte man ein schönes solides Podium aufgebaut, um das Tische und Bänke standen.

Meine Tochter, wieder mit Freundin Regina unterwegs, die in Begleitung ihres Freundes war, saß noch nicht lange, da wurde sie von einem gut aussehenden Mann auf die Tanzfläche geführt. Als er sich als »Dieter« vorstellte, dämmerte es ihr langsam. »Kann es sein, dass wir uns schon mal auf einem Ball begegnet sind?«, fragte sie vorsichtig an.

»Wenn du den Kostümball meinst vom Faschingsdienstag, dann ja.«

Wie vorteilhaft sah dieser Mann heute aus! Erstens war er nüchtern, zweitens rasiert, drittens gepflegt angezogen, und viertens hielt er kein Mädchen auf dem Schoß. Die Sache mit dem Mädel beschäftigte Andrea doch etwas, deshalb stellte sie eine zweite zaghafte Frage: »Was ist denn aus der geworden, die damals auf deinem Schoß saß?«

»Keine Ahnung. Ich kannte sie gar nicht. An jenem Abend hatte sie sich einfach an mich rangeschmissen. So etwas mag ich schon gar nicht. In der Hinsicht bin ich etwas altmodisch. Mir ist es lieber, wenn ich ein Mädchen erobern muss.«

Aha, dachte Andrea, dann fang mal damit an. Nachdem die Sache mit der Fremden geklärt war, ließ sie ihren Gefühlen freien Lauf und verliebte sich in Dieter. Dennoch machte sie es ihm nicht leicht. Fünf Jahre musste er um sie werben, bis sie ihm endlich zum Traualtar folgte. Ja, bald schon erwies sich dieser Mann als ihr großes Los.

Seit dieser Erkenntnis gebe ich auf solche Redensarten wie »Glück in der Liebe oder Glück im Spiel« nichts mehr. Dieter zeigte sich nicht nur als Mensch und Mann als Volltreffer, er bot ihr auch sonst noch einiges, was mir erneut bestätigte, dass Andrea ein Glückskind ist. Er war Mitglied einer Faustballmannschaft, die sogar zur Weltklasse aufstieg. Als der Deutsche Sportbund die Spieler nach Rio de Janeiro schickte, durfte Andrea ihren Dieter sogar begleiten, ohne dass es sie einen Pfennig kostete.

Aber auch nach diesem wunderbaren Südamerika-Erlebnis riss ihre Glückssträhne nicht ab. Wann immer sie an einem Preisausschreiben teilnahm, gewann sie etwas. Einmal war es ein Frisierset, mal ein wertvolles Kinderfahrrad, einmal gewann sie sogar den ausgeschriebenen Höchstpreis: eine Mallorca-Reise für zwei Personen, inklusive Flug, im Wert von 2.000 Euro. Diese Reise unternahm sie natürlich mit ihrem Mann.

Ein anderes Mal kaufte sie sich auf einem Bürgerfest zehn Lose. Fünf davon waren Treffer. Der Hauptpreis – ein iPad – landete natürlich bei meiner Tochter.

Nur was den Nachwuchs anbetraf, so schien das Glück sie verlassen zu haben. Bei ihr tat sich nicht das Geringste, obwohl sie sich sehnlichst Kinder wünschte. Nachdem sie zehn Jahre verheiratet war, hatte ich die Hoffnung, von dieser Seite her Großmutter zu werden, längst aufgegeben. Wenn sich ihr Traum von einem Kind erfüllen sollte, würde sie es wohl so machen müssen wie ihre Tante Lina, meine älteste Schwester, und ein Kind adoptieren.

Es war im Jahre 1995, ich hatte wieder mal alle meine Kinder mit ihren Familien anlässlich meines Geburtstages um mich versammelt, da sagte plötzlich jemand aus der Runde: »Du wirst wieder Oma.«

»Wie? Was?« Freudig forschend schaute ich meine Kinder der Reihe nach an. »Erika, du?«

Sie schüttelte den Kopf. »Nein, Mutti, mit meinen vierzig Jahren tue ich mir das nicht mehr an.«

»Herbert, kommt bei euch das zweite?« Auch er schüttelte den Kopf.

»Doch nicht etwa Stefan?« Der war zwar nicht verheiratet, aber das war ja kein Hindernis.

Doch er lachte nur spitzbübisch und erklärte: »Zum Kinderkriegen gehören zwei.«

Nach dieser Antwort war ich ratlos. Meine Andrea hatte ich gar nicht erst gefragt, weil mir bei ihr ein solcher Fall unmöglich erschien.

»Du hast doch noch mehr Kinder«, meldete sie sich schließlich zu Wort.

»Du? Nein, das glaube ich nicht.«

Dann zeigte sie mir ein Ultraschallbild, auf dem schon deutlich ein kleines Menschlein zu erkennen war. »Großartig! Nun bist du selbst in dieser Hinsicht ein Glückskind.«

Die Schwangerschaft verlief völlig problemlos, nur als es an die Entbindung ging, wurde es etwas schwieriger. Das Kind schien nämlich recht groß und schwer zu sein. Aber auch in diesem Fall hatte meine Tochter Glück. Das Baby bahnte sich seinen Weg in die Freiheit auf natürliche Weise; der schon angedachte Kaiserschnitt wurde abgesagt.

Das Kind war wirklich ein Wonneproppen, 4.400 Gramm brachte das Mädchen auf die Waage. Alena war jenes Enkelkind, das mich später veranlasste, meine Erinnerungen aufzuschreiben.

Jung gefreit ...

Aus der Kindheit unserer Tochter Erika gibt es eigentlich nichts Aufregendes zu berichten. Sie war stets lieb und fleißig, in der Schule eine gute Schülerin, und bereitete uns glücklicherweise nicht so aufregende Stunden wie ihre Brüder. Nach ihrer Schulentlassung trat sie eine Lehre bei einer Versicherung an, nach deren Abschluss sie als Sekretärin übernommen wurde.

Während sich bei unserer Tochter Andrea in puncto Liebe lange Zeit nichts getan hatte und sie sich erst sehr spät zu einer Heirat entschließen konnte, gehörte unsere Erika eher zu der schnellen Truppe.

Mit siebzehn lernte sie Reinhard kennen. Schon bald stellte sie ihn uns vor, mit den Worten: »Das ist der Mann fürs Leben.«

Über so viel Selbstsicherheit konnte ich nur schmunzeln. Warts ab, Mädchen, dachte ich, mit dem Mann fürs Leben ist es ganz schnell aus, wenn dir ein anderer über den Weg läuft. Doch ich sollte mich irren.

Reinhard schien ein liebenswerter Bursche, und wir schlossen ihn alle gleich ins Herz. Er war ebenso fleißig und sparsam wie unsere Tochter. Schon bald kamen die beiden auf die Idee, sich ein großes Zelt zu kaufen. Im Prinzip hatten wir nichts dagegen. Ich äußerte nur Bedenken, wo die beiden das denn aufstellen wollten.

»Kein Problem, Mama. Wir haben einen idyllisch gelegenen Campingplatz entdeckt, der liegt zwischen einem kleinen See und einem Wald. Dort werden wir das Zelt aufbauen und auf Dauer stehen lassen.«

Das war wirklich eine Superidee. In der Folgezeit verbrachte unsere ganze Familie mit großer Begeisterung im Sommer so manches Wochenende dort.

Im Juni 1973 erklärte mir Erika ganz plötzlich, sie wolle heiraten.

»Wieso?«, fragte ich überrascht, »bist du schwanger?«

»Nein«, gab sie zurück und fügte schmunzelnd hinzu: »Muss man zum Heiraten schwanger sein?«

»Das nicht«, entgegnete ich. »Aber aus welchem Grund wollt ihr sonst heiraten?«

»Weil wir uns lieben. Genügt das nicht?«

»Im Prinzip schon. Aber du bist gerade mal achtzehn, und Reinhard ist erst vor einigen Tagen zwanzig geworden. Es ist doch recht ungewöhnlich, dass man so früh heiratet.«

»Das mag sein. Doch ich bin überzeugt davon, dass er der Richtige für mich ist. Warum soll ich da noch lange warten?«

»Gewiss, das stimmt schon. Aber wenn ihr wirklich jetzt schon heiraten wollt, muss Reinhard erst für volljährig erklärt werden, sonst geht gar nichts.«

»Das lassen wir auch noch über uns ergehen. Hauptsache, wir sind bald ein Ehepaar.«

Eigentlich war wirklich nichts gegen diese frühe Heirat einzuwenden. Als Schriftsetzer verdiente er genug, um eine Familie ernähren zu können. Außerdem wollte Erika noch eine Weile mitarbeiten, damit sie in absehbarer Zeit zu einem eigenen Haus kommen würden. Wie recht die beiden mit dieser eiligen Eheschließung hatten, würde sich schon in Kürze zeigen.

Innerhalb weniger Wochen fand das junge Paar eine schöne geräumige Wohnung im zweiten Stock eines Hauses mit vier Mietparteien. Diese richteten sie sich gemütlich ein, wobei wir ihnen natürlich unter die Arme griffen. Anschließend richteten wir ihnen die Hochzeit aus. Wir feierten in einem Gasthaus. Es war ein schönes Fest, mit über vierzig Gästen. Außer unseren Kindern und Geschwistern nahm natürlich auch Reinhards Familie daran teil, sowie einige Verwandte und Freunde von beiden Seiten.

In den folgenden Monaten beobachtete ich meine Tochter verstohlen, ob sich in Sachen Nachwuchs nicht doch bald etwas tat. Aber ich musste mich in Geduld üben. Es dauerte über anderthalb Jahre, bis der Stammhalter endlich in der Wiege lag. Dann jedoch war die Freude riesengroß. Ich war unheimlich stolz darauf, mit einundvierzig Jahren bereits Oma zu sein. Und auch der frischgebackene Opa war mächtig stolz auf seinen ersten Enkel. Wir konnten uns nicht sattsehen an dem kleinen Roman, deshalb nutzten wir jede Gelegenheit, die junge Familie zu besuchen. Zum Glück wohnten sie nur anderthalb Kilometer von uns entfernt. Oft luden wir die jungen Leute auch zu uns ein.

Kurz nach der Geburt des Kindes wurde Reinhard im Alter von zweiundzwanzig Jahren zur

Bundeswehr einberufen, damit er seinen Wehrdienst ableistete. Schweren Herzens nahm er von Frau und Kind Abschied. »Zum Glück komme ich ja nicht so weit weg«, tröstete er sich und Erika. »So kann ich doch öfter mal nach euch beiden schauen. Und zwischendurch telefonieren wir, so oft es geht.« So geschah es auch.

Am 14. November, einem Sonntag, feierte Reinhards Vater seinen zweiundfünfzigsten Geburtstag. Deshalb war der Sohn für dieses Wochenende nach Hause gekommen. Die Eltern wohnten ebenfalls in Altenstadt. Seine Mutter lud zu einem Mittagessen ein, an dem auch mein Mann und ich teilnahmen. Nach dem anschließenden Kaffeetrinken saß man noch eine Weile fröhlich beisammen. Leider endete die Feier abrupt noch vor dem Abendessen. Der Wehrdienstleistende musste noch am selben Abend pünktlich in seiner Kaserne erscheinen.

Wie nach jedem Besuch zu Hause, rief er auch an diesem Abend von dort aus an, damit seine junge Frau wusste, dass er gut angekommen war, und beruhigt sein konnte. Während des Telefonats trug sie den sieben Monate alten Sohn auf dem Arm. Sie hielt ihm den Hörer ans Ohr und sagte: »Horch, Roman, der Papa ist am Apparat.«

Erfreut darüber, seinen Sohn am Telefon zu haben, sprach Reinhard auf ihn ein. Er wiederholte mehrmals den Satz: »Hier ist dein Papa.«

Zunächst lauschte der Kleine angespannt in den Hörer. Auf einmal erhob er seine Stimme und jauchzte: »Papa! Papa!«

Sowohl Reinhard als auch Erika waren völlig gerührt, denn es war das erste Mal, dass der Kleine »Papa« sagte, ja, es war überhaupt das erste Wort, das er sprach.

Am folgenden Tag kam meine Tochter mit ihrem Söhnchen zu uns. Im Kinderwagen hatte sie ihn hergeschoben. Mit dem Familienauto war schließlich ihr Mann unterwegs, weil er damit zwischen Kaserne und Familie hin- und herpendeln musste.

Voller Stolz berichtete Erika, dass Roman am Vorabend am Telefon zum ersten Mal »Papa« gesagt habe und auch, wie glücklich Reinhard darüber gewesen sei. Am Abend wollte sie den Kleinen wieder nach Hause schieben. Sie meinte, der Weg durch die frische Luft täte ihr und dem Kind gut.

Gewiss, es war nicht weit, und es gab genügend Straßenlaternen, trotzdem gefiel mir der Gedanke nicht. Ich bot an, die beiden mit dem Auto schnell nach Hause zu bringen.

»Ach, Mutter, das ist doch nicht nötig«, wehrte sie ab. »Was willst du dir noch die Mühe machen und das Auto aus der Garage holen?«

»Das macht mir nichts aus. Aber es würde mich beunruhigen, wenn ich dich mit dem Kind allein auf der nächtlichen Straße wüsste«, argumentierte ich. Widerwillig ließ sie es zu.

Nachdem ich meine anderen Kinder zu Bett geschickt hatte, chauffierte ich meine Älteste nach Hause. Wie gut es gewesen war, dass ich mich durchgesetzt hatte, sollten wir sehr bald erfahren. Als wir auf Erikas Wohnhaus zufuhren, erkannten wir im Schein der Straßenlaterne zwei Männer, die vor dem Haus auf- und abgingen.

»Nanu, was wollen die denn hier?«, fragte Erika beunruhigt. Beim Näherkommen war zu sehen, dass einer von ihnen Uniform trug.

»Das hat nichts Gutes zu bedeuten«, mutmaßte ich.

Wir hielten vor dem Haus und stiegen gleichzeitig aus. Der eine Mann, der bei näherem Hinsehen in seinem schwarzen Anzug eindeutig als Priester zu erkennen war, trat auf meine Tochter zu und fragte: »Sind Sie Frau B.?« Erika nickte. Er deutete auf mich, bevor er fortfuhr: »Kann ich offen sprechen?«

»Natürlich. Das ist meine Mutter. Vor ihr habe ich keine Geheimnisse.«

Nun trat auch der zweite Mann auf uns zu, stellte sich als Reinhards Hauptmann vor und deutete auf den anderen. »Das ist unser Militärpfarrer. Dürfen wir mit ins Haus kommen? Wir müssen Ihnen eine Nachricht überbringen.«

Hatten wir beim ersten Anblick dieser beiden Männer schon ein ungutes Gefühl gehabt, so schwante uns beiden nun Schlimmes. Ich nahm den Kleinen aus dem Auto, dann stiegen wir hinauf in den zweiten Stock.

Kaum, dass wir im Wohnzimmer Platz genommen hatten, fragte Erika: »Ist ... ist meinem Mann etwas passiert?«

»Leider ja«, antwortete der Militärpfarrer.

»Hatte er einen Unfall?« Die beiden Herren nickten. Erika schluckte. »Ist er – schwer verletzt?«

Mit betretener Miene schüttelten die beiden Militärangehörigen den Kopf. »Wir haben die traurige Pflicht, Ihnen mitzuteilen, dass Ihr Mann in Ausübung seines Dienstes sein Leben verloren hat«, brachte der Pfarrer mit belegter Stimme hervor.

»Wieso?«, schrie Erika panisch auf. »Es ist doch gar kein Krieg!« Sie wurde kreidebleich, sie schwankte. Es war ein Glück, dass sie saß, sie wäre sonst umgefallen. Spontan schlang ich einen Arm um sie, um ihr Halt zu geben. Ich darf gar nicht daran denken, was passiert wäre, wenn sie in dieser Situation allein gewesen wäre.

Nach einigen Sekunden hatte sich meine Tochter so weit gefasst, dass sie eine weitere Frage stellen konnte: »Wie konnte das passieren? Gestern Abend hat er noch mit mir telefoniert und mir gesagt, dass er gut angekommen ist.«

»Dass er gut angekommen ist, kann ich bestätigen«, ergriff der Hauptmann das Wort. »Heute Morgen mussten Ihr Mann und ein Beifahrer im Rahmen einer Übung einen Siebentonner, der mit Munition beladen war, in dem hügeligen Militärgelände fahren. In der verflossenen Nacht war es empfindlich kalt gewesen, daher hatte sich auf den höher gelegenen Stellen eine dünne Eisschicht gebildet, womit niemand von uns gerechnet hat. Beim Hinauffahren auf einen der Hügel gab es keinerlei Probleme. Als Reinhard aber auf der anderen Seite wieder hinunterfahren wollte, kam sein Fahrzeug ins Schlingern. Wie wir von seinem Beifahrer erfahren haben, hat Reinhard dass Steuer noch herumgerissen, um zu retten, was zu retten war, aber der Lastwagen kippte um. Das wäre nicht weiter schlimm gewesen, doch die geladene Munition rutschte nach vorn und erdrückte ihn.«

»O mein Gott«, stieß Erika hervor. Sie schlug beide Hände vors Gesicht und war nicht mehr ansprechbar.

Deshalb besprachen die beiden Männer mit mir, wie das Begräbnis ablaufen sollte. Kurz darauf verabschiedeten sie sich.

Meine Tochter saß wie versteinert da. Es war, als ob das Gehörte gar nicht bis in ihr Inneres vorgedrungen war. Nur gut, dass ich darauf bestanden hatte, sie nach Hause zu bringen. Über Nacht konnte ich sie auf keinen Fall allein in ihrer Wohnung lassen, die Arme wäre ja durchgedreht. Weil ich sie mit zu uns nehmen wollte, packte ich das Notwendigste für sie und das Kind zusammen. Bevor ich aber Tochter und Enkel samt Gepäck in mein Auto verfrachtete, fiel mir ein, dass ich Reinhards Eltern informieren müsste. Eine solche Nachricht wollte ich jedoch nicht am Telefon aussprechen. Ich rief sie an und bat sie lediglich, in etwa einer halben Stunde bei uns im Haus zu sein, ich hätte etwas Wichtiges mit ihnen zu besprechen.

Kurz vor ihnen traf ich zu Hause ein, wo ich meinem Mann mit wenigen Worten erzählte, was geschehen war. Mittlerweile war es halb zehn geworden. Erikas Schwiegereltern schienen verwundert über die so kurzfristig anberaumte späte Einladung. Als sie aber unsere Gesichter sahen, ahnten sie schon nichts Gutes.

Erst als sie saßen, wagte ich es, ihnen zu berichten, was uns der Militärpfarrer mitgeteilt hatte. Sie waren fassungslos. Es ist nicht einfach, den einzigen Sohn zu verlieren, noch dazu im blühenden Alter von zweiundzwanzig Jahren, einen Sohn, der kerngesund war und mit dem man am Tag zuvor noch in fröhlicher Runde gefeiert hatte.

In dieser Nacht war für keinen von uns an Schlaf zu denken. Stunde um Stunde redeten und redeten wir, immer im Kreis herum. Wir konnten die Tatsache einfach nicht glauben. Von allen Seiten versuchten wir, das Geschehene zu beleuchten, doch es blieb für uns unfassbar.

In der Frühe endlich, nachdem sich Reinhards Eltern verabschiedet hatten, fiel Erika in einen bleiernen Schlaf. Doch leider war für sie die Nacht nach zwei Stunden schon wieder zu Ende. Ihr Söhnchen, das ja noch gestillt wurde, meldete lautstark Hunger an. Danach saßen wir drei wieder beisammen und redeten, um unsere Trauer zu bewältigen. Die anderen Kinder weckte ich rechtzeitig und schickte sie in die Schule, ohne ihnen etwas davon zu sagen, was uns andere tief bewegte. Wenigstens diesen Vormittag sollten sie noch unbelastet verbringen.

Später kamen Reinhards Eltern wieder zu uns, nebst ihren beiden Töchtern. Noch immer waren wir fassungslos über den tödlichen Unfall. Niemand von uns verstand, dass in Friedenszeiten so etwas hatte passieren können. Für uns war es unbegreiflich, dass ein Soldat sein Leben verlor, der nur mal eben seinen Wehrdienst ableistete. Aber Gottes Wege sind oft unergründlich. Wir müssen uns darein fügen, dass er mit uns größere Absichten hat, die wir nicht durchschauen.

In dieser Situation begriff ich aber endlich, warum die beiden so früh hatten heiraten wollen. Als ob sie geahnt hätten, dass ihre gemeinsame Zeit so kurz bemessen sein würde, hatten sie auf dieser frühen Ehe bestanden und auf diese Weise wenigstens zwei glückliche Jahre miteinander verbracht. Nun war unsere Tochter bereits mit einundzwanzig Jahren Witwe, und ihr kleiner Sohn hatte mit sieben Monaten seinen Papa verloren, der so stolz auf ihn gewesen war. Roman war in der Folgezeit ein großer Trost für Erika, für ihn musste sie sich ja aufrecht halten. In ihm sah sie ein lebendes Vermächtnis ihres so früh verunglückten geliebten Mannes.

Am frühen Nachmittag bezog ich Posten an meinem Wohnzimmerfenster. Von dort ließ sich ein Teil der Autobahn nebst Ausfahrt überblicken. Der Hauptmann hatte mir am Abend zuvor angekündigt, wann in etwa mit der Überführung der sterblichen Überreste unseres Schwiegersohnes zu rechnen sei. Als ich gegen 14 Uhr einen Militärkleinbus trauerbeflaggt auf unsere Autobahnausfahrt zukommen sah, brachen wir alle gemeinsam auf zum Friedhof. Wir hatten es nicht weit dorthin, fast zeitgleich mit dem Bus trafen wir an der Trauerhalle ein.

Einige von Reinhards Kameraden trugen den Sarg in die Halle. Sie stellten ihn auf die Lafette, die in der Mitte des Raumes stand, und hängten mit schwarz-rot-goldenen Schleifen verzierte Kränze an die dafür vorgesehenen Metallständer. Dazwischen stellten sie einige Bundesflaggen mit zusätzlichem

Trauerflor auf. Dann postierten sich zwei Kameraden – der eine rechts, der andere links vom Sarg – um Totenwache zu halten. Der Hauptmann, der den »Einsatz« leitete, erklärte uns, man habe den Sarg absichtlich geschlossen, um uns den Anblick zu ersparen, den der Leichnam aufgrund des Unfalls biete. Schweigend nahmen wir Abschied von dem jungen Ehemann und Vater, dem Sohn und Schwiegersohn, dem Bruder und Schwager.

Nach kurzer Zeit strebten wir auf Erikas Wunsch wieder nach Hause. Roman sollte beim Aufwachen das Gesicht seiner Mutter sehen. Sie hatte ihn, kurz bevor wir das Haus verlassen hatten, zum Mittagsschlaf niedergelegt und ihn der Obhut seiner fünfzehnjährigen Tante Andrea anvertraut.

Wann immer wir in den folgenden Tagen zum Friedhof kamen, fanden wir zwei Wehrpflichtige vor, die abwechselnd rund um die Uhr bei ihrem Kameraden Totenwache hielten.

Das Begräbnis, das am vierten Tag nach dem Unglück stattfand, wurde äußerst feierlich gestaltet. Unser Gemeindepfarrer hielt das Requiem nicht allein, der Militärpfarrer, den wir bereits durch die Überbringung der Unglücksbotschaft kannten, stand ihm zur Seite. Natürlich nahm an dem Trauergottesdienst halb Altenstadt teil, nicht nur, weil Reinhard sehr beliebt gewesen war und weil man seiner Familie die Ehre erweisen wollte, sondern auch, weil es die Leute erschütterte, dass ein so junger Mensch sein Leben durch einen so unglücklichen Zufall verloren hatte. Auch ein ganzer Bus voll Angehöriger von Reinhards Einheit war erschienen.

Wie unschwer an den unterschiedlichen Abzeichen und Achselklappen zu erkennen, mussten sie den verschiedensten Rängen angehören. Sogar eine Militärkapelle war dabei. Während der Trauerzug sich von der Leichenhalle zum Grab bewegte, begleiteten sie ihn mit einem Trauermarsch. Am Grab selbst spielte ein Trompeter das Lied *Ich hatt' einen Kameraden*. Da blieb buchstäblich kein Auge trocken.

Vorher aber waren am offenen Grab einige Reden gehalten worden, in denen die Verdienste des so früh Verstorbenen hervorgehoben wurden. Zunächst sprach der Ortspfarrer, der Reinhard von klein auf gekannt hatte, dann ergriff Reinhards Chef von der Setzerei, der mit sämtlichen Mitarbeitern gekommen war, das Wort. Daran schloss sich die Rede des Militärpfarrers an, und zum Schluss die des Hauptmanns. Von all den schönen Reden wurde Erikas Mann nicht wieder lebendig, ein Trost waren sie aber doch. Anschließend lud der Hauptmann alle zu einem Mahl in eine nahe gelegene Gaststätte ein.

Wie auch schon in den vorangegangenen Nächten, behielt ich an diesem Abend unsere Tochter mit ihrem Buben bei uns im Haus. Sie bewohnten Erikas ehemaliges Kinderzimmer, das seit ihrem Auszug leer stand, wenn wir nicht gerade Übernachtungsgäste hatten. Bei dem Gedanken, dass sie bald wieder in ihre eigene Wohnung zurückkehren würde, war mir gar nicht wohl. Zum einen dachte ich, es müsse unerträglich für sie sein, allein in den Räumen leben zu müssen, in denen sie mit ihrem Mann glücklich gewesen war. Jedes Möbelstück, jeder

Gegenstand, seine Kleidung, alles würde sie schmerzlich an den Verlust erinnern. Zum anderen bedrückte mich der Gedanke, dass auf dem Haus ein Fluch laste. Nicht dass ich wirklich abergläubisch wäre, aber einigen Bewohnern dieses Hauses war innerhalb kurzer Zeit so viel an Tragik widerfahren, dass es mir nicht normal schien. Das hatte ich aber erst einige Zeit nach Erikas Einzug erfahren.

Als ich von dem ersten Fall erfuhr, hatte ich mir noch nichts dabei gedacht. Nach dem zweiten und dritten Bericht aber wurde mir das Haus immer unheimlicher. Niemandem gestand ich darüber ein Wort. Hätte ich allerdings vorher davon gewusst, hätte ich dem jungen Paar dringend abgeraten, in dieses Haus einzuziehen.

Nun aber, nach dem letzten Geschehen, von dem nun mein eigener Schwiegersohn betroffen war, hatte ich keine ruhige Minute mehr bei dem Gedanken, meine Tochter und mein Enkelkind könnten in dieses Haus zurückkehren.

Dabei hatten sich die tragischen Vorkommnisse nicht in dem Haus selbst ereignet, sondern alle außerhalb, zum Teil sogar ziemlich weit davon entfernt, wie in Reinhards Fall auch. Gewiss sind die Bewohner jedes Hauses ab und zu von etwas Tragischem betroffen, aber nicht in so gehäufter Form und innerhalb so kurzer Zeit.

Das erste Ereignis, das mir zu Ohren kam, betraf einen jungen Vater, der mit seinen beiden Töchtern, vier und sechs Jahre alt, eine Kahnpartie auf einem See gemacht hatte. Etwas Genaues darüber, wie das

Unglück passiert ist, weiß man nicht. Man vermutet, dass die beiden Mädchen im Boot aufgestanden und herumgelaufen sind. Durch diese Bewegungen und die ungleiche Verteilung des Gewichtes muss das Ruderboot umgekippt sein. Obwohl sich das kleine Wasserfahrzeug weit draußen auf dem See befunden hatte, war sein Kentern vom Ufer aus beobachtet worden. Der Bootsbetreiber war sofort in sein Motorboot gesprungen und zur Unfallstelle geeilt. Aber er kam zu spät. Der Vater, der offenbar nicht schwimmen konnte, und seine beiden Kinder waren bereits ertrunken. Sie konnten von der wenig später eintreffenden Feuerwehr nur noch tot geborgen werden.

In dem zweiten Fall aus dem Unglückshaus handelte es sich um einen einundvierzigjährigen Mann, der offenbar kerngesund war und Bärenkräfte besaß. Ganz plötzlich überfielen ihn Schmerzen im Bauchraum, sodass man ihn zur Beobachtung ins Krankenhaus einlieferte. Innerhalb von zwei Wochen war er tot. Bauchspeicheldrüsenkrebs. Er hinterließ eine Frau und drei unmündige Kinder.

In dem Haus lebte auch eine Familie mit Zwillingstöchtern, beides hübsche, kerngesunde, lebenslustige Mädels. Diese verbrachten ihre Sommerferien oft bei der Oma mütterlicherseits, die im Schwarzwald wohnte. Die Großmutter war immer glücklich, wenn sie ihre Enkelinnen für einige Wochen um sich haben durfte.

Solange die Kinder noch klein waren, brachten die Eltern sie mit dem Pkw hin und holten sie auch wieder ab. Seit einigen Jahren waren die Mädchen aber selbstständig genug, um allein mit der Bahn in den Schwarzwald zu reisen. Die Oma holte sie dann immer in Freiburg vom Bahnhof ab. Als die beiden siebzehn waren, begleitete die Mutter sie wieder mal zum heimatlichen Bahnhof. Auf dem Bahnsteig umarmte sie ihre Töchter zum Abschied und reichte ihnen die Gepäckstücke in den Waggon. Im Nu hatten die Mädchen das Abteilfenster geöffnet, man sagte sich letzte Abschiedsworte, und die Mutter gab ihnen noch ein paar Ermahnungen mit auf den Weg. Als sich der Zug in Bewegung setzte, winkte sie den Töchtern noch so lange nach, bis sie ihren Blicken entschwunden waren, nicht ahnend, dass sie eine von ihnen nicht mehr lebend wiedersehen würde.

Der Zug hatte etwa die Hälfte der Strecke zurückgelegt, da stand eine der Siebzehnjährigen auf, um im Gepäcknetz nach der Tasche mit dem Reiseproviant zu angeln. Nachdem die beiden gegessen hatten, wollte die andere die Tasche wieder im Gepäcknetz verstauen, doch dazu kam sie nicht mehr. Sie war gerade aufgestanden und hatte die Tasche hochgehoben, da kippte sie ganz plötzlich um. Zufällig befand sich eine Krankenschwester im Abteil. Spontan fühlte sie dem Mädchen den Puls und schüttelte traurig den Kopf. Sofort lief einer der Mitreisenden zum Schaffner, um den Vorfall zu melden. Mit dessen Hilfe trug er dann das tote Mädchen in das Schaffnerabteil. Unterdes bemühte sich die Krankenschwester um die lebende Zwillingsschwester, die sich im Schockzustand befand.

Auf dem Bahnhof in Freiburg stand die Großmutter in freudiger Erwartung, um die beiden

Enkelinnen in Empfang zu nehmen. Doch statt dass ihr – wie üblich – zwei Mädels fröhlich entgegensprangen, entdeckte sie nur eines, das ungewohnt langsam die Stufen hinunterstieg. Diese nahm das Gepäck entgegen, das ihr offensichtlich hinuntergereicht wurde und stellte es auf den Bahnsteig.

Als das Mädchen die Großmutter entdeckte, stürzte sie auf diese zu, fiel ihr um den Hals und schluchzte zunächst haltlos. Erst nach einiger Zeit vermochte sie der Großmutter zu schildern, was geschehen war. Nun war es die Großmutter, die in einen Schockzustand verfiel. Glücklicherweise nahm sich ihrer eine Mitarbeiterin der Bahnhofsmission an. Daher bekam die ältere Dame nicht mehr mit, wie die Leiche ihrer anderen Enkelin aus dem Zug geladen und ins Bahnhofsgebäude gebracht wurde.

Die Eltern der Zwillinge reisten bereits am nächsten Tag an. Sie hatten eine Menge Papierkram zu erledigen, damit die Tochter in den Heimatort überführt werden konnte. Die Obduktion im Krankenhaus zu Freiburg ergab, dass das junge Mädchen einem plötzlichen Herzstillstand erlegen war.

Nein, nein, in dieses Unglückshaus wollte ich meine Tochter nicht zurückkehren lassen. Erstaunlicherweise zeigte sie keinerlei Widerstand, als ich ihr vorschlug, sie solle ab sofort in unserem Haus wohnen. Das war auch insofern das Vernünftigste, da sie notgedrungen wieder arbeiten gehen musste. Denn die winzige Witwen- und Waisenrente, die ihr von der Bundeswehr gezahlt wurde, reichte zum Leben nicht aus.

So war der kleine Roman gleich vor Ort, und ich konnte ihn betreuen, während seine Mutter außer Haus sein würde. Zudem sparte Erika auf diese Weise auch noch die Miete.

Das Zelt auf dem Campingplatz verkaufte sie. Ohne ihren Reinhard mochte sie dort nicht mehr sein. Das konnte ich gut verstehen.

Für lange Zeit verkroch Erika sich regelrecht. Sie lebte nur für ihre Arbeit und ihr Kind. Es kam mir vor, als hätte sie mit dem Leben abgeschlossen, sehe keine Zukunft mehr. Nachdem ich mir das zwei Jahre lang angesehen hatte, nahm ich mir endlich ein Herz und redete auf sie ein, wieder unter Leute zu gehen. Sie war einfach zu jung, um sich zu verkriechen. »Nimm doch wieder mal an einem Tanzvergnügen teil, wie das die anderen jungen Leute auch tun«, schlug ich vor.

»Ja, ledige junge Leute, aber ich bin Witwe.«

»Das hat nichts zu sagen«, gab ich kontra. »Mit deinen zweiundzwanzig Jahren bist du noch keine alte Witwe, und dir steht das Recht zu, zum Tanzen zu gehen.«

Diese Worte wirkten. Da sie sich jedoch nicht allein auf den Tanzboden traute, nahm sie ihre Schwester mit, die gerade siebzehn geworden war. Kaum hatte sie den Tanzsaal betreten, fiel Erika in der Zehn-Mann-Kapelle ein Musiker auf, der Ziehharmonika spielte. Nach einiger Zeit wechselte er über zur Gitarre, noch später spielte er auf dem Saxophon. Diese musikalische Vielseitigkeit beeindruckte meine Älteste sehr, denn über ein paar Blockflötentöne war sie selbst nicht hinausgekommen.

Irgendwie muss dieser Mann gespürt haben, dass er Erika beeindruckt hatte. Als er seine erste Pause einlegen durfte, steuerte er zielstrebig auf sie zu und bat um den nächsten Tanz. Während sie sich im langsamen Walzer wiegten, erfuhr Erika, dass der Vater des jungen Mannes, der sich als Sigi vorstellte, Gründer und Leiter der Kapelle war.

Auch seine nächste Spielpause benutzte Sigi, um mit meiner Tochter zu tanzen. Nun erfuhr sie, dass Musikmachen nur sein Hobby war, seinen Lebensunterhalt verdiente er als Speditionskaufmann.

Obwohl sie sich mit Sigi ausgezeichnet verstand, zögerte sie lange Zeit, ihm das Ja-Wort zu geben. Er zeigte Verständnis dafür, dass sie noch eine Weile brauchte, um über den Verlust ihres ersten Mannes hinwegzukommen. Selbst als der Sebastian 1982 zur Welt kam, war Erika noch nicht bereit, eine neue Ehe einzugehen. Erst kurz bevor der Kleine eingeschult wurde, wagte sie den Schritt in die Zweitehe. Der Kleine sollte mit Recht den Namen seines Vaters führen dürfen.

Am 18. Mai 1988 wurde endlich Hochzeit gefeiert. Das Brautpaar war glücklich, und der kleine Sohn, der im weißen Matrosenanzug daran teilnahm, ebenfalls. Ich selbst war sehr erleichtert, weil sie nun wieder einen Menschen hatte, der zu ihr gehörte.

Sie bauten sich ein schönes Haus und Erika, die ein glückliches Händchen für Pflanzen hatte, legte einen prächtigen Garten an. Es blühte und grünte nur so, das reinste Paradies.

Durch ihre neue Familie, die damit verbundenen neuen Aufgaben und die Pflege ihres Gartens nahm die Anzahl ihrer Friedhofsbesuche ab. Nie aber versäumte sie es, am Allerheiligentag am Grab von Reinhard zu stehen. Deshalb war ich sehr erstaunt, als ich am 1. November 2009 bei der Gräbersegnung statt meiner Tochter nur ihren Ehemann vor Reinhards Grab antraf.

Auf meine erstaunte Frage antwortete er mir: »Der Erika geht es gar nicht gut, seit ein paar Tagen schon. Sie war bereits beim Arzt, aber der konnte ihr nicht sagen, was ihr fehlt.«

In den folgenden Wochen besuchte sie auf mein Anraten einen Spezialisten nach dem anderen. Dann stand endlich die schreckliche Diagnose fest: Lungenkrebs. Mein erster Gedanke war: Das kommt vom Rauchen.

Außer ihrem Vater war sie die Einzige in der Familie, die dieses Laster pflegte. Mein zweiter Gedanke war, dass sie das Rauchen nun sofort aufgeben würde. Aber ich sollte mich irren. Denn was musste ich erleben? – Eines Tages, als ich sie in der Klinik besuchen wollte, war der Vogel ausgeflogen. Nun, weit kann sie nicht sein, dachte ich und setzte mich wartend ans leere Bett. Es dauerte wirklich nicht lange, da kam sie zurück. Im Trainingsanzug.

»Wo bist du gewesen?«, wollte ich wissen.

»In der Stadt. Weil ich mir am Automat keine Zigaretten ziehen kann – mir fehlt die entsprechende Karte –, wollte ich mir im Laden welche kaufen. Da ich aber so klein bin, haben sie mir keine gegeben.« Enttäuscht sank sie auf das Bett nieder.

»Aber Kind, wie kannst du denn jetzt noch rauchen wollen? Bei der Krankheit!«, rief ich.

»Ach Mutti, ich bin doch total verkrebst. Überall habe ich schon Metastasen. Da ist eh nichts mehr zu machen. Darum sollte man mir die kleine Freude doch lassen.«

Ja, wenn sie das so sah. Wenig später musste sie aber notgedrungen mit dem Rauchen aufhören, denn sie bekam kaum noch Luft. Als letzte verzweifelte Therapie verlegte man sie in eine Lungenheilanstalt, doch das brachte auch nichts mehr.

Bereits wenige Monate, nachdem man ihr die fürchterliche Diagnose gestellt hatte, am 13. Juli 2010, verlöschte ihr Lebenslicht. Erika ist nur 55 Jahre alt geworden. Mit Worten kann ich gar nicht ausdrücken, wie schlimm das für uns alle war, besonders aber für mich. Für eine Mutter ist es wahrscheinlich immer unfassbar, wenn sie dem eigenen Kind ins Grab schauen muss.

Diagnosen

Nachdem die Kinder aus dem Haus waren, meinte ich, jetzt werde es ruhiger bei uns. Doch meistens kommt es anders, als man denkt. Da sie alle berufstätig waren und sich ihre Arbeitsplätze nicht allzu weit weg von unserem Haus befanden, bot ich ihnen an, dass sie in ihrer kurzen Mittagspause bei mir essen könnten. Also kochte ich für die ganze Mannschaft, von Montag bis Freitag.

Ich selbst war ja auch noch berufstätig, wenn auch nur halbtags von eins bis viertel vor sieben. Daher sah mein Tagesablauf wie folgt aus: Um fünf Uhr in der Früh stand ich auf und machte eine Stunde Gymnastik, um mich fit zu halten. Nach dem Frühstück erledigte ich den Haushalt, ging einkaufen und kochte. Um zwölf rückten alle an, mit hungrigem Magen. Acht Personen waren wir am Tisch: mein Mann und ich, Erika mit Mann, Andrea mit Mann, Herbert und Frau. Leider mussten wir unser Essen immer hinunterschlingen – für längere erbauliche Gespräche blieb keine Zeit – denn jeder von uns, einschließlich meiner Person, musste ja eine Stunde später pünktlich wieder den Dienst antreten.

Das Amt der Familienköchin hatte ich von 1987 bis 2013 inne. Allerdings wurden es gegen Ende dieser Zeit immer weniger, die an meinem Mittagstisch saßen. Eigentlich sollte mein Feierabend um 18.45 Uhr beginnen, das war aber oft nicht möglich. Als Telefonistin durfte ich immer erst als Letze die Firma verlassen. Mein Mann, der spätestens um sechs Arbeitsschluss hatte, wartete auf dem Gelände meiner Firma geduldig, bis ich mich blicken ließ. Bis man daheim war und ich mich umgezogen hatte, verging leicht eine Stunde. Nach dem Abendessen war erst mal der Abwasch vom Mittag zu erledigen. Meist fiel ich dann hundemüde um neun ins Bett.

Seit unsere Kinder aus dem Gröbsten heraus waren und wir sie unbesorgt der Obhut meiner Mutter anvertrauen konnten, hatten mein Mann und ich uns angewöhnt, uns so manchen Erholungsurlaub zu gönnen. Am liebsten fuhren wir in die Berge. Dort wanderten wir gern, als Ausgleich für die überwiegend sitzende Tätigkeit in unserem Berufsleben. Es durften ruhig auch anstrengendere Touren sein.

An unserem ersten Urlaubstag im August 1970 nahmen wir uns etwas besonders Schönes vor: Wir stiegen den Tegelberg hinauf. Es war ein strahlender Tag, also hatten wir die besten Chancen, von oben die herrliche Aussicht zu genießen. Außerdem wollten wir nach erfolgreichem Aufstieg einkehren.

Zunächst »kletterten« wir in mäßigem Tempo brav nebeneinander, der Weg war schließlich breit genug. Doch je höher wir kamen, desto langsamer wurde Josef. Das war ich von ihm gar nicht gewöhnt. Da ich etwas zu meiner körperlichen Ertüchtigung tun wollte, behielt ich mein Tempo bei. Doch mehrmals drehte ich mich nach meinem

Mann um und bemerkte, dass der Abstand immer größer wurde. Schließlich war er meinen Blicken entschwunden. Also blieb ich stehen, bis er mich eingeholt hatte.

»Was ist mit dir los?«, fragte ich ihn verwundert.

»Ich weiß es selbst nicht. Heute kann ich nicht mit dir Schritt halten. Beim Steigen tun mir die Beine furchtbar weh. Deshalb muss ich immer wieder stehen bleiben. Danach geht es wieder für eine Weile.«

Wir erreichten zwar unser Ziel, aber wesentlich später, als wir erwartet hatten. Oben ging es Josefs Beinen wieder gut. Bei dem strahlenden Wetter genossen wir den Blick über den Forggensee und bis hinaus ins weite Land.

In den nächsten Tagen besuchten wir die Königsschlösser Neuschwanstein und Hohenschwangau, was auch mit ansteigenden Wegen verbunden war. Immer wieder dasselbe Lied. Bei jeder Steigung musste mein Mann häufig stehen bleiben, weil er furchtbare Schmerzen in den Beinen bekam. Aber er gab nicht auf. Als ich ihm anbot, mit ihm nur noch in der Ebene zu wandern, meinte er, nein, er müsse seinen Körper trainieren, sonst baue er ja noch mehr ab.

Sobald wir nach Hause kamen, suchte er unseren Hausarzt auf. Der untersuchte ihn lange und genau. Seine Diagnose: »Sie leiden an Durchblutungsstörungen in den Beinen. Rauchen Sie?« Mein Mann bejahte. »Da haben wir es schon. Ihre Arterien sind durch Ablagerungen verengt, eine Folge des Rauchens. Für das Gehen in der Ebene reicht der

Blutdurchfluss noch, aber durch die Anstrengung beim Steigen staut sich das Blut. Das verursacht die starken Schmerzen. Wenn Sie also nicht riskieren wollen, dass man Ihnen über kurz oder lang die Beine abnehmen muss, sollten Sie sofort mit dem Rauchen aufhören.«

Zusätzlich verschrieb der Doktor meinem Mann ein Blutverdünnungsmittel, das er täglich einnehmen musste. Mit dem Rauchen hörte Josef schlagartig auf. Darüber war ich nicht nur froh, ich bewunderte auch seinen starken Willen, dass er diesem Laster von einem Tag auf den andern abschwören konnte.

Ob es an dem Blutverdünner lag, weiß ich nicht. Jedenfalls bekam mein Mann nach einiger Zeit Magenbeschwerden. Bei einem erneuten Arztbesuch lautete diesmal die Diagnose: Magengeschwür.

Dieses machte ihm sehr zu schaffen. Er musste eine Rollkur machen und konnte nur noch leichte Kost zu sich nehmen. Also sah ich mich gezwungen, meine Kocherei umzustellen. Trotzdem musste er in der Folgezeit immer wieder den Arzt aufsuchen. Nach der zweiten Rollkur kam die dritte. Eines Tages aber war die Medizin so weit fortgeschritten, dass sich Rollkuren erübrigten. Bei erneuten Magengeschwüren half der Doktor meinem Mann mit ein paar Pillen über die Runden.

Obwohl Josef immer wieder Krankheitsschübe hatte, fehlte er nur wenige Tage in seiner Firma, notfalls ging er auch mit Schmerzen arbeiten. Als Chef und Abteilungsleiter wollte er es sich nicht erlauben, zu oft krank zu sein. So schleppte er sich jahrelang dahin. Zwischendurch kamen immer wieder gute Zeiten für ihn, aber in jedem Herbst und in jedem Frühjahr plagte ihn ein Magengeschwür. Dadurch bildeten sich immer mehr Narben in seinem Magen.

Als wir im Sommer 1973 – Bergwandern wagte ich schon gar nicht mehr mit ihm – wieder mal an unserem geliebten Badesee waren und unsere Kinder beobachteten, die vergnügt im Wasser planschten, überfielen meinen Mann plötzlich wieder starke Magenschmerzen. Deshalb ging ich mit ihm zum Auto zurück und bettete ihn auf die hintere Sitzbank. Das Liegen und die Ruhe taten ihm offensichtlich gut. Dennoch schickte ich ihn am nächsten Tag zum Arzt. Dieser meinte, mein Mann brauche dringend eine Kur, um wieder richtig auf die Beine zu kommen.

Das erzählte mir Josef, als er heimkam. »Ich sehe zwar ein, dass die Kur für mich dringend notwendig ist, aber allein fahre ich nicht«, war seine Aussage.

Da wir denselben Hausarzt hatten, und auch mein Gesundheitszustand durch den Stress und die vielen Sorgen angegriffen war, suchte ich diesen schon am nächsten Vormittag auf. Ich brauchte ihm gar nicht viel zu erzählen, schon konstatierte er: »Ganz einfach, Frau Amann, wenn Ihr Mann nicht allein fahren will, schicken wir Sie eben auch zur Kur. Das wird nicht nur Ihrem Mann, sondern auch Ihnen guttun.«

Also fuhren wir schon vier Wochen später in den angegebenen Kurort. Natürlich hatte ich ganz andere

Anwendungen als mein Mann. Die meinen bestanden hauptsächlich aus Bewegungsaktivitäten, wie Gymnastik und Schwimmen. Bevor wir die Klinik verließen, empfahl man mir, diese Übungen auch zu Hause beizubehalten. Gehorsam, wie ich war, befolgte ich diesen Rat. Eine Stunde Morgengymnastik gehörte ab sofort zu meinem täglichen Ritual, wenn ich dafür auch eine Stunde früher aufstehen musste. Das Schwimmbad besuchte ich ebenfalls regelmäßig.

Als ich nach ein paar Jahren wieder in derselben Klinik zur Kur weilte, erkannte der Chefarzt an meiner körperlichen Verfassung sogleich, dass ich gewissenhaft seine Anweisungen befolgt hatte und lobte mich dafür. Beim Abschlussgespräch erklärte er mir: »Leider gibt es nicht viele Frauen, die zu Hause das hier erlernte Programm fortführen. Sie könnten sonst viel gesünder sein. Vielleicht täte ihnen ein leuchtendes Beispiel gut. Deshalb sollten Sie, sobald Sie in Rente sind, wieder zu uns kommen, um die anderen Frauen zu motivieren.«

Wir lachten beide. Mir war klar, dass dieser Vorschlag nicht wirklich ernst gemeint war.

Seit meinem ersten Kuraufenthalt achtete ich sehr auf meine Gesundheit und mein Gewicht. Um noch mehr für mich zu tun, besuchte ich, sobald ich wieder zu Hause war, auch eine Heilpraktikerin. Wir sprachen ausgiebig über Bewegung und Ernährung. Sie erteilte mir den Rat, zusätzlich Basenpulver zu nehmen, um meinen Körper zu entsäuern. Das befolgte ich ebenfalls und zwar kurmäßig, zweimal im Jahr, vier Wochen im Frühling und vier Wochen im

Herbst. Jeweils morgens und abends nahm ich zu meinem normalen Essen einen Teelöffel von diesem Pulver.

Als ich wieder mal einen Besuch bei meiner Heilpraktikerin machte, war sie begeistert von meinem guten Gesundheitszustand. Bei der Verabschiedung meinte sie: »Frau Amann, eigentlich müssten Sie bei mir auf dem Thron sitzen.« Diese Aussage erfüllte mich mit Stolz, und seitdem achte ich noch mehr auf meine Gesundheit.

Aber zurück zu meinem Mann. Die Kur, die wir gemeinsam machten, schien ihm wirklich gutzutun. Danach war er gesundheitlich wesentlich stabiler, er nahm an Gewicht zu und sah auch rosiger aus. Dennoch plagten ihn immer wieder neue Magengeschwüre. Trotzdem freuten wir uns alle auf das Weihnachtsfest 1988. Weihnachten pflegten wir immer als Fest für die ganze Familie zu feiern, dessen ungeachtet, dass es für mich viel Arbeit bedeutete.

Wie jedes Jahr hatten wir alle Kinder mit ihren Familien eingeladen. Es war Tradition, dass nach dem festlichen Essen die Bescherung stattfand, unter dem großen Lichterbaum im Wohnzimmer. Schon Stunden vorher war die Aufregung groß, in früheren Jahren bei unseren Kindern, später bei den Enkeln. Das Wohnzimmer war schon zwei Tage vorher abgesperrt, und damit niemand durchs Schlüsselloch linsen konnte, hatte ich von innen ein Tuch davorgehängt.

Wie sich früher beim festlichen Weihnachtsmahl unsere Kinder beeilt hatten, beeilten sich in diesem

Jahr die Enkel, damit es recht bald die Bescherung gäbe. Endlich war es so weit. Das Glöcklein läutete. Laut *Ihr Kinderlein kommet* singend, zog die ganze Mannschaft ein. Zunächst strahlten die Jüngsten mit dem Lichterbaum um die Wette, dann stürzten sich alle auf die Geschenke.

Obwohl meist nur praktische Sachen auf dem Gabentisch lagen, war die Freude groß. Für jeden Enkel lag außer einem neuen Kleidungsstück auch etwas zum Spielen dabei. Nachdem Josef und ich mit Genugtuung zugeschaut hatten, mit welcher Begeisterung die großen und die kleinen Kinder ihre Geschenke auspackten, wandten wir uns auch unserem Geschenk zu. Offenbar war es ein Gemeinschaftsgeschenk von all unseren Kindern. In Form eines einfachen Kuverts lag es da, zwischen unseren beiden Weihnachtstellern. Bei näherem Hinsehen las ich den Schriftzug: *Für Mama und Papa*.

»Wer soll es nun aufmachen?«, fragte mein Mann.

»Die Mama«, riefen unsere Kinder im Chor und beobachteten aufmerksam jede Bewegung von uns.

Mit einem Messer schlitzte ich den Umschlag auf. Dann reichte ich ihn Josef. Er zog ein kleines Blatt Papier heraus und reichte es mir, ohne es angeschaut zu haben. Nach dem ersten Blick, den ich darauf warf, verschlug es mir zunächst die Sprache. Wortlos reichte ich es meinem Mann zurück.

Er las laut vor: »*Gutschein für einen vierzehntägigen Erholungsurlaub auf der Insel Madeira*«. Wir waren platt. Mit einem so großzügigen Geschenk hatten wir im Traum nicht gerechnet. Unsere Kinder und selbst die Enkel klatschten vor Freude in die Hände, weil sie an dem Ausdruck von Begeisterung, der auf unseren Gesichtern lag, erkannten, dass ihnen die Überraschung geglückt war.

Bisher waren wir noch nie mit einem Flugzeug gereist. Bereits im Februar 1989 saßen wir im Flieger in Richtung Madeira. Allein der Flug war beeindruckend. Während wir bei uns im dicksten Winter abgeflogen waren, vermummt in Wollpullover, Thermohose, dickem Mantel, Wollmütze, Winterstiefeln und Handschuhen, landeten wir in Madeira im schönsten Frühling. Das herrlichste Wetter strahlte uns entgegen. Es überfiel uns eine solche Wärme, dass wir sogleich einige unserer Hüllen ablegten.

Diese Insel war so traumhaft, das muss man erlebt haben, sonst glaubt man es nicht. Wir genossen die Landschaft, das herrliche Klima und die Spaziergänge am Strand. Ins Wasser gingen wir nicht, das war uns zu wild. Zu meiner Freude ging es meinem Mann von Tag zu Tag besser. Obwohl es in Madeira auch bergig ist, machten wir unsere Spaziergänge nur in der Ebene. Den Rückflug genoss ich ebenfalls sehr.

Nach unserer Rückkehr luden wir sämtliche Nachkommen zum Essen ein, um uns noch mal für diesen wunderbaren Aufenthalt, den sie uns in diesem Urlaubsparadies ermöglicht hatten, zu bedanken.

Der Frühling hielt nun auch bald Einzug bei uns in Deutschland, und es schloss sich ein wunderbarer Sommer an. Schon glaubten wir, mein Mann sei über den Berg. Aber dann nahte der Herbst, zunächst mit goldenen Früchten und dann mit Sturmgebraus. Ebenso stürmisch kehrten auch Josefs Schmerzen im Oberbauch zurück. Sie wurden so schlimm, dass ich keine andere Möglichkeit sah, als ihn umgehend ins Krankenhaus zu bringen.

Dort wurde sofort eine Notoperation durchgeführt. Nachher erklärte man mir, durch die Magengeschwüre hätten sich Narben gebildet, was zur Folge gehabt hätte, dass der Magenausgang zugewachsen war. Daher die starken Schmerzen. Bei dieser Operation hätten sie ihm den halben Magen entfernt.

Geduldig und tapfer ertrug er die Wochen im Krankenhaus. Bei seiner Entlassung wog er nur noch sechzig Kilo. Nun konnte er nur noch kleine Portionen essen, dafür musste er aber häufiger eine Mahlzeit einlegen. Wir glaubten, nun sei alles gut. Doch nach wenigen Wochen traten erneut heftige Schmerzen auf. Er kam wieder ins Krankenhaus, und wieder wurde er gründlich untersucht. Es dauerte einige Tage, bis mich der Chefarzt zu sich bestellte, um mir das Ergebnis der Untersuchungen mitzuteilen. Zunächst erfolgte ein allgemeines Blabla, von dem ich nicht viel verstand und von dem ich mir auch nichts gemerkt habe. Aber dann kam die Diagnose: Magenkrebs und Lungenkrebs in fortgeschrittenem Stadium.

Es war, als hätte man mir den Boden unter den Füßen weggezogen. Wie ein Fisch auf dem Trockenen schnappte ich nach Luft, brachte kein Wort heraus.

»Ich kann verstehen, dass Sie eine solche Nachricht erschüttert. Aber wir beide müssen nun gemeinsam überlegen, wie es weitergehen soll.«

Endlich fand ich meine Sprache wieder. »Kennt mein Mann die Diagnose schon?«

»Noch nicht. Deshalb wollte ich erst mit Ihnen darüber sprechen. Sie kennen Ihren Mann besser als wir. Sie können eher abschätzen, was man ihm zumuten kann. Es ist Ihre Entscheidung, ob und wie viel man ihm sagen kann und vor allem, wer es ihm sagen sollte, ob Sie diese Aufgabe übernehmen oder einer von uns.«

Ich bat mir eine kurze Bedenkzeit aus. Danach besuchte ich Josef. Blass und abgemagert lag er in seinem Bett. Unter Schmerzen litt er nicht, da man ihm entsprechende Medikamente verabreicht hatte.

Bei meinem Eintreten lächelte er schwach und fragte, ob ich mit dem Arzt gesprochen hätte.

Ich nickte, küsste ihn auf die Stirn, schob mir einen Stuhl ans Bett und ergriff seine Hände. Sagen konnte ich nichts. Die Kehle war mir wie zugeschnürt.

»Er hat dir nichts Gutes gesagt«, eröffnete mein Mann das Gespräch. Wieder nickte ich. »Ich habe Krebs.« Dieses schwerwiegende Wort stellte er einfach in den Raum.

Obwohl ich die Starke und Tapfere spielen wollte, liefen mir die Tränen über die Wangen. Nun war er es, der mich tröstete. Liebevoll tätschelte er mir die Hand. »Nimm's nicht so schwer, Erna, ich kann zwei und zwei zusammenzählen. Nach dem, was die in den letzten Tagen an Aufwand mit mir getrieben haben, kann es eigentlich nichts anderes sein.

Außerdem spüre ich selbst seit Langem, dass ich ernstlich krank bin und mir nicht mehr viel Zeit bleibt. Diese Zeit aber will ich nutzen, um noch alles zu ordnen und zu regeln. Wir wollen uns noch eine schöne Zeit machen, Erna.«

Einerseits war ich sehr erleichtert, dass ich in dieser Sache selbst nicht viel zu erklären brauchte, andererseits erschütterte es mich, dass er der Wahrheit so gelassen ins Auge sah.

Diesem Krankenhausaufenthalt folgten weitere. Mitte 1991 kam mein Mann abermals ins Krankenhaus. Ich weiß gar nicht mehr, das wievielte Mal es war. Natürlich hatte ich ihn bei jedem seiner Aufenthalte allabendlich nach der Arbeit besucht. Als ich am ersten Abend seiner erneuten Einlieferung hinkam und sah, dass er in einem Zimmer mit fünf anderen Männern lag, war ich fassungslos. Abgesehen davon, dass es den vier anderen Patienten wesentlich besser ging als ihm und sie pausenlos miteinander redeten, konnte ich mir vorstellen, dass es tagsüber wie in einem Taubenschlag zugehen würde. Nicht nur, dass bei fünf Personen das Pflegepersonal häufiger ein- und ausging, es würden ja Ströme von Besuchern erscheinen.

Während meines Aufenthaltes erschien die Visite, deshalb musste ich mich auf den Gang begeben.

Als der Arzt endlich mit seinem Gefolge das Zimmer verlassen hatte, sprach ich ihn an: »Ich möchte meinen Mann in ein Einzelzimmer legen, damit er für sich ist. In dem jetzigen Raum herrscht zu viel Hektik. Das ist einem Schwerkranken nicht zuzumuten. Er braucht Ruhe.«

Was antwortet mir der Arzt mit forscher Stimme? – »In einem Einzelzimmer kann Ihrem Mann auch nicht mehr geholfen werden.«
Über diese taktlose Äußerung war ich so sprachlos, dass ich nichts darauf antworten konnte. Verärgert ging ich nach Hause. Am nächsten Tag aber lag Josef in einem Zimmer für sich allein. Freilich, besser helfen konnten sie ihm dort auch nicht, aber er hatte seine Ruhe. Und das tat ihm sichtlich gut. Außerdem konnten wir unbefangener miteinander reden.
Kurz vor Weihnachten wurde er entlassen. Er machte einen ziemlich stabilen Eindruck, sodass wir unsere weihnachtliche Familienfeier wie gewohnt planen und auch abhalten konnten. Ich schöpfte wieder Hoffnung. Nach den Feiertagen nahm Josef von der Firma sogar wieder einige Änderungsaufträge an, die er zu Hause ausführte.
»Warum willst du dich denn damit belasten?«, versuchte ich, ihm das auszureden.
»Lass mich nur. Wenn ich gar nichts tue, komme ich mir so nutzlos vor.«
In dem Punkt aber waren wir uns einig: dass er die Arbeit im Betrieb nicht wieder aufnehmen sollte. Um seine Berentung in die Wege zu leiten, machte er einen Termin bei der Gemeindeverwaltung aus. Mitte Januar 1992 sollte er dort erscheinen, um seinen Rentenantrag zu stellen. Zwei Tage später, am 19. Januar, würde sein sechzigster Geburtstag sein. Für diesen Tag hatten sich unsere Kinder etwas ganz Besonderes ausgedacht. In der Nähe von Garmisch-Partenkirchen, in einem wunderschönen

Hotel in den Bergen, hatten sie sieben Zimmer bestellt. Dort wollten sie den runden Geburtstag ihres Vaters mit der ganzen Familie gebührend feiern.

Doch den Termin wegen des Rentenantrags konnte Josef schon nicht mehr wahrnehmen. Und aus der Fahrt nach Garmisch wurde auch nichts. Am 14. Januar musste mein Mann ganz plötzlich wieder ins Krankenhaus. Unsere Kinder bestellten die gebuchten Zimmer umgehend ab. Sie hatten Glück. Obwohl es so kurzfristig war, wurde anstandslos storniert, ohne dass sie etwas dafür zahlen mussten. Das war wenigstens ein Trost. Im Übrigen waren sie sehr traurig, sie hatten es sich nämlich sehr schön vorgestellt, mit uns allen dort feiern zu können. Aber es sollte noch trauriger kommen.

Am 20. Januar, einen Tag nach seinem sechzigsten Geburtstag, verstarb mein Mann, für uns alle völlig überraschend. Bis jetzt war er nach jedem Krankenhausaufenthalt doch immer wieder heimgekommen. Nun war alles aus. Statt in den Bergen seinen Geburtstag zu feiern, traf sich die Familie einige Tage später auf dem Friedhof.

Die Wochen und Monate danach waren furchtbar für mich. Aber die Kinder gaben mir immer wieder Halt. Sie verstanden es, mich über die erste schlimme Zeit hinwegzubringen. Im Juni desselben Jahres, gerade mal fünf Monate nach Josefs Tod, erreichte mich eine schriftliche Einladung von meinem Sohn Stefan.

Mein Jüngster hatte schon mit achtzehn Jahren das Elternhaus verlassen. In München hatte er sich eine kleine Wohnung gemietet und sich als Immobilienmakler selbstständig gemacht. Nachdem er dieses Geschäft dort lange genug erfolgreich betrieben hatte, war er nach Hamburg gezogen, ebenfalls als Makler.

Bring dir Kleidung für eine Woche mit, hatte er dem Schreiben noch angefügt. Er wollte mir etwas Abwechslung in mein »trauriges Dasein« bringen. Telefonisch machten wir aus, zu welcher Zeit er mich in Hamburg am Bahnhof abholen sollte.

Mein Zug fuhr pünktlich ein. Suchend schaute ich mich auf dem Bahnsteig um. Kein Stefan war da. Was nun? Ich allein in der Großstadt, mit meinem Koffer.

Auf einmal steuerte ein junger Mann schnellen Schrittes auf mich zu. »Sind Sie Frau Amann?«

Ich nickte und schluckte. Was sollte das jetzt sein? Wieso kam Stefan nicht persönlich?

»Ich bin Jens, ein Freund von Ihrem Sohn«, stellte er sich vor und richtete schöne Grüße von Stefan aus. Da Stefan noch einen dringenden Termin hätte, solle er mich an seiner statt abholen und zu seiner Wohnung bringen.

Mir blieb keine Wahl. Ehe ich mich allein mit meinem Koffer durch Hamburg schlug, war es doch gescheiter, mich von dem jungen Mann an mein Ziel bringen zu lassen. Unterwegs sprach ich mir selbst Mut zu. Diesen Begleiter hatte mir gewiss Stefan geschickt, woher sonst wüsste der seinen und meinen Namen? Der Fremde lieferte mich dann tatsächlich zuverlässig in Stefans Wohnung ab, zu der er sogar einen Schlüssel besaß. Diesen händigte er mir aus, ehe er sich verabschiedete.

Da stand ich nun, mutterseelenallein in einer Wohnung, die ich noch nie gesehen hatte. Neugierig schaute ich mich um, alles war thailändisch eingerichtet, sehr interessant. Schließlich hatte ich das Bedürfnis nach einer Toilette. Hinter der dritten Tür fand ich sie schließlich. Danach ließ ich mich in einen Sessel fallen und wartete.

Eine Stunde nach der anderen verging, Hunger und Durst überkamen mich. Doch ich wagte es noch nicht mal, den Kühlschrank zu öffnen. Die Wohnzimmertür hatte ich extra einen Spalt offen gelassen, damit ich hörte, wann Stefan heimkam. Um halb elf war es endlich so weit. Ich vernahm, dass ein Schlüssel an der Wohnungstür umgedreht wurde, und hielt den Atem an. Wenn nun doch ein ganz anderer erscheinen würde? Aber es war Stefan. Gottlob! Vor lauter Erleichterung fiel ich ihm um den Hals.

Noch ehe er uns etwas Essbares auftischte, erklärte er, wir würden nach dem Essen gleich zu Bett gehen, denn wir müssten am nächsten Morgen gegen fünf aufstehen. Er hätte eine Überraschung für mich.

Um sechs Uhr in der Frühe verließen wir das Haus, stiegen in sein Auto, und er fuhr los. Noch immer hatte ich keine Ahnung, wo es hingehen sollte. Mit erstaunlicher Sicherheit wühlte er sich durch den stetig zunehmenden Morgenverkehr. Darüber konnte ich nur staunen.

Endlich waren wir auf dem flachen Land. Und *wie* flach das war! Dem Sonnenstand nach zu urteilen, fuhren wir geradezu nach Norden. »Wo geht es denn hin?«, erkundigte ich mich zwischendurch.

Er lächelte nur geheimnisvoll. »Lass dich überraschen.«

Schließlich kamen wir an einem Bahnhof an. Interessiert schaute ich zu, wie das Auto verladen wurde, wir selbst setzten uns in einen Waggon. Während der Fahrt sah ich mal rechts und mal links aus dem Fenster und entdeckte, dass sich auf beiden Seiten des Bahndamms endloses Wasser erstreckte.

»Mein Gott, Stefan, wo bringst du mich hin?«, fragte ich beunruhigt.

»Ahnst du es noch nicht?«, lachte er übermütig.

»Nein, ich hab wirklich keine Ahnung.«

»Na, dann will ich es dir verraten: Wir befinden uns auf dem Hindenburgdamm und sind schnurgerade auf dem Weg nach Sylt.«

»Nach Sylt? Das gibt's doch gar nicht. Wir fahren nach Sylt?«

»Ja, in Wenningstedt habe ich in einer kleinen Pension für uns eine Woche gebucht.«

Es war wirklich eine nette kleine Pension, in der wir bald ankamen, und sie lag gar nicht weit vom Strand entfernt. Da das Wetter es die ganze Woche über erlaubte, konnte ich jeden Tag einen ausgedehnten Strandspaziergang machen, während mein Sohn sich in den Wellen tummelte. Es war einfach wunderbar!

Dennoch war ich froh, als ich wieder zurück in meiner Oberpfalz ankam, da oben im hohen Norden war es mir auf die Dauer doch zu flach. So war mein Leben voller Überraschungen, mal negativ, mal positiv. Langeweile habe ich mein ganzes Leben lang nicht gekannt.

Aber zurück zu meinem anderen Sohn. Herberts Frau hatte eine Tante in Hamburg. Diese war kinderlos geblieben und seit einigen Jahren verwitwet, ihr Mann war ebenfalls an Krebs gestorben. Tante Inge war eine Schwester ihres Vaters und Gudruns Patin. Mit ihr verstand sich Gudrun ausgezeichnet. Als Inge 1994 in Rente ging, verlegte sie ihren Wohnsitz nach Weiden.

Zum einen sah sie es als Vorteil an, wenn sie mit zunehmendem Alter in der Nähe von Verwandten wohnte, zum andern war sie eine hilfsbereite Person und wollte sich als Betreuerin für den kleinen Florian nützlich machen, da ihre Nichte ja im Geschäft sehr eingespannt war. An den Wochenenden aber konnte Inge meistens freie Zeit erübrigen. Mit ihr, die nur vier Jahre älter war als ich, freundete ich mich schnell an. Nicht nur, dass wir Schicksalsgenossinnen waren, wir lagen auch auf der gleichen Wellenlänge.

An so manchem Wochenende unternahmen wir beiden »Weibsen« etwas gemeinsam. Mal machten wir einen Bus-Ausflug, mal eine ausgedehnte Wanderung und mal eine Radtour. Mit meinem Auto fuhren wir auch ins Allgäu, wo wir einen wunderschönen Urlaub verbrachten. So waren wir bald, trotz des Schicksalsschlags, der uns getroffen hatte, wieder voller Lebensfreude und verstanden es, den Herbst unseres Lebens zu genießen. Für uns beide war die Welt wieder in Ordnung.

Im Winter, wenn Herbert und Gudrun in den Skiurlaub fuhren, war es selbstverständlich, dass sie uns mitnahmen. Während sich das junge Paar auf den Pisten tummelte, machten Inge und ich ausgedehnte Schneewanderungen oder kümmerten uns um die Kinder, 1998 war nämlich ein zweiter Sohn, Lars, angekommen. Wir setzten die Kleinen auf den Schlitten und zogen sie durch die Gegend.

Doch 2006 klagte Inge ganz plötzlich über Schmerzen im Oberbauch. Ich bekam einen Schrecken. Sollte ich sie auf die gleiche Weise verlieren wie meinen Mann? Den Kopf in den Sand stecken nützte jedoch nichts. Deshalb beschwor ich sie, sofort zum Arzt zu gehen.

Das befolgte sie auch. Doch sie kam mit der niederschmetternden Diagnose zurück, dass sie Magenkrebs hätte. Der Arzt hatte ihr ein entsprechendes Medikament verordnet. »Aber das nehme ich nicht«, erklärte sie kategorisch.

So verschlechterte sich ihr Zustand rapide. Schließlich musste sie ins Krankenhaus. Da war nichts mehr zu machen. Überall hatten sich Metastasen gebildet.

In der Sterbestunde hielt Nichte Gudrun ihr die Hand. Inge war achtundsiebzig Jahre alt, als sie im Jahre 2007 von ihrem Leiden erlöst wurde.

Ein neues Glück

Machen wir einen Schritt zurück in das Jahr 1993. Das Leben ging weiter, nachdem Josef verstorben war. Die Kinder waren mittlerweile alle aus dem Haus und hatten ihre eigenen Probleme, doch ich stand allein auf der Welt. Auf keinen Fall wollte ich den Kindern zur Last fallen. Sie sollten auch nicht das Gefühl haben, sie müssten sich ständig um mich kümmern. Der Gedanke daran, dass ich im folgenden Jahr in Rente gehen sollte, machte mir zu schaffen. Einerseits freute ich mich darauf, endlich meine Zeit frei einteilen zu können, andererseits erfüllte mich der Gedanke daran mit Unbehagen, denn dann würde ich noch mehr Stunden am Tag allein in meiner Wohnung herumsitzen.

Gewiss, ich wusste mich immer gut zu beschäftigen, doch irgendwie fehlte etwas. Mit meinen sechzig Jahren fühlte ich mich einfach noch zu jung für ein Witwendasein. An den Samstagabenden empfand ich die Einsamkeit als besonders schlimm. Um mich abzulenken, zappte ich im Fernseher herum. Wenn ich nichts Gescheites fand, schaltete ich den Kasten aus und suchte im Radio weiter. Manchmal fand ich dort erbauliche Musik. Eines Samstagabends geriet ich in eine Sendung namens *Flohmarkt-Treff*, die mich aufhorchen ließ. In dieser stellten sich Männer und Frauen vor, die alleinstehend waren, sich überwiegend in meinem Alter befanden und einen Partner suchten. Wie ich am Ende der Sendung herausfand, wurde sie vom Bayerischen Rundfunk ausgestrahlt.

Bald war ich regelrecht süchtig nach dieser Sendung, die jeden Samstag ab 20.15 Uhr lief. Die ganze Woche über freute ich mich schon auf diesen Abend. Es machte mir Freude zu hören, wie die Partnersuchenden sich beschrieben, ihre Hobbys aufzählten und Wünsche in Bezug auf einen neuen Partner formulierten. Jeder stellte sich nur mit Vornamen vor. Diesen sollte man sich merken, falls man sich für eine der Personen interessierte. Am Schluss wurde die Telefonnummer des Senders bekannt gegeben, damit man dort die Kontaktdaten des Wunschkandidaten erfragen konnte.

Ich selbst dachte nicht im Traum daran, mich auf einen der vorgestellten Herren zu melden. Und daran, mich selbst als Kandidatin zu bewerben, schon gar nicht. Doch nachdem ich die Sendung einige Male verfolgt hatte und mir aufgefallen war, wie ungezwungen und locker es dort zuzugehen schien, spielte ich schon mit diesem Gedanken. Schon bald setzte sich in meinem Kopf fest: Das wäre tatsächlich etwas für dich. Dieser Gedanke wurde jedoch immer wieder von Bedenken überlagert: Du brauchst dich gar nicht zu bewerben, zu dieser Sendung werden sich unzählige einsame Herzen melden, da hast du gar keine Chance, eingeladen zu werden. Trotzdem, eines Abends setzte ich mich hin und schrieb meine Bewerbung. Nur zum Spaß, sagte ich mir, eine wirkliche Chance rechnete ich mir nicht aus.

Wie erstaunt war ich daher, als ich schon wenig später eine Antwort vom Bayerischen Rundfunk bekam. Mit freundlichen Worten lud man mich für den 22. Januar 1994 in die Sendung ein. Nein, war das aufregend! Was sollte ich tun? Hinfahren? Nach München, in diese riesige Stadt, in der ich mich überhaupt nicht auskannte? Das Beste war es wohl, wenn ich einfach absagte, nach dem Motto: »Ich habe es mir anders überlegt.«

Doch immer wieder wiegte ich den Brief in meinen Händen. Das ist eine einmalige Chance, redete ich mir ein, die solltest du nicht vertun. Eine solche Chance bekam ich sicher nie wieder. Dass der Termin aber auch ausgerechnet auf Erikas Geburtstag fallen musste! Nun ja, es ist kein runder Geburtstag, entschuldigte ich mich vor mir selbst, da kann man mal fehlen.

Nach langem Hin und Her stand mein Entschluss fest: Ich würde fahren! Doch vor meiner Familie wollte ich dieses Unternehmen geheim halten. Schließlich legte ich keinen Wert darauf, ausgelacht zu werden, weil ich in meinem »hohen Alter« auf eine so verrückte Idee gekommen war. Aber ganz ohne Mitwisser ging es nicht. Erstens brauchte ich dringend eine Beratung, zweitens sollte wenigstens ein Familienmitglied wissen, wo ich mich aufhielt, und drittens war es mir wichtig, dass diese Sendung auf Tonband verewigt wurde. Schließlich wollte ich mir nachher anhören können, was für einen Schmarrn ich geredet hatte.

Für diese Aufzeichnung schien mir niemand geeigneter als Roman, mein ältester Enkel, der zu der

Zeit bereits achtzehn Lenze zählte und mit technischen Dingen bestens vertraut war. Er war mir wirklich ein guter Berater und hielt tatsächlich dicht. Das heißt, er hielt es für notwendig, Sebastian, seinen elfjährigen Bruder, einzuweihen, weil die Mutter ja ausgerechnet an diesem Tag Geburtstag hatte. Er meinte, wenn er wegen der Aufzeichnung zu lange der Feier fernbleibe, könnte das auffallen. Wenn er sich aber mit seinem Bruder abwechselte, lasse sich das Unternehmen besser geheim durchführen.

Aber zunächst musste ich ja bei Erika absagen.

»Wieso fährst du ausgerechnet an meinem Geburtstag nach München?«, forschte sie enttäuscht nach. Dann schien sie eine Erleuchtung zu haben. Mit verständnisvollem Lächeln fügte sie hinzu: »Hast du etwa in München einen Freund?«

Darauf antwortete ich nur mit einem vielsagenden Lächeln.

An besagtem Datum begab ich mich also mit meinem Köfferchen zum Bahnhof und fuhr mit dem Zug in unsere Landeshauptstadt. Mit meinem Auto traute ich mich nicht in das Verkehrsgewühl dieser unüberschaubaren Stadt, und Parkplätze würde es dort auch nicht geben. Telefonisch hatte ich ein Hotel gebucht, das ich vom Bahnhof aus bequem zu Fuß erreichen konnte. Dort checkte ich ein, ehe ich mich zum Rundfunkgebäude begab. Dieses war ebenfalls leicht zu Fuß zu erreichen.

Dort angekommen, nahm ich den Aufzug, denn »mein« Studio lag im zehnten Stock. Von drei freundlichen Damen, die sich rührend um mich kümmerten, wurde ich empfangen, sodass ich ein bisschen von meiner Aufgeregtheit verlor. Dennoch, je näher es auf meinen Auftritt zuging, desto nervöser wurde ich. Wäre ich doch bloß nicht hierhergekommen!, dachte ich ein ums andere Mal. Wenn ich auf Sendung bin, kriege ich bestimmt keinen Ton raus.

Doch als ich an die Reihe kam, lief es wie geschmiert. Wie alle anderen durfte ich nur meinen Vornamen nennen und dann loslegen. Ich sprach laut und deutlich und zählte alle meine Vorzüge, Hobbys und Wünsche auf. Ehe ich dazu kam, mich wirklich aufzuregen, war meine Zeit schon um. Am Schluss der Sendung, die bayernweit ausgestrahlt wurde, erklärte man den Zuhörern noch, dass sie, falls sie sich für eine der vorgestellten Personen interessieren, diese erst am nächsten Nachmittag anrufen sollten, eher könnten diese nicht zu Hause sein. Denn wegen der vorgerückten Stunde könnten die Gäste heute nicht mehr heimfahren.

Als ich am nächsten Tag gegen Mittag mein Zuhause erreichte, blinkte mein Telefon schon ganz ungeduldig. Nicht weniger als fünfzehn Anrufe waren darauf eingegangen. Die Herren hatten es aber eilig! Jetzt nur nicht nervös werden, Erna, beruhigte ich mich, legte ein großes Blatt neben das Telefon, und einen Bleistift. Dann drückte ich erwartungsvoll auf den grünen Knopf.

Beim ersten Durchlauf notierte ich mir die Namen nebst Wohnort und Telefonnummer. Mit Herzklopfen betrachtete ich anschließend meine stattliche Liste. Aus den unterschiedlichsten Gegenden

Bayerns waren Anrufe dabei, die meisten allerdings aus meinem Umkreis. Ob da wohl mein zukünftiges Glück dabei war? Aber bei wem sollte ich mich melden? Bei allen? Oder nur jenen, die nicht allzu weit weg wohnten?

Beim zweiten Durchlauf achtete ich mehr auf die Stimme und auf das, was jeder von sich preisgab. Dabei machte ich spontan neben dem Namen »Fritz« einen dicken Punkt. Ja, das war dann der Einzige von all den Kandidaten, den ich anrief. Er blieb auch der Einzige, mit dem ich mich nach einigen Telefonaten traf.

Fritz hielt genau das, was ich mir aufgrund seiner Stimme und seiner Aussage über sich selbst von ihm versprochen hatte. Er war ein Jahr älter als ich, sah gut aus, war schlank und sportlich, ebenfalls seit einigen Jahren verwitwet und hatte drei Kinder etwa in dem Alter wie meine drei Jüngeren.

Auf meine Frage, warum er sich bei mir gemeldet habe, antwortete er, meine Stimme habe es ihm angetan, und die Art, wie ich mich beschrieben habe. Da er ebenfalls leidenschaftlich gern Rad fuhr und wandern ging, war er überzeugt, ich sei die Richtige für ihn.

Dann erfuhr ich noch, dass er diese Sendung an dem bewussten Abend zum ersten Mal gehört hatte. So ein Zufall! Oder war es Fügung? – Jedenfalls sind wir seitdem schon viele hundert Kilometer miteinander gewandert und einige tausend Kilometer geradelt.

Gewissenhaft, wie meine Enkel Roman und Sebastian sind, hatten sie mir die Sendung aufgezeichnet. Sie haben übrigens mittlerweile beide technische

Berufe ergriffen. Zunächst hörte ich mir die Aufnahme im stillen Kämmerlein an, und zwar mit großem Vergnügen. Es war wirklich kein Schmarrn, den ich da erzählt hatte. Deshalb konnte ich das Band ungeniert meinen Nachkommen vorspielen.

Zuerst waren sie alle sprachlos, dann hellauf begeistert. Sie fanden es ganz toll, dass ihre Mutter und Oma so wagemutig gewesen war. Und als sie wenig später meinen Fritz kennenlernten, zeigten sie noch mehr Begeisterung.

Bei der Hochzeit am 13. September 1997 waren alle dabei. Ich, als Braut, trug ein Sommerkostüm in zartem Apricot. Meinen Kopf zierte ein weißer Pillbox-Hut mit angedeutetem Schleier. Der Brautstrauß mit aprikosenfarbenen Rosen, weißen Orchideen und Schleierkraut, den Fritz mir am Hochzeitsmorgen überreichte, war farblich wunderbar auf mein Kostüm abgestimmt.

Und dann gab es eine Riesenüberraschung. Alle Kinder, die seinen und die meinen, hatten zusammengelegt und überreichten uns einen Gutschein von einem Reisebüro im Wert von 8.000 DM für die Hochzeitsreise! Wir waren sprachlos. Was für ein tolles Geschenk!

Hochzeitsreise mit Turbulenzen

Nun hieß es sorgfältig zu überlegen, wohin die Reise gehen sollte. Damit waren wir in den folgenden Monaten sehr beschäftigt. In die Berge wollten wir nicht, da waren wir uns schnell einig. Bergwanderungen hatten wir schon viele gemacht, und auch in

Zukunft ließe sich immer wieder mal eine einfügen. Nach einer Reise in andere Kontinente stand uns auch nicht der Sinn. Dennoch sollte es etwas ganz Besonderes sein, etwas noch nie Dagewesenes. Schließlich kamen wir überein, eine Hurtigruten-Schiffsreise zum Nordkap zu buchen. Für diese Reise brauchten wir nur zwei Tausender drauflegen. Sie sollte elf Tage dauern, und für die An- und Abreise musste man noch zwei Tage hinzurechnen.

Ende Juli ging es los. Herbert brachte uns mit dem Auto nach Regensburg, wo wir den Zug nach Kiel bestiegen. Von dort ging es bei Nacht mit der Fähre weiter in Richtung Oslo, wo wir die Bergenbahn bestiegen, die auf einer Höhe von 1.200 Metern nach Bergen fährt. Wir sahen Berge, die noch mit Schnee bedeckt waren, und das Ende Juli! Das beeindruckte uns sehr.

In Bergen wurden wir eingeschifft. Es folgte eine wunderbare Fahrt auf dem Nordmeer, über eine Strecke von 1.900 Kilometer. Fünfunddreißig Mal legten wir an. Als wir Kirkenes in Nord-Norwegen erreichten, das knapp neben der russischen Grenze liegt, stiegen wir in Busse um, die uns zum Nordkap brachten. Dort übernachteten wir in einem Hotel. Obwohl es am Abend nicht dunkel wurde, gingen wir um zehn zu Bett.

Weil Fritz unbedingt die Mitternachtssonne sehen und fotografieren wollte, stellte er den Wecker auf Mitternacht ein, ehe er sich aufs Ohr legte. Das mit dem Wecker hätte er sich sparen können, denn vor Aufregung haben wir kein Auge zugetan. Es war schon beeindruckend, die Sonne mitten in der

Nacht zu sehen, und Fritz machte wunderschöne Fotos. Am nächsten Morgen ging es zurück zum Schiff. Dort erlebten wir die Mitternachtssonne ein zweites Mal. Wie die anderen Passagiere blieben wir extra auf, um dieses Spektakel noch mal zu sehen. Um null Uhr war es tatsächlich noch so hell, dass ich im Bett ohne Licht lesen konnte.

Wie bereits auf der Hinreise ließen wir es uns auch auf der Rückreise gut gehen. Dreimal am Tag wurde man von den Bordköchen verwöhnt. Auf Tischen und Theken bauten sie immer wieder die leckersten Köstlichkeiten auf, man brauchte sich nur zu bedienen.

Es war an unserem sechsten Tag auf dem Schiff, da bekam ich fürchterliche Schmerzen im Oberbauch. Du hast wahrscheinlich zu viel oder was Falsches gegessen, war mein erster Gedanke, doch die Schmerzen wurden zusehends schlimmer. So etwas hatte ich noch nicht erlebt, ich hielt es kaum mehr aus. Deshalb fragte Fritz an der Rezeption, ob ein Arzt an Bord sei. Ich hatte Glück. Unter den Passagieren befand sich ein Arztehepaar. Sie untersuchten mich beide, berieten sich und stellten sofort die richtige Diagnose: eine Bauchspeicheldrüsen-Entzündung.

»Das ist sehr gefährlich. Sie müssen auf dem schnellsten Weg ins Krankenhaus und sofort behandelt werden«, beschworen sie mich. Von der Rezeption aus bestellte man sogleich ein Taxi, denn wir fuhren geradewegs den Hafen in Hammerfest an. Als wir dort ausstiegen, stand das Taxi schon bereit. Im Eiltempo hatte mein Mann das Nötigste für mich zusammengerafft, dann ging es ab ins Krankenhaus. Daselbst gab es zunächst Verständigungsprobleme. Sie sprachen unsere Sprache nicht und wir nicht die ihre. Es dauerte eine ganze Weile, bis endlich ein Arzt auftauchte, der Deutsch sprach. Dann wurde ich auf ein Zimmer verlegt und sofort an einen Tropf gehängt. Es war klar, dass ich einige Tage im Krankenhaus würde bleiben müssen.

Da sich unser Gepäck noch weitgehend auf dem Schiff befand und dieses am nächsten Tag wieder auslaufen würde, musste Fritz schnell zurück, um alles zusammenzupacken und mitzubringen. Nun brauchte er natürlich eine Unterkunft für die Nacht. Vonseiten der Klinik war man äußerst entgegenkommend, er durfte während meines ganzen Aufenthaltes dort übernachten. Das hatte auch den Vorteil, dass er tagsüber viel bei mir sein und ich mich mit ihm unterhalten konnte. Ich lag zwar in einem Dreibettzimmer, konnte mich aber mit niemandem verständigen. Meine Mitpatientinnen sprachen nur Norwegisch.

Nach einer Woche wurde ich als geheilt entlassen. Nun standen wir mit Sack und Pack mitten in Hammerfest. Was nun? Unser Schiff war schon lange weg, wahrscheinlich war es längst im heimischen Hafen eingelaufen. Zunächst nahmen wir uns ein Zimmer in einem Hotel, um in aller Ruhe darüber nachdenken zu können, wie es weitergehen sollte.

Wir hatten keinen sehnlicheren Wunsch, als so bald wie möglich nach Hause zu gelangen. Dazu bot sich eigentlich nur das Fliegen an. Also ließen wir uns am nächsten Morgen von einem Taxi zum

Flughafen nach Tromsö bringen. Dort tat sich das nächste Problem auf. Durch die zusätzliche Übernachtung und die Taxifahrt waren unsere Geldreserven so weit zusammengeschrumpft, dass unser Geld nur noch für ein Flugticket gereicht hätte, aber nicht für zwei. Wir hatten ja nicht unendlich viel Bargeld mitgenommen, schließlich war die ganze Reise ja vorher bezahlt worden.

In meiner Not rief ich meinen Sohn Herbert an, damit er uns telegrafisch Geld schicke. Nun eröffnete sich eine weitere Schwierigkeit: Wohin sollte er das Geld überweisen? Wer von uns hatte schon am Flughafen in Tromsö ein Konto? Während wir in der Flughalle herumstanden und verzweifelt überlegten, was wir tun könnten, wurde eine Angestellte auf uns aufmerksam. Sie trat an uns heran und sprach sogar Deutsch.

Mit wenigen Worten schilderten wir ihr unsere missliche Lage. Offensichtlich konnte sie sich in diese hineinversetzen und zeigte Mitleid mit uns. Ohne lange zu überlegen, packte sie uns bei den Händen und rannte mit uns los, direkt auf das Flugzeug zu, das schon startbereit auf dem Rollfeld stand. Sie schob uns förmlich die Treppe hinauf und in den Flieger hinein, buchstäblich in letzter Sekunde. Wir saßen noch nicht richtig, da hob die Maschine ab. So hatten wir einen kostenlosen Flug bis Oslo. Ab da waren unsere Tickets für Fähre und Bahn wieder gültig.

Der siebzigste Geburtstag

Zu meinem Siebzigsten erlebte ich ebenfalls eine tolle Überraschung. Wir feierten auf dem Parkstein, einem Berg etwa zehn Kilometer von Altenstadt entfernt. Er ist bekannt als »der schönste Basaltkegel Europas«.

Als wir nach dem Abendessen noch plaudernd beisammensaßen und es allmählich finster wurde, verzog sich unser Stefan nach draußen. Weil er auffallend lange nicht wiederkam, wollte ich doch mal nachschauen, wo er bliebe. Da sah ich, dass er einige Blöcke aufstellte und fragte ihn, was das bedeutete.

Mit den Worten: »Mutti, geh wieder hinein, das siehst du dann schon«, schob er mich freundschaftlich zurück in Richtung Tür. Etwa eine Stunde später, als es richtig dunkel war, rief er uns alle nach draußen. Und dann staunten wir Bauklötze. Alle meine Geburtstagsgäste waren ebenso überrascht wie ich. Vor unseren Augen brannte Stefan ein richtig großes Feuerwerk ab, wie man es normalerweise nur zu Silvester sieht. Ich glaube, dies war die größte Überraschung meines Lebens.

»Ja, Bub«, fragte ich, nachdem der letzte Funken verloschen war, »wie hast du das denn geschafft, um diese Jahreszeit ein Feuerwerk abbrennen zu dürfen?«

»Das war gar nicht so einfach«, erklärte er mir. »Vom Landratsamt musste ich extra eine Genehmigung einholen, und von der Feuerwehr ebenfalls. Aber das war das geringste Problem, wo dein Bruder doch der große Boss bei der Feuerwehr ist.«

»Ja, Stefan, ich weiß gar nicht, wie ich dir dafür danken soll! Für all die Mühe, die du dir gemacht hast.«

»Ach, das ist doch nicht der Rede wert. Was tut man nicht alles für die beste Mutter der Welt!«

Zehn Jahre später

Meinen achtzigsten Geburtstag habe ich inzwischen auch schon gefeiert. Die erste Überraschung erlebte ich am frühen Morgen, als ich die Zeitung aufschlug. Da lachte mir mein eigenes Konterfei entgegen, und darüber stand in großen Lettern: *Unsere Muttl wird heute 80!* Neben dem Foto fand ich ein Gedicht:

Die Welt braucht immer, heut wie morgen,
die treuen Herzen, die sich sorgen.
Sie braucht die hilfreich gute Hand,
sie braucht viel Liebe und Verstand.
Sie braucht, wer gäbe das nicht zu,
Mamas und Omas so wie Du.
So wollen wir Dir heute sagen,
wie schön es ist, dass wir Dich haben.

Wir wünschen Dir zu Deinem Feste
Von Herzen nur das Allerbeste.
Der liebe Gott möge Dir noch geben
Gesundheit, Glück und seinen Segen.

Alles Gute von Deinen Kindern, Schwiegerkindern und Enkeln!

Wieder mal war ich sprachlos. Nun freute es mich besonders, dass ich mich gebührend auf diesen Tag vorbreitet hatte. Diesmal wollte nämlich *ich* diejenige sein, die eine Überraschung parat hatte. Für zehn Uhr am Morgen hatte ich all meine Lieben an unser Haus bestellt.

Alle erschienen pünktlich und waren schon mal überrascht, als ein Reisebus vorfuhr. Diesen hatte ich deshalb bestellt, damit jeder nach Herzenslust trinken konnte, ohne daran zu denken, dass er sich noch ans Steuer seines Wagens setzen müsse.

»Wo geht es denn hin?«, fragten sie beim Einsteigen.

»Wartet's ab«, tat ich geheimnisvoll.

Da es in Richtung Norden ging, äußerten einige bereits einen Verdacht. Sie hatten recht. Unser Ziel war Marienbad in Tschechien. Der Bus steuerte ein Golfhotel mitten im Wald an, zu dem ein riesiger Golfplatz gehörte – alles sehr nobel.

Stefan, ein begeisterter Golfer, bedauerte zutiefst, dass er zu festlich gekleidet war, um Golf zu spielen.

»Das ist auch besser so«, erklärte ich ihm. »Sonst würdest du stundenlang über den Golfplatz jagen, und wir würden von dir nichts zu sehen kriegen.«

Kurz darauf gab es den feierlichen Sektempfang, und ab zwölf Uhr mittags wurde das erlesene Menü serviert. Danach wanderten wir die zwei Kilometer hinunter, um das wunderschöne Marienbad zu besichtigen. Nach der Rückkehr gab es Kaffee und Kuchen. Mein Enkel Lars, der damals, mit fünfzehn Jahren, schon ein exzellenter Pianist und Organist war, gab auf dem Klavier den *Kaiserwalzer* zum

Besten. Kaum waren die ersten Töne erklungen, führte mich Fritz auf die Tanzfläche. Im Walzertakt schwebten wir derart flott über das Parkett, dass der Hoteldirektor mir anschließend auf die Schulter klopfte und bemerkte: »In zehn Jahren sehen wir uns wieder.«

Nach dem Kaffee traten wir die Heimfahrt an, und alle im Bus waren einhellig der Meinung, dass es eine fantastische Geburtstagsfeier gewesen sei. Es freute mich königlich, dass diesmal ich diejenige gewesen war, die mit einer Überraschung aufgewartet hatte.

Ja, achtzig Jahre sind schon eine Schwelle, an der man mal innehalten und zurückblicken kann. Außer Sorgen und Nöten habe ich in diesen acht Jahrzehnten viel Schönes und Erfreuliches erleben dürfen. Dafür möchte ich meinem Schöpfer von ganzem Herzen danken, vor allem jedoch für meine Kinder, die so gut geraten sind und mir immer wieder so viel Freude bereiten. Auch dafür, dass ich Fritz begegnet bin, möchte ich dem lieben Gott herzlich danken. Vielleicht schenkt er uns ja noch ein paar schöne gemeinsame Jahre ...

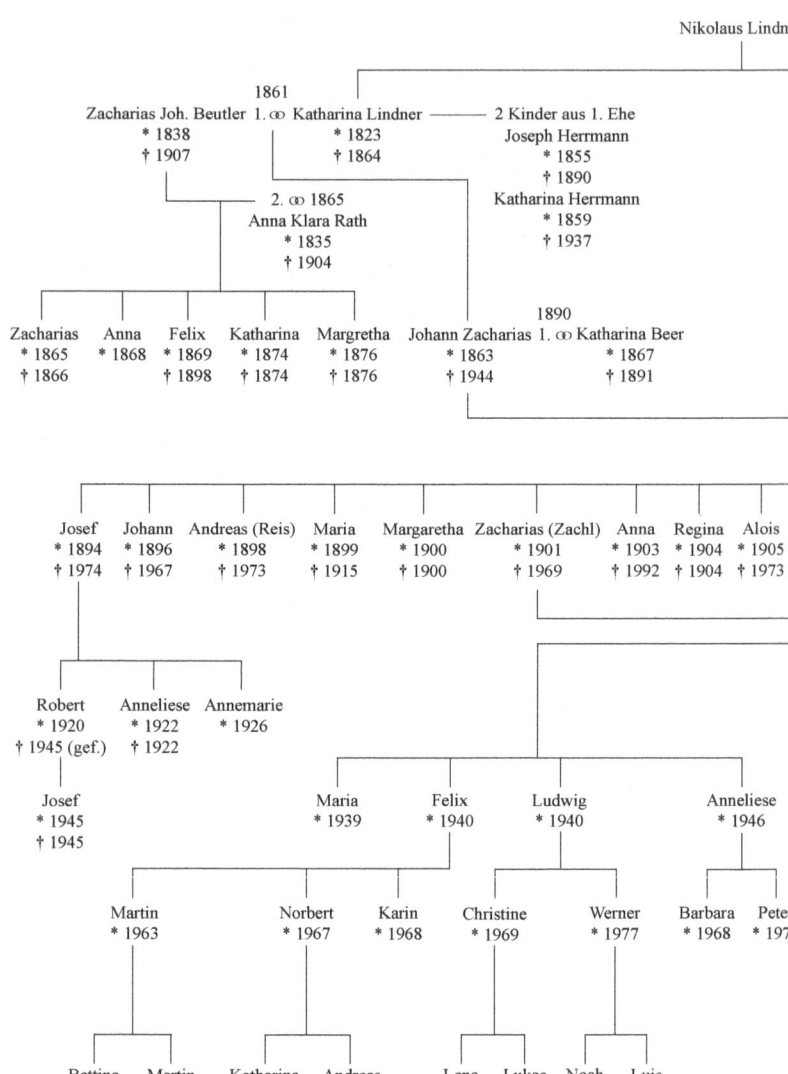

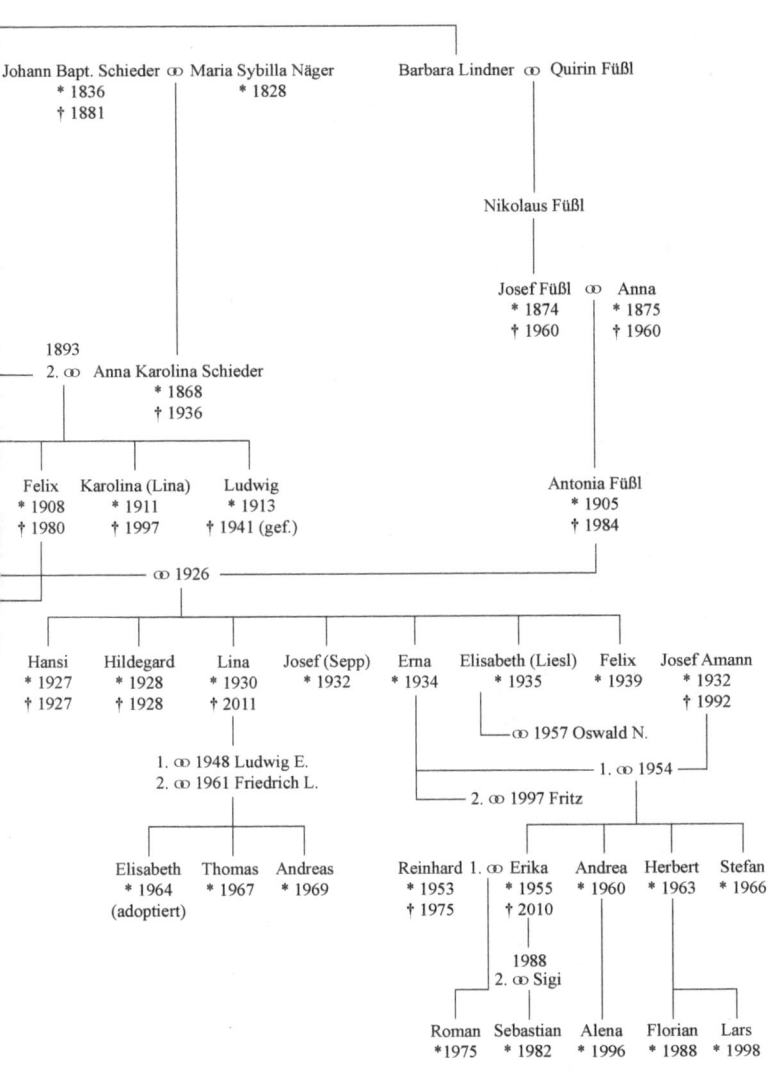

Der Duft nach Heu
272 Seiten
ISBN 978-3-475-54467-5

Wie war eigentlich das Leben früher, als unsere Großmütter noch jung waren? Roswitha Gruber ist dieser Frage auf den Grund gegangen. Wir erfahren, wie das Leben auf dem Land, die Schulzeit und das Erwachsenwerden in einer Großfamilie zur damaligen Zeit waren. In ihrem vierten Buch aus der Reihe »Großmütter erzählen« gewährt uns die Autorin einen Einblick von unschätzbarem Wert.

Ein Bauernleben
256 Seiten
ISBN 978-3-475-54421-7

Für die Familie Edelhofer steht der Hof über allem. Die Menschen, die auf ihm wohnen, erleben persönliche Tragödien, aber auch viel Freude und Liebe. So erzählt Roswitha Gruber von einem Leben voll Arbeit und Pflicht. Auf faszinierende Weise berichtet sie von schweren Aufgaben und Entscheidungen genauso wie von den schönen Erlebnissen.

Rosenkohl im Trabi
272 Seiten
ISBN 978-3-475-54214-5

Nach der Vertreibung aus der Tschechoslowakei muss sich Martl in der DDR ein neues Leben aufbauen. Sie heiratet den Bauern Karl. Das Paar bekommt drei Kinder und verlebt glückliche, arbeitsreiche Jahre. Doch dann verliert Martl ihren Mann. Dieser Situation tritt sie mit Entschlossenheit und Tatkraft entgegen. Sie putzt jahrelang Rosenkohl, um ihre Kinder zu ernähren.

Informationen zu unserem Verlagsprogramm finden Sie unter www.rosenheimer.com